云南现代物流产业发展研究

Study on the Development of Yunnan Modern Logistics Industry

李严锋　刘　玲　等著
刘　森　张　焰

中国财经出版传媒集团

经济科学出版社

Economic Science Press

前　言

　　物流业是重要的基础产业，物流基础设施、园区和网络的发展不但可以带动其他产业的转型升级，而且可以降低其他产业的经营成本和提高运作效率，对社会经济的发展具有重大的推动和促进作用。在国家"一带一路"倡议、新一轮西部大开发背景下，云南省的物流业建设面临重大发展机遇，而云南省物流业发展迫切需要各方面的综合支持，才能得到新的发展，从而拉动云南地方经济并促进国家经济的发展。

　　习近平在 2015 年 1 月考察云南时提出：云南要建成中国面向南亚、东南亚的辐射中心。随着"一带一路"倡议和长江经济带等规划的实施，云南正在从物流末端变成物流节点。"一带一路"倡议的提出对云南现代物流的发展起到了极大的推动作用，对物流服务的需求必将进一步扩大，云南省物流业面临前所未有的发展机遇和挑战。2017 年 8 月国务院办公厅发布《关于进一步推进物流降本增效促进实体经济发展的意见》，该意见从七个方面提出了 27 项具体措施，部署推进物流降本增效有关工作，着力营造物流业发展良好环境，提升物流业发展水平，促进实体经济发展。2018 年 5 月，国务院召开常务会议，确定了进一步降低实体经济物流成本的措施。云南省政府也陆续出台了《云南省政府关于加快推进流通产业发展的若干意见》《中共云南省委关于深入贯彻落实习近平总书记考察云南重要讲话精神闯出跨越式发展路子的决定》《云南省人民政府关于着力推进重点产业发展的若干意见》《云南省现代物流产业发展"十三五"规划》《云南省现代物流产业发展"十三五"规划实施方案（2016—2020 年）》《云南省加快推进现代物流产业发展 10 条措施》等多个促进物流业发展的产业政策，为云南现代物流业今后一段时期的快速、健康发展提供了更加优良的发展环境，为促进云南省物流业发展注入了强劲的发展动力。

　　然而，在迈向现代化物流的过程中，云南省的物流业还存在一系列的问题。一是物流环节，如采购、运输、仓储、配送等，分属不同行业或管理部门，管理自成体系，导致物流资源分散，上游、下游企业之间尚未形成良好的供应链关系；二是部门、地区分割现象较严重，公路、铁路、水运、仓储、内贸、外贸等行业和部门各成体系，广泛采用现代物流面临障碍；三是信息化程度落后，缺乏现代物流核心竞争力，大数据、云计算、移动互联、物联网等新型信息技术，给物流业带来重大变革和新的挑战；四是缺乏功能齐全、竞争力强的物流龙头企业，云南物流企业规模扩张迅速，与省外物流企业发展差距不断扩大，物流市场竞争加剧；五是物流发展质量不高，需要提升，与全国平均水平、国内发达地区水平以及发达国家水平相比，发展水平差距较大；六是缺乏专业化物流基础设施，影响云南特色物流发展，如农产品物流缺少冷链物流基础设施、日用品物流等缺少物流自动化及信息化支撑等。

《云南现代物流产业发展研究》通过翔实的调查分析，反映了云南省物流业近十年发展状况与存在的问题，提出了相应的对策建议，包括基础篇、物流产业发展篇、物流行业运作篇、物流技术应用篇、结论篇五大部分。基础篇阐述了研究的现实背景和理论背景，并通过综述国内外的研究现状以及结合云南省物流业的发展现状，总结现有研究不足以及对本书的启发，提出本书的研究脉络。物流产业发展篇描述了云南物流产业发展现状与存在的问题，提出了云南物流产业发展机制，探讨了云南物流产业协同联动机制，并对云南物流产业碳排放绩效及其影响因素进行了研究。物流行业运作篇从供应链管理的角度出发，分别对云南医药药品供应链、边疆民族地区生鲜农产品供应链，以及昆明市粮食供应链运作与管理中存在的库存、流通、配送等问题进行了深入探讨。物流技术应用篇则分别设计了基于 SOA 架构云南农产品信息系统平台、基于 RFID 医药仓储管理信息系统平台、基于 GIS 区域物流公共配送信息平台等。结论篇针对云南物流业面临的发展机遇和艰难挑战，"一带一路"背景下云南建设面向东南亚、南亚的辐射中心提出了云南区域物流的发展保障措施和政策建设。

本书主要作者李严锋，云南财经大学二级教授和博士生导师、云南经济管理学院国际商学院院长，兼任中国物流学会副会长；刘玲，云南财经大学讲师，云南省"千人计划"青年人才；刘森，云南财经大学副教授，云南省中青年学术技术带头人后备人才；张焰，云南财经大学助理研究员；司银元、云程浩、杨俊艾、肖美、胡亚男、李雨洲等参加了部分内容的研究和撰写。本书在编写过程中，参阅并借鉴了大量国内外同行的研究成果，在此一并表示衷心感谢。由于编者水平有限，书中难免有不足之处，恳请广大读者批评指正。

李严锋

中国物流学会副会长

2019 年 8 月 22 日

目 录
CONTENTS

物流技术应用篇 / 241

结　论　篇 / 269

基础篇

第一章　绪　论

本章首先阐述研究的现实背景和理论背景，在此基础上提出本书的主要问题。其次，设计并提出本书的基本逻辑框架和技术路线，并对全书各章节的主要研究内容进行简要的概述。最后，对本研究过程中所用到的各种研究方法进行简要的说明。

→ 第一节　研究背景及意义

一、现实背景及意义

物流业是重要的基础产业，物流基础设施、园区和网络的发展不但可以带动其他产业的转型升级，而且可以降低其他产业的经营成本和提高运作效率，对社会经济的发展具有重大的推动和促进作用。在"一带一路"倡议的背景下，新一轮西部大开发和加快建设面向西南开放的"桥头堡"战略，为云南省的物流业建设带来重大发展机遇，而云南省物流业发展迫切需要各方面的综合支持，才能得到新的发展，从而拉动云南地方经济并促进国家经济的发展。

2014 年 10 月 4 日，国务院印发了旨在建立和完善现代物流服务体系并提升物流业发展水平的《物流业发展中长期规划（2014—2020 年）》。该中长期规划指出了未来 5 年中国物流业的发展方向。习近平在 2015 年 1 月考察云南时提出：云南要建成中国面向南亚、东南亚的辐射中心。随着"一带一路"倡议和长江经济带等规划的实施，云南正在从物流末端变成物流节点。"一带一路"倡议的提出对云南现代物流的发展起到了极大的推动作用，对物流服务的需求必将进一步扩大，云南省物流业面临前所未有的发展机遇和挑战。2017年8月17日，国务院办公厅发布《关于进一步推进物流降本增效促进实体经济发展的意见》，该意见从七个方面提出了27项具体措施，部署推进物流降本增效有关工作，着力营造物流业发展良好环境，提升物流业发展水平，促进实体经济发展。与此同时，推动物流降本增效对促进产业结构调整和区域协调发展、培育经济发展新动能、提升国民经济整体运行效率具有重要意义。2018年5月，国务院召开常务会议，确定了进一步降低实体经济物流成本的措施。主要措施包括：从2018年5月1日至2019年12月31日，对物流企业承租的大宗商品仓储设施用地减半征收城镇土地使用税；从2018年7月1日至2021年6月30日，对挂车减半征收车辆购置税；至2018年底前，实现货车年审、年检和尾气排放检验"三检合一"；对货运车辆推行跨省异地检验；推动取消高速公路省界收费站；简化物流企业分支机构设立手续等。2018年2月云南省人民政府办公厅制定出台了《云南省加快推进现代物流产业发展10条措施》，首次从园区建设、城乡配送、跨境物流、冷链物流、智慧物流等方面出台体系性政策措施，营造良好产业发展环境。与此同时，加大产业投入保障，推进省级重点物流产业园建设，全力支持云南省能源投资集团有限公司发起设立总规模200亿元的全市场化云南现代物流产业投资基金，推动建立市场化、多元化的投入保障机制；建成上线云南省现代物流产业统计监测平台，实现按季度对1000多户样本企业进行统计监测和对全省物流产业进行统计核算。

然而，在迈向现代化物流的过程中，云南省的物流业还存在一系列的问题。一是物流环节（如采购、运输、仓储、配送等）分属不同行业或管理部门，管理自成体系，导致物流资源分散，上游、下游企业之间尚未形成良好的供应链关系。二是部门、地区分割现象较严重，公路、铁路、水运、仓储、内贸、外贸等行业和部门各成体系，广泛采用现代物流面临障碍。三是信息化程度落后，缺乏现代物流核心竞争力。大数据、云计算、移动互联、物联网等新型信息技术，给物流业带来重大变革和新的挑战。然而云南物流业对新技术的运用和采纳远远滞后于我国东部经济发达地区，极大地限制了云南省物流业向现代化物流模式的迈进。四是缺乏功能齐全、竞争力强的物流龙头企业，云南物流企业规模扩张迅速，与省外物流企业发展差距不断扩大，物流市场竞争加剧。五是物流发展质量不高，需要提升。2017 年，据云南省商务厅统计云南物流业增加值仅为 1414 亿元，占服务业比重为 18% 和占 GDP 的比重为 8.5%，均低于全国平均水平；2017 年云南省第一、第二、第三产业比重为 14.0∶38.6∶47.4，与全国平均水平、国内发达地区水平以及发达国家水平相比，发展水平差距较大。六是缺乏专业化物流基础设施，影响云南特色物流发展。例如，农产品物流缺少冷链物流基础设施，工业物流等大宗物流铁路专用线及战略装车点数量及分布不尽合理，日用品物流等缺少物流自动化及信息化支撑等。

因此，云南省物流业迫切需要积极探索新时期下现代物流业的发展模式，为云南省在"一带一路"倡议的背景下，发挥好连接东南亚、南亚桥梁纽带的作用，为云南地方经济以及国家经济的发展做出新的贡献。

二、理论背景及意义

近年来，中国学界对国内物流业发展研究较多，成果斐然。特别是中国"一带一路"倡议的提出，是中国对外开放战略的全面提升，也是中国物流业发展所面临的新历史机遇和挑战，同时也对中国现代物流理论与实践提出了新的要求，理论研究要有新的思考与新的视角，应用研究必须有新的突破和提升。

云南省地处中国西部地区，地域辽阔，资源丰富，经过十年大开发经济发展速度不断加快，经济社会发展取得了巨大成就。但由于受地理区位、基础设施、市场发育程度、体制机制等方面因素的制约，现代物流发展一直比较滞后，理论研究成果也较为落后，对云南省在新时期下的现代化物流建设指导甚微。因此，本书选择如何推进云南现代物流业发展作为研究课题，从云南省区域物流入手，在梳理学界对物流研究成果和云南省现代物流发展现实状况的基础上，探讨云南省在"十三五"期间，特别是云南建设面向东南亚、南亚的"桥头堡"和"一带一路"倡议背景下，从物流基础设施、物流企业运作及物流产业发展三个层面探讨云南区域物流的发展条件、发展路径与发展的框架体系及保障措施和政策建议，该研究将弥补学界对新时期下云南物流研究的薄弱环节，具有重要的理论和学术价值，并为中国打造"一带一路"倡议中面向东南亚、南亚的桥梁纽带提供理论依据。

━━➡ 第二节 研究思路与研究方法

一、研究思路

首先对云南现代物流的现实背景和理论背景进行分析，进而提出研究问题；其次对已有的研究进行文献综述，找出研究的不足；最后基于文献综述和本研究所关心的研究问题，将云南现代物流产业发展分为三个方面的子研究：物流产业发展方面、物流行业运作方面和物流技术应用方面，分别采用系统动力学、遗传算法、动态规划等研究方法来得出相应的研究结果，并分别对研究的结论进行综合讨论，以及对企业管理者和政策制定者做出启示。

本书根据国务院最新发布的《物流业发展中长期规划（2014—2020年)》《关于进一步推进物流降本增效促进实体经济发展的意见》以及"一带一路"倡议框架，将推进云南现代化物流业的研究分为三个主要方面：

一是物流产业发展方面，在"一带一路"倡议背景及《国务院关于支持云南省加快建设面向西南开放重要桥头堡的意见》文件精神的指导下，结合云南物流业的发展现状及区位优势，在产业发展及制度设计层面上分析并提出推进云南物流业迈向现代化，打造国家"一路一带"倡议中面向东南亚、南亚的桥梁枢纽的发展机制、作用路径和制度设计，在区域物流产业层面给出云南物流发展的工作思路和政策建议。

二是物流行业运作方面，通过深入对云南物流行业的调研，研究制约云南物流企业发展的根本影响因素，并提出能指导云南物流企业向现代化物流业发展的新理论、新方法、发展的路径和实施策略。

三是物流技术应用方面，通过对新兴新型技术在现代化物流中的应用分析，构建新技术下的现代化物流运作模式，并在此基础上，对云南省的物流基础设施网络进行布局和优化，构建便捷、高效的物流基础设施网络，促进多种运输方式顺畅衔接和高效中转，真正解决物流的"最后一公里"难题，通过技术的革新和基础设施空间布局的优化来提升现代化物流体系的综合能力。

二、研究方法

（一）文献研究

为了从整体上把握研究课题的相关理论，本研究首先对物流相关领域的文献进行梳理，特别注意搜索物流研究领域的顶级期刊（如 *Journal of Operations Management*，*Production and Operations Management*，*Journal of Supply Chain Management* 等）以及相关领域的资料。为了尽可能掌握相关领域的最新研究进展，本书还对 EBSCO、Science Direct、Web of Science、Google Scholar、中国知网（CNKI）和万方数据资源系统等国内外多个数据库的论文进行了长期跟踪检索。研究通过深入阅读、归纳和总结相关文献的研究脉络和进展，对相关理论进行探讨。

（二）定性案例分析

在对云南物流企业进行实地深入访谈的基础上，采用多重案例的定性分析方法对所要研究的问题建立初步的理论构架。

（三）定量实证研究

在案例分析的基础上，进一步完善理论模型，综合采用系统动力学、遗传算法、动态规划等研究方法来得出相应的研究结果，并分别对研究的结论进行综合讨论。

（四）基于运筹优化的计算机仿真研究

对云南物流业现代化发展及其评价、云南物流业现代化协同联动等问题，采用数学模型优化及计算机仿真的方法，综合多目标优化、随机规划、多属性群决策等方法对所要研究的问题进行优化和仿真。

第三节 技术路线及研究内容

一、技术路线

本书研究的技术路线如图 1.1 所示。

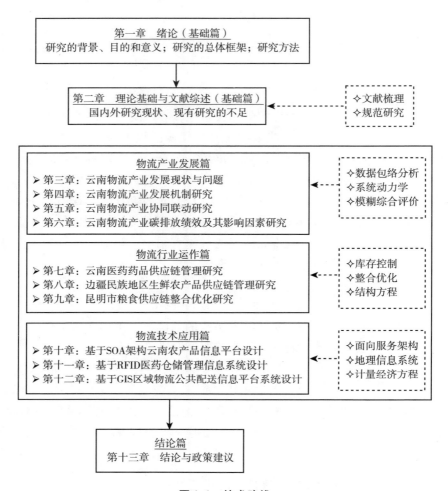

图 1.1　技术路线

二、研究内容

本书的研究共分为五篇十三个章节，具体章节内容如下：

（一）基础篇

第一章：绪论。首先，阐述了研究的现实背景和理论背景，在此基础上提出本研究的主要问题；其次，设计并提出本书的基本逻辑框架和技术路线，并对全书各章节的主要研究内容进行简要的概述；最后，对本研究过程中所用到的各种研究方法进行简要地说明。

第二章：理论基础与文献综述。本章主要包含三部分：第一部分为物流产业发展层面；第二部分为物流行业运作层面；第三部分针对物流技术应用方面。对相关概念的界定、定义的解析等进行具体解释，并通过综述国内外的研究现状以及结合云南省物流业的发展现状，总结现有研究不足以及对本研究的启发，提出本研究的研究脉络。

（二）物流产业发展篇

第三章：云南物流产业发展现状与问题。本章首先从云南省物流发展需求、物流发展环境、物流信息化等方面分析云南物流产业发展现状；其次采用"压力—状态—响应"模型建立物流产业发展评价指标体系；最后对云南物流产业发展的优势和劣势进行分析，得出云南物流产业发展过程中存在的问题。

第四章：云南物流产业发展机制研究。本章首先利用系统动力学方法对云南省物流业发展进行仿真模拟研究；其次对云南产品物流贡献系数与地方经济的关联进行分析及预测；最后用定量分析的方法，在科学的选取指标以及搜集数据的基础上，运用因子分析法来研究面向东盟的云南区域物流系统空间结构优化。进而从现代物流体系建设、基础设施体系建设、物流产业振兴规划以及物流技术与人才培养四个方面提出了实质性的意见和建议。

第五章：云南物流产业协同联动研究。本章首先立足云南省，研究资源型产业与物流业的发展现状以及两者在协同联动发展方面存在的问题；其次分别运用协同度模型和 DEA 模型从协同程度和协同效率的角度对云南省两业协同发展进行实证分析，发现云南省两业发展协同程度极低，物流业与资源型产业单独发展并不能提高复合系统的协同度，两业必须彼此作用，自发地动态调整、反馈才能逐渐趋向协同状态。在问题的解决部分，本章研究、比较了各种联动模式的优缺点，明确其适用条件，并为企业进行模式选择构建了定性的决策模型，最后提出了切实可行的发展建议。

第六章：云南物流产业碳排放绩效及其影响因素研究。以云南省 16 个州市为研究对象，探索云南省物流业碳排放绩效及其影响因素。首先，对云南省各州市物流业二氧化碳排放量进行测算。其次，从静态角度测量了云南省 16 个州市物流业碳排放绩效。最后，加入时间变量，从动态角度测量了云南省 16 个州市物流业碳排放绩效。另外，本书从经济水平、能源结构、基础设施、技术进步和要素禀赋五个维度出发，进一步揭示各影响因素对碳排放绩效的影响方向和影响程度。

（三）物流行业运作篇

第七章：云南医药药品供应链管理研究。本章以云南省医药有限公司为例，分析了云南省医药有限公司的 VMI 现状和问题。针对问题，笔者研究分析了基于云南省医药有限公司的 VMI 供应链系统，并分析与验证了云南省医药有限公司基于 VMI 的收益模型。根据研究分析，设计出基于云南省医药有限公司的 VMI 供应链系统的运作模式与组织结构，以解决云南省医药有限公司因库存量过高而导致的企业资本运作能力弱、供应链运作效率低的问题。此外，通过分析与验证基于云南省医药有限公司的 VMI 的收益模型，为云南省医药有限公司有效实施基于 VMI 的医药药品供应链管理提供了理论依据。

第八章：边疆民族地区生鲜农产品供应链管理研究。本章利用结构化系统分析方法，在对我国边疆民族地区生鲜农产品流通现状进行分析的基础上，针对存在的问题，从消费者的需求出发，提出缩短农产品的流通环节，建设自供自配的配送中心，构建完善的电子商务平台，更有效地解决生鲜农产品配送"最后一公里"的问题，形成了一条物流、信息、资金流通最优状态的生鲜农产品供应链。

第九章：昆明市粮食供应链整合优化研究。本章通过对国内外粮食供应链相关文献的查阅，采用了文献研究法和理论分析与案例研究结合的研究方法。在充分调研分析全国、云南省以及昆明市粮食市场现状的基础上，以昆明良田粮食转运有限公司等昆明市的主要粮食经营企业作为研究对象，深入探讨了目前昆明市粮食经营企业在供应链管理工作中遇到的困难和不足。并在供应链管理相关理论的指引下，有针对性地提出了昆明市粮食行业供应链管理的优化整合方案，希望能为企业的经营发展提供理论依据，并为昆明市粮食供应链的长远发展建言献策。

（四）物流技术应用篇

第十章：基于 SOA 架构云南农产品信息平台设计。本章着重研究在SOA 架构（面向服务架构）下，整合现有相关信息平台的资源，并运用具体 Web Services 技术手段来构建云南省农产品 O2O 信息平台。此外，针对云南省农产品 O2O 信息平台中出现的安全问题以及数据传输问题，提出简单的建议和措施。

第十一章：基于 RFID 医药仓储管理信息系统设计。本章利用结构化系统分析方法，在对医药仓储分拨中心现状进行系统分析的基础上，针对存在的问题，利用现代物流管理理念和现代物流信息技术，提出解决策略，构建基于 RFID 的数字化仓储管理信息系统。通过对仓库布局进行调整，整合现有的软硬件设施，综合运用先进的物流仓储管理理论和物流信息技术——RFID 技术，构建仓储管理信息系统，实现仓储管理的自动化，实现业务流程的简化，降低管理成本、沟通成本的同时，提高仓储管理水平。

第十二章：基于 GIS 区域物流公共配送信息平台系统设计。本章主要是结合信息服务业务驱动下的区域物流资源整合模式，针对当前的物流运作实际，对一个基于 GIS 的区域物流公共配送信息平台进行系统设计与研究。

（五）结论篇

第十三章：结论与政策建议。对三个方面研究的结论、理论贡献和实践意义进行阐述、总结，探讨本书对企业实践管理的启示以及对政策制定者的指导意义，并对本书没有涉及或没有深入研究的有关问题进行讨论，进一步提出未来深入研究的方向和建议。

第二章 理论基础与文献综述

本书从推进云南现代化物流业出发，聚焦于从宏观到微观，从产业、行业到技术循序渐进，研究云南现代化物流的内涵、模式和影响。现代化物流包含了现代化的产业发展模式、现代化的组织运行模式以及现代化的技术支撑。因此，为了能从宏观到微观全面地反映现代化物流，本章需要回顾以下三个领域的研究：一是物流产业发展方面；二是物流行业运作方面；三是物流技术运用方面。

➡ 第一节 物流产业发展方面

一、区域物流

（一）区域物流内涵研究

目前，学术界对区域物流的概念尚未有统一的定义，不同的学者从不同的角度给予其不同的解释（见表2.1）。

表 2.1　　　　　专家学者们对区域物流内涵方面的代表性观点

代表作者	主要观点	文献
刘明菲 （2006）	提出区域物流是在一定范围的区域地理环境中的，大中型城市是中心，区域经济规模和范围是基础，与物流辐射的有效范围相结合，实现区域内外的各类物资从供应地向接受地进行的有效实体流动	《区域物流服务绩效评价指标体系研究》

续表

代表作者	主要观点	文献
燕珍 (2010)	认为区域物流是区域之间及区域内部的物的流动，具体来讲区域物流是在一定范围的区域地理环境中，让大中城市构成中心，利用区域经济发展规模和范围，最终实现区域内部和周围区域物资从供应地到接收地的实体流动。我国行政区域划分为省、市、县、乡等。对应区域物流则包括省域物流、城市物流、县区物流、农村物流等	《物流学》
周亚蓉 (2011)	区域物流是相对国际物流而言的物流系统，同时也是宏观物流系统中的一个组成部分	《基于主成分分析的我国区域物流综合评价研究》
刘玲瑞 (2011)	以大中城市为核心，通过点辐射、线辐射和面辐射的方式，对区域内物资流动统筹协调、合理规划、整体控制，提供区域物流功能，满足区域经济、政治、自然、军事等发展需要，实现区域内物流各要素的系统优化，促进区域经济协调发展	《区域物流网络节点布局规划研究》
邹远婷 (2016)	区域物流指的是一个区域范围之内所有的物流活动，其涵盖了包装、输送、装卸、加工流通等功能实体的流动，以及物流过程当中一系列的物品流动	《区域物流能力与区域经济发展的相关分析》

资料来源：根据作者整理所得。

通过相关专家学者对于区域物流内涵的认识比较，我们可以看出，虽然专家学者们对于区域物流含义的界定有所不同，但是他们还是有一个比较统一的共识，即区域物流总是在特定的区域范围内从事相关物流活动，但是对于特定的范围可能仁者见仁、智者见智。大部分学者都认为这个特定区域是经济区，在现实中主要以行政区来体现。在行政区的基础上，可分为多个层次。例如，以城市为中心，将区域物流看作是城市区域物流；或者是行政区与行政区之间的物流活动，将行政区物流活动看作是区域物流。

（二）区域物流发展研究

无论是国外的学者还是国内的学者，在区域物流发展研究方面，主要集中在区域物流发展规划与对策研究以及区域物流发展与区域经济关联两个方面，分别如表2.2、表2.3所示。

表 2.2　　　　　区域物流发展规划与对策方面的代表性观点

区域	代表作者	主要观点	文献
国外	尤里托和卡塔亚玛（Yurimoto and Katayama, 2002）	建立了区域物流中心选择及数量确定模型，并确定求解算法，将模型应用于东京都市圈区域物流节点规划	A Model for the Optimal Number and Locations of Public Distribution Centers and its Application to the Tokyo Metropolitan Area
	谷口和汤普森（Taniguchi and Thompson, 2003）	从城市可持续发展角度探讨了区域物流的发展问题，并就其发展过程中污染、环境治理等问题进行研究	Logistics Systems for Sustainable Cities
	斯蒂芬·安德森（Stephen Anderson, 2005）	基于城市物流可持续发展的概念、城市货运的重要性、对城市物流可持续性同负面影响等问题进行了探讨，提出了满足政府可持续发展目标的城市货运的运作方案	Urban Logistics How Can it Meet Policy Makers' Sustainability Objectives
	豪尔赫·阿克曼（Jorge Ackermann, 2007）	将影响区域物流竞争的三个因素——物料流、运输运作和基础设施进行整合，使之成为一个整体，建立了专门的优化和仿真模型算法	Modeling, Planning and Designing of Logistics Structures of Regional Competence-cell-based Networks with Structure Types
	菲克提基斯（PHKetikidis, 2008）	通过物流供应链管理信息系统来分析区域物流发展，并预测其未来发展趋势	The Use of Information Systems for Logistics and Supply Chain Management in South East Europe
国内	王建华（2008）	以图例集成的方式对区域物流规划理论体系、内容体系、方法体系、技术路线等进行了总结和归纳	《区域物流规划模式研究》
	彭云飞（2009）	认为区域物流发展需要满足两型社会建设要求，通过区域物流一体化发展战略的建立，提出了区域物流发展对策与建议	《"两型社会"建设与区域物流一体化战略框架构建》
	李庆全（2010）	认为区域物流发展规划既有理论性也有实践性，因此需要从理论和实证两个方面来研究探讨区域物流发展规划问题	《区域物流发展规划理论与实践探讨》
	康建英（2010）	从城市空间结构演化的角度出发，将物流产业对产业分工和聚集的影响进行了评价，阐述了城市物流产业的发展规划现状	《物流对城市空间结构衍化的作用及规划》
	张国权（2013）	对吉林省物流发展路径的研究与物流发展能力评估，发现制约因素：物流网络、基础设施、产业协同	《吉林省物流发展能力分析与对策研究》

资料来源：根据作者整理所得。

表 2.3　　　区域物流发展与区域经济关联方面的代表性观点

区域	代表作者	主要观点	文献
国外	埃斯科韦多 （Escobedo, 2001）	对智利首都区域经济发展现状进行分析，并提出了相关区域物流发展对策	Value Chain on the Regional Logistics Planning System
	梅伦德斯·奥马里亚·费尔南多 （Melendez OMaria Fernando, 2002）	分析了拉丁美洲区域物流发展现状及其存在的主要问题，认为造成区域物流发展落后的主要因素为区域经济体制，在此基础上进一步分析二者的关系	The logistics and transportation problems of Latin American integration efforts
	拉森等 （Skjott-Larsen et al., 2003）	以丹麦、瑞典共同建立的 Oresund 大桥为例阐释物流基础设施建设有利于物流发展环境的改进、区域经济的繁荣	Logistics in the Oresund Region after the Bridge
	马西莫·弗洛里奥和莎拉·科尔蒂 （Massimo Florio and Sara Colautti, 2005）	以美国、英国、德国等国家历史开支数据为基础，剖析出国家物流投资与政府公共支出的正相关关系	A Logistic growth theory of public expenditures
国内	张凤荣（2005）	首次提出区域创新物流系统（RILS）概念，运用一系列理论对 RILS 进行深入分析，提出了 RILS 综合竞争力评价的指标体系和评价方法，以此说明区域物流系统有利于提升区域竞争力	《区域创新物流系统模式研究》
	何小洲（2007）	对重庆市物流产业的发展推动地方经济结构的优化做出了说明，分析了发展物流产业的重要性	《物流产业对区域经济结构的影响效应分析》
	张绿（2009）	从经济发展促进物流需求、区域物流推进经济发展两个方面讨论了物流与经济的联系，运用最新的 PP（投影寻踪）技术，建立了基于遗传优化算法的投影寻踪（PP）评价模型	《区域物流系统发展综合评价研究》
	夏锦文（2010）	主要研究了区域物流与区域经济发展的关联效应、资源在配置效应、增长极效应、成本效应和"点—轴"开发效应等	《区域物流对区域经济的效应分析》
	崔国辉（2010）	从区域物流与经济发展能力的关系出发，对吉林省 1991~2007 年物流产业与经济发展开展实证研究，建立了相关评价指标体系，通过对层次因子分析评价模型的构建，以及二元回归模型的运用，剖析了区域物流与经济的协调性	《区域物流与经济发展协整与因果互动机制》

资料来源：根据作者整理所得。

第一个方面主要是关于物流规划与战略对策研究。对于这方面的研究，大部分学者都聚焦特定地区展开研究，然后分析该地区的物流发展状况、物流政策状况、物流基础设施状况、社会经济状况等。在此基础上，运用科学的研究方法，找出该地区发展物流存在的问题，并针对问题提出相应的解决措施与方法，进而探究该地区物流发展策略。第二个方面是物流与经济之间关系的研究。这方面的研究主要是关于物流发展与经济发展之间关系的研究，研究物流与经济之间的相互促进作用，物流的发展将会促进经济的发展，反之，经济的发展也会带动物流的发展。学者们通过这方面的研究来评价物流发展对于经济的价值。此外，大部分学者在这方面的研究，都是运用计量与统计模型对物流与经济之间的关系进行实证分析。

国外学者关于物流与经济之间的关系方面研究非常多，例如，物流发展与经济之间的匹配度研究、物流与城市之间相互影响的关系研究等，相较于国内学者在这方面的研究，国外学者关于物流发展与区域经济的关联研究比较成熟。与国外学者研究相比，国内学者研究的优势在于研究更加细化，主要表现在以下几个方面：聚焦于区域物流发展的系统及其体系方面，政府决策以及经济状况对物流的影响；对基础设施与物流之间关系的研究，特别是基础设施与物流相匹配的影响等。总的来说，国内学者对于区域物流发展规划与战略对策方面研究还存在缺陷：在实践方面的研究比较缺乏，过于追求理论研究，中观领域与宏观领域应用结合程度不高等。

（三）区域物流发展评价与优化研究综述

当前，关于物流评价方面的研究特别多，大部分学者都在评价方法方面做过相关研究，学者们主要用了如下方法（见表2.4）：层次分析法、数据包络法、模糊综合评价法、主成分分析法等，研究者将方法与具体的实践相结合，进行了有参考价值的实证分析。

表2.4　　国外专家学者对区域物流发展评价与优化方面的代表性观点

代表作者	主要观点	文献
布克班德和坦（Bookbinder and Tan，2003）	对欧洲与亚洲的权威数据进行聚类分析，比较两大洲物流系统的优劣，结果分为三个物流层。其中，英国处于第二层次，还有很大的提升空间；处于第一层次的仅有丹麦和新加坡，这两个国家的物流经验值得推广到其他国家和领域	Comparison of Asian and European logistics systems

续表

代表作者	主要观点	文献
凯南 （Kennan，2009）	采用层次分析法（AHP）和模糊层次分析法构建多准则决策模型，分析发现当前的情况是产品从客户回到制造商手中，既耗时，也使供应链更加复杂，因此，需要第三方逆向物流供应商来使产品回收过程变得清晰明了。通过模型的构建，通过层次分析法，为工作人员选择比较流程所需要的信息，并且不使系统更复杂	Fuzzy approach for the selection of third party reverse logistics provider
亚历斯·波波维奇和安德烈·哈瓦那 （Ales Popovich and Andrej Habana，2012）	通过对三家运输公司的半结构访谈、直接观察和文档查阅，研究了信息质量的变化对道路运输方面的影响。结果表明不同的信息质量变化以不同的方式影响运输操作，通过 GPS，可以优化运输计划、车辆路径，并改善运输控制等方面	Exploring Effects of Information Quality Change in Road Transport Operations

资料来源：根据作者整理所得。

如表 2.5 所示，关于区域物流发展评价与优化方面的研究，大部分学者都聚焦于中观层面上，比如区域物流竞争力评价、综合发展水平评价等，关于区域物流与经济关联性方面的研究也有一些。虽然这种研究适应性比较高，但是相对而言，此类研究没有明确的侧重点，总体比较空泛，多数研究都是从理论方面入手，很少着眼于实际方面研究，并且对结果的分析还不够透彻。此外，很多学者做这方面研究，在选用指标时，主观性偏大，导致选择的指标具有很大的片面性，也缺乏有效性，进而得出的结果可信度不高。

表 2.5 国内专家学者对区域物流发展评价方面的代表性观点

代表作者	主要观点	文献
周泰（2010）	建立了区域物流发展水平评价指标，通过区域物流发展水平的模糊物元评价模型构造，运用熵值法对指标权重的计算，构建了一套科学合理的评价分析体系	《基于模糊物元的区域物流发展水平评价》
巫宇南（2011）	通过对武汉市的研究，以及对武汉市物流业的发展水平的评价，指出其物流发展过程中的缺陷，并提出改进建议	《城市物流发展评价体系研究》
殷辉（2011）	分析区域物流发展状况，通过因子—聚类模型从人口、经济、第二产业规模、第三产业规模、物流主导产业规模五个方面对比部分城市物流发展差异	《我国区域物流节点城市发展的统计评价分析》

代表作者	主要观点	文献
顾央青（2012）	基于主成分分析法构建了城市物流发展水平综合评价模型，对宁波、青岛、大连和深圳的物流发展水平进行综合评价	《基于主成分分析的城市物流发展水平评价研究》
史春芬（2012）	建立城市物流发展水平评价的指标体系，用熵值修正 G1 的组合赋权法确定指标权重，建立模型，从经济效益、社会效益和外部不经济性三个方面对山西省 11 个地级城市的截面数据进行对比研究，提出了相关物流发展建议	《山西省地级市城市物流发展水平评价研究》
张立华（2013）	通过一系列研究建立了河北省物流发展能力的评价指标，运用因子分析法对河北省 11 个地市的物流发展情况进行了排序	《基于因子分析法的河北省物流发展能力评价》
李继云（2013）	构建区域物流发展水平综合评价指标体系，通过主成分分析法的运用，科学地对云南各区域的物流发展水平进行评价	《基于主成分分析的云南各区域物流发展水平评价与对策分析》

资料来源：根据作者整理所得。

（四）现有研究的不足

当前，对于区域物流的研究，国内外的学者运用不同的视角、不同的学科进行了大量的研究。中观层面上的省级区域物流发展水平评价以及微观层面上的企业物流研究比较多，较为成熟，但是关于区域物流发展对策方面的研究比较少。现有的研究主要有以下几个方面的不足。

1. 缺乏分析物流系统研究

通过文献综述，我们可以发现过去学者们过多地研究物流与经济以及相关政策方面的关系，而针对物流系统内部影响因素的作用机理方面的研究不多。我们只有探究物流系统内部的作用机理，才能更好地分析物流发展，评价物流发展，促进物流发展。

2. 评价指标体系不科学

当前，关于区域物流的定义，学术界并不统一，学者们对其都有自己的见解。正因为此，对于区域物流不同理解的学者，将会建立不同的评价指标体系。此外，在建立评价指标体系时，有些指标体系指标数量不足，有些指标与研究目的匹配度不高，有些指标体系掺杂较多的主观因素，这些存在的不足都会影响指标体系的科学性。

3. 对区域物流发展水平所用的评价方法不完全准确

当前，在评价物流发展水平时，学者们用得较多的是 DEA 数据包络分析法、AHP 层次分析法以及主成分分析法等传统的方法，这些方法过多地考虑了软件对结果的分析，恰恰疏忽了每种方法都有自身使用的条件。近年来，物流发展进入了快车道，而这些评价软件在一定程度上过多的是针对过去物流环境，因而将会对最终的结果产生影响。

因此，本章希望通过文献综述，了解当前物流的研究状况，分析已有研究的优缺点，充分利用已有文献的优点，借鉴已有文献的研究思路与方法，在此基础上，改善本章的研究。

二、协同理论

20 世纪 60 年代，美国战略管理学家伊戈尔·安索夫（Igor Ansoff，1965）将协同的理念引入企业管理领域，协同理论成为企业采取多元化战略的理论基础和重要依据。伊戈尔·安索夫首次向公司经理们提出了协同战略的理念，他认为协同就是企业通过识别自身能力与机遇的匹配关系来成功拓展新的事业，协同战略可以像纽带一样把公司多元化的业务联结起来，即企业通过寻求合理的销售、运营、投资与管理战略安排，可以有效配置生产要素、业务单元与环境条件，实现一种类似报酬递增的协同效应，从而使公司得以更充分的利用现有优势，并开拓新的发展空间。安索夫在《公司战略》一书中，把协同作为企业战略的四要素之一，分析了基于协同理念的战略如何可以像纽带一样把企业多元化的业务有机联系起来，从而使企业可以更有效地利用现有的资源和优势开拓新的发展空间。多元化战略的协同效应主要表现为：通过人力、设备、资金、知识、技能、关系、品牌等资源的共享来降低成本、分散市场风险以及实现规模效益（陈雅兰等，2005；卢珊、赵黎明，2011）。

德国物理学家海尔曼·哈肯（Harmen，H.）于 1970 年提出了协同学问题，1975 年建立了协同学的基本理论框架。他认为，协同学是一门在普遍规律支配下的有序的、自组织的集体行为科学，其目标是在千差万别的各科学领域中确定系统自组织赖以进行的自然规律。协同学由三大基本原理构成，即不稳定原理、役使原理和序参数原理。

不稳定原理：钱德拉（Chandra，2003）认为不稳定原理揭示了一种模式的形成意味着原来状态不再能够维持，从而变为不稳定状态。协同学承认不稳定性具有积极的建设性作用，不稳定性充当了新旧结构演替的媒介。

役使原理：役使原理的主要概念是慢变量（不稳定模）、快变量（稳定模）和支配。当控制参量变化使系统达到线性稳定性被破坏的状态时，基本演化方程中包含的变量可以按其阻尼性质分为两类：慢变量和快变量。慢变量代表系统的不稳定模；快变量代表系统的稳定模，快变量不会左右系统演化的进程，慢变量则主宰着演化进程，支配着快变量的行为，快变量跟随慢变量的变化而变化。福等（Fu et al.，1989）认为有序结构是由少数几个缓慢增加的模或变量决定的，所有子系统都受这少数几个模的支配。

序参数原理：皮尤（Pugh，2014）认为序参数是指不论什么系统，如果某个参量在系统演化中从无到有地变化，并能指示出新结构的形成，它就是序参数。序参数是描述系统整体行为的宏观参量。序参数的形成，不是外部作用强加于系统的，它的来源在系统内部。当多组分系统处于无序的旧结构状态时，众多子系统独立运动，各行其是，不存在合作关系，无法形成序参数。当系统趋近临界点时，子系统发生长程关联，形成合作关系，协同行动，导致序参数的出现。序参数一旦形成就成为主宰系统演化过程的力量。由于序参数支配子系统的行为，主宰着系统的整体演化过程，寻找序参数，即建立和求解序参数方程就成为用协同学理论研究系统演化的关键。

复杂适应系统（complex adaptive system，CAS）理论由约翰·H. 霍兰（John H. Holland，2001）提出，其核心思想是"适应性造就复杂性"，该理论认为系统演化的动力本质上来源于系统内部，微观主体的相互作用生成宏观的复杂性现象。

综上所述，研究协同创新模式及管理机制都具有重要的理论研究价值和实践意义，将为推进云南现代物流的建设起到理论指导作用。

三、现代物流与供应链管理

现代物流管理包括物流五要素：品质、数量、时间、地点和价格。现代物流管理理念包含物流服务理念、物流系统化管理理念、物流一体化管理理念、联盟与合作理念、精益物流理念、绿色物流理念以及物流"第三利润源泉"说、物流效益背反说、物流冰山说、物流黑大陆说、物流服务中心说、物流成本中心说等（李严锋等，2011）。现代物流管理在中国已经起步，表现在国家领导人多次针对物流问题发表讲话，各种物流政策不断出台，开始出现以现代物流为主业的物流企业，以及一些省市与发达的经济区已经着手制定和实施区域物流规划。例如，云南省陆续出台《云南省现代物流产业发展"十三五"规划》《云南省现代物流产业发展"十三五"规划实施方案（2016—2020 年)》《云南省加快推进现代物流产业发展 10 条措施》等现代物流相关政策。

国内物流管理实践主要集中在区域物流的配送车辆调度、配送中心选址、网络规划、物流系统规划以及资本投资机制等方面。采用研究模型为 Multi - Agent 模型、Petri 网模型、基于离散事件的仿真模型和基于高层体系结构的分布交互仿真模型等（王敏红、郑会颂，2002；赵书良等，2006；李进、朱道立，2009）。随着仿真模型的广泛使用及分布式计算技术的进展，仿真与优化算法结合的仿真优化方法，分布式优化方法等发展迅速。另外，博弈论的应用研究发展较迅速，在经济应用、信息经济、不对称信息和实验经济学方面都有突出表现。

供应链管理是一种集成化的管理理念，其核心意义在于使企业充分了解客户及市场需求，与供应商及合作伙伴在经营上保持步调一致，实现资源共享与集成，协调支持供应链上的所有企业协同运作，从而取得整体最优的绩效水平，以达到提高供应链整体竞争力的目的（李严锋等，2016）。供应链协同已经成为目前研究热点，主要集中在供应链协同知识创新、产品开发协同创新、主体协同创新及供应商选择协同创新等方面。

➡ 第二节 物流行业运作方面

物流研究领域中物流运作模式的研究文献也非常广泛。例如，自营物流模式、共同配送模式、物流一体化模式、合同制物流模式、第三方物流模式、第四方物流模式等。本部分将从企业组织结构的视角入手，将企业物流运作模式分为完全自营物流运作模式、企业间物流联盟模式、分项物流职能外包运作模式、组合物流职能外包运作模式、物流职能完全外包运作模式五类分别进行综述（韩翔、程明，2006；王健、周万森，2005）。

一、完全自营物流运作模式

完全自营物流运作模式是企业以自身需求为核心，对涉及企业运营的供应、生产、销售各个环节的物流都由企业自己筹建并组织管理，完成其内部及外部物资配送的一种物流运作模式（蒋有凌等，2006）。完全自营物流运作模式有很多优点，其最重要的优点体现在可靠性方面。企业通过自营物流，可以直接支配物流资产，控制物流职能，保证供货的准确和及时，保证为顾客服务的质量，维护好企业和顾客间的长期关系。米姆切克（Miemczyk，2004）认为采用完全自营物流运作模式的企业，其物流方面的投资比较大，特别是配送规模较小时，成本和费用会相对较高。采取自营物流运作模式的企业大都是规模较大的集团公司，其中最具代表性的是连锁企业。这些企业应具有以下特征：拥有覆盖面很广的代理、分销、连锁店，而企业业务又集中在其覆盖范围内；业务集中在企业所在城市，送货方式比较单一；规模较大、资金雄厚、物流量巨大的企业。戴伊等（Dey et al.，2011）认为对这些企业来说，投入资金建立自己的物流系统，掌握物流的主动权，是一种战略选择。

二、企业间物流联盟运作模式

上述的完全自营物流运作模式是企业完全通过自己的实力完成企业物流管理的需要。格林和利德（Green and Lide，2010）认为在实践中还有一种物流运作模式从外包程度上看是不清晰的，界限比较模糊，这就是企业间物流联盟运作模式。这种模式是指两个或两个以上的企业根据自身需要，为实现整体物流合理化，以互惠互利为原则，互相提供便利的物流服务的协作型联盟来开展物流运作的模式。这里需要特别说明的是，笔者所分析的企业间物流联盟运作模式是指两个非物流企业之间的物流合作联盟，与其他学者所说的生产企业与物流企业之间的物流联盟，以及两个物流企业间物流联盟的建立，使企业对其物流资源的使用界限扩大了：其一，可提高企业已有的物流资源的使用效率，减少沉没成本，实现效益最大化；其二，可以节约新的物流资源方面的投入，提高企业战略调整的灵活性；其三，可以提高物流服务水平，实现规模经济，扩大企业的市场份额；其四，可以使企业集中精力经营核心业务，培养自己的核心竞争力，更好地适应激烈的市场竞争（韩翔、程明，2006）。

通过联盟，生产企业可以从与物流伙伴的合作中获得竞争所需要的一些能力，包括获取资源、市场等要素。但同时，这种模式也不可避免地存在着一些弊端，如降低企业对物流控制的能力，使企业的客户关系管理失衡，增加管理的复杂性和难度，以及其他由于企业间联盟失败造成的不良后果等。

三、分项物流职能外包运作模式

分项物流职能外包是区别于后面将要提到的组合物流职能外包而言的，指企业将其某一个物流职能（如运输、仓储、配送等）外包给物流企业，而其他物流职能都是由自己完成（韩翔、程明，2006；于成学等，2007）。企业分项物流职能外包实际上是在企业完全自营物流的基础上发展起来的，只是当企业在自营物流有困难时，将某些自己无法完成的物流职能外包给物流企业。分项物流职能外包运作模式是一个过渡模式，并不能作为企业长期发展的战略模式，它只会出现在企业物流管理改革的过渡时期。从理论上讲分项物流职能外包运作模式没有太大的意义，但由于我国物流管理的传统性和特殊性，在实践中，这种模式却是普遍存在的。

分项物流职能外包模式是将企业在物流方面比较薄弱的职能外包出去，对企业而言可以做到扬长避短，使企业物流管理取得良好的整体效果，总成本相对较低（于成学等，2007）。罗杰斯（Rogers，2008）认为在该模式下，企业的物流管理工作仍然大部分由企业自主管理，因此具有较好的控制能力。相对于完全自营物流运作模式而言，该模式能合理地利用部分社会物流资源，这对减少资源浪费、避免资产重置有一定的好处。但是，分项物流职能外包模式下的企业与物流企业之间的关系比较松散，这使得企业对其所外包出去的物流职能缺乏可靠、有效的控制和管理，会造成管理上的混乱和难以协调，最终影响到企业的供应、生产和销售。

分项物流职能外包模式的组织结构与现代企业完全自营物流运作模式

较为相似，物流部门作为独立的管理部门与人事、财务、生产、销售等部门同为企业的重要职能部门。物流部门下属的职能分部对外包出去的分项物流职能进行统一的管理和协调。

四、组合物流职能外包运作模式

芒克斯加德等（Munksgaard et al.，2014）认为组合物流职能外包运作模式是以签订合同的方式，将企业一定期限内部分或全部物流职能委托给专业物流企业来完成，企业可以从这些物流职能中脱离出来，专心于自己的核心业务（韩翔、程明，2006）。这种运作模式又被称为第三方物流、契约物流或合同物流。第三方物流的提供者本身不拥有商品，而是通过签订合作协定或结成合作联盟，在特定的时间段内按照特定的价格向客户提供个性化的物流代理服务，具体内容包括商品运输、储存配送以及附加的增值服务等。企业选择采用组合物流职能外包模式是因为其具有突出的战略优势，主要表现为：有利于企业把主要精力放在企业所擅长的项目上面；有利于企业更好地利用先进的物流技术；具有较强的灵活性；节省物流费用，减少库存；提高企业的服务水平，进而树立良好的企业形象；减少固定资产投资，加速资本周转。组合物流职能外包模式是企业物流运作模式发展的趋势和方向，也是物流专业化发展的产物，应该说其适用范围是广泛的，适合于大多的工商企业，尤其是新兴的电子商务企业（舒辉，2005）。在该模式下企业物流部门的功能减弱，但仍要有统一的物流管理部门，只是在组织结构中可适当减少物流部门的职能性分部。第三方物流企业的参与同时也大大增加了企业的协调管理工作，因此需要专门的信息中心或管理机构来协调企业内部与第三方物流企业之间的信息交流、合同管理等工作。

五、物流管理完全外包运作模式

物流管理完全外包运作模式是在第三方物流的基础上发展起来的，是指由外部物流企业提供从采购供应生产物流直至消费物流的整个供应链物流管理（韩翔、程明，2006；王国才，2003）。这种模式有些学者称为综合物流代理模式，为了区别于第三方物流，有些学者提出了第四方物流的概念，也有些学者称其为供应链管理商。在这种模式下，供应链管理商通过与工商企业建立广泛的代理或买断关系形成较为稳定的契约关系，将企业所需要的从原料到销售的所有物流活动全权代理完成。米姆切克（Miemczyk，2003；Miemczyk，2004）认为这种运作模式还表现为在用户之间交流供应信息，从而起到调剂余缺、合理利用资源的作用。在电子商务时代，这是一种比较完整意义上的物流运作模式。

采用物流管理完全外包模式将改善第三方物流的局限性，能有效地利用电子商务搭建的信息技术平台，为企业提供一整套基于供应链的适时、有效降低成本、可控制的物流服务：由供应链管理商为企业提供了一整套完善的供应链解决方案；供应链管理商通过影响整个供应链来为企业增加价值；企业仍有一定的自主权，减少企业对业务流程失控的担忧；可以增加企业的收入；降低企业的运作成本；减少企业的营运资金。

第三节 物流技术运用方面

为了更有效地实现现代化物流的各个基本功能，需要现代的各种物流技术提供支持。现代物流技术是指在现代物流活动中把商品进行移送和储存，为社会提供无形服务的技术，是实现物流基础设施优化的重要组成部分（徐天亮，2000）。目前，发展较快的技术有：运输、仓储、搬运、包装、集装单元化、物流信息技术等。本部分将现代物流技术中比较重要的运输技术、仓储技术和物流信息技术在国内外的应用现状和发展趋势进行初步探讨。

一、运输技术

运输是物流的重要环节，是人和物的载运及输送，是在不同地域范围间（如两个城市、两个工厂之间，或一个大企业内相距较远的两车间之间），以改变"物"的空间位置为目的的活动，对"物"进行空间位移（魏际刚，2006）。目前国内外主要运用的运输技术有：智能运输系统（ITS）、全球定位系统（GPS）与地理信息系统（GIS）等。

智能运输系统（ITS）将先进的信息技术、计算机技术、数据通信技术、传感器技术、电子控制技术、自动控制理论、运筹学、人工智能等有效地综合运用于交通运输、服务控制和车辆制造，加强了车辆、道路、使用者三者之间的联系，从而形成一种定时、准确、高效的综合运输系统（马强胜、杨孔雨，2013；高国天，2013）。目前，世界上许多国家和地区对智能运输系统技术的研究和应用已有相当的规模。我国是在 20 世纪 90 年代开始大规模对智能运输系统技术进行研究的，现已在全国许多地方相继开始推广应用，有的（如北京）已初步取得了成效（魏际刚，2006）。

全球定位系统（GPS）是一种先进的导航技术。利瓦伊等（Levi et al.，2014）认为地面监控中心利用 GPS 技术可以实时监控车辆等移动目标的位置，根据道路交通状况向移动目标发出实时调度指令。GPS 有助于配送企业有效地利用现有资源，降低消耗，提高效率。但是由于这种技术的成本太高，而且国内对这些方面的技术应用研究还不够，目前国内的物流企业对这方面的应用较少。只在航空、航海领域应用多一些。考恩和黛博拉（Cowen and Deborah，2010）指出国外的一些大型快递公司（如 UPS），已经应用 GPS 技术进行货物跟踪等应用。

地理信息系统（GIS）以地理空间数据为基础，采用地理模型分析方法，适时地提供多种空间的和动态的地理信息，是一种为地理研究和地理决策服务的计算机技术系统（徐天亮，2000）。GIS 的最新研究成果为 GIS 技术引入物流管理提供了基础的技术条件。但是作为一项新技术目前的应用还较少。有学者通过采用 GIS 空间运算、离线 GIS 引擎技术、北斗卫星定位技术，进行了内河航运 GIS 系统的设计，完成了河道信息采集模块、港口码头信息模块与导航模块、可视化地理信息管理功能模块的开发，并借助该系统实现了对珠江—西江全流域航道的水运物流监控与信息共享（甘雯雯，2016）。还有的学者讨论了 GIS 等技术在粮食物流系统中的应用（曾力、李妍琰，2009）、GIS 技术在烟草物流系统中的应用（刘昕雨，2009）、GIS 技术在物流规划中的应用探讨（王兆华，2009）、GIS 物流信息化管理平台建设探讨等（王柯，2018）。

二、仓储技术

目前，仓储货物的集装单元化技术、通用仓储机械、分拣系统、自动仓储控制系统、高架仓库、仓库选址和规划技术已经开始逐步推广（张慧，2014）。目前的发展趋势主要在以下几个方面。

一是仓储物流标准化技术的推广。仓储物流标准化是指物品在仓库中的包装尺寸和集装单元的尺寸要符合一定的标准。标准的建立可以大大提高仓储作业的效率，也可以提高整个物流系统的运作效率。

二是自动化仓库的类型将向多品种发展。目前，我国设计、制造的自动化仓库几乎全部是分离式自动化仓库和托盘单元式自动化仓库。但大型、高层的自动化仓库，国外为降低成本，往往采用整体或自动仓库，我国还很欠缺。

三是出入库系统。我国出入库系统目前大多采用链式和辊道输送机组合而成，大力开发高速轨道式输送机及滑块式分拣输送机、自动搬运车系统等高效、柔性的出入库输送设备。韦和李（Wei and Li，2012）指出随着仓库设备及其系统的自动化、高速化，条码技术和自动识别技术必将成为信息录入和系统的瓶颈，其发展和应用值得重视。

三、物流信息技术

从国际经验来看，物流领域是现代信息技术应用比较普遍和成熟的领域，物流企业正在转变为信息密集型企业群体。目前，我国物流领域中现代信息技术应用和普及的程度还不高，发展也不平衡。据调查，我国的物流服务企业中，仅有39%的企业拥有物流信息系统，大多数物流服务企业尚不具备运用现代信息技术处理物流信息的能力（张慧，2014）。现在主要用到的信息技术有条形码和EDI。

条形码作为商品标识方面的应用，商品条形码标识目前已经得到广泛应用，高效的物流活动还需要对由销售单元组成的储运单元、货运单元及其在物流流程中的位置进行条形码标识。我国75%的企业的储运单元和货运单元都没有条形码标识，93.6%的制造企业、100%的批发企业和97%的零售企业都没有采用位置码。这三种条形码应用水平低，直接影响了计算机管理的物流系统的运作。同时也影响以计算机为基础的企业信息管理系统的运行效率，限制了仓库管理自动化的实现。欧曼等（Ohmann et al.，2015）提出现在虽然有了射频识别技术（RFID），但是由于其过高的成本，推广起来始终比较困难。

电子数据交换技术（EDI）作为一种新型有效的商业信息管理手段，

可以提高整个物流流程的信息管理水平和各个物流环节的协调发展（田苗、陈洪全，2006）。然而目前国内 EDI 的应用范围还非常有限，相对集中在进出口企业与海关、商检等管理部门之间的使用。我国真正意义上的 EDI 应用还远未开展。

━━▶第四节　小结

综上所述，国内外学者的研究成果为本书的研究提供了十分有益的理论和实证方法论基础，然而，也有一些未尽之处，需要我们去进一步发展和完善，主要存在的问题有以下几点。

第一，虽然近年来学者们从不同的视角进行了现代化物流的研究，然而现有的研究缺乏总体的顶层设计，较为凌乱，大部分均只关注于物流中的某一细节问题，而忽略对现代化物流发展模式的总体框架设计，由此对政策制定者和企业实践者的指导作用甚微。

第二，大多数既有研究局限于单一维度的影响因素，例如物流技术的研究往往忽视组织运作、竞争环境以及政策的影响，关注物流组织模式和物流产业发展的研究则往往忽视技术进步所引发的影响和变革。但现有文献没有将系统的技术的进步、组织模式的转变以及产业的转型升级纳入一个统一的理论分析框架，来深度分析三个方面对物流现代化的共同影响作用。

第三，在物流技术应用方面的研究中，电子商务、云计算、物联网、大数据和移动互联等技术的进步引发了传统物流基础设施网络乃至运营流程的深刻变革，然而目前的研究滞后于现实中的发展，现有理论很难指导新技术背景下的物流运作，鲜有研究系统关注到云计算、物联网等新一代信息网络技术对物流基础设施和运营流程的影响和改变。

第四，在物流行业运作模式方面的研究中，虽然现有研究已基本总结出了目前物流运作的基本模式，然而这些理论与观点在国家"一带一路"倡议下是否能真正指导云南省物流企业的实践，云南省在打造面向东南亚、南亚的桥梁枢纽的过程中以及技术进步的背景下这些物流运作模式是否可行，制约云南省物流行业发展的根本因素是什么，这些问题目前的研究均还不能解答。

　　第五，在物流产业发展方面的研究中。随着国家"一带一路"倡议的提出和《国务院关于印发物流业发展中长期规划（2014—2020 年）的通知》《国务院办公厅关于积极推进供应链创新与应用的指导意见》《云南省人民政府办公厅关于印发云南省现代物流产业发展"十三五"规划及实施方案的通知》的实施，云南省在产业发展层面上如何规划物流产业使云南省成为新时期下面向南亚、东南亚的重要枢纽和节点，目前还缺乏深入的研究。

物流产业发展篇

第三章 云南物流产业发展现状与问题

物流业为其他产业服务，物流基础设施、园区和网络的建设可以带动其他产业的转型升级，降低其他产业的经营成本和提高运作效率，发展物流业对"一带一路"倡议和长江经济带等规划的实施具有重大的推动和促进作用。

第一节 云南物流产业发展现状分析

本部分将重点分析云南物流产业发展，包括物流业总体发展概述、物流企业发展情况、物流环境、物流信息化、物流管理体制等现状，为下一步云南省物流发展规划研究提供分析依据。

一、云南省物流业总体发展概述

（一）物流发展需求

近年来，云南省与周边东盟国家的贸易往来日益紧密，双边的贸易额快速增长，同时伴随着云南工业生产、城市经济持续高速发展为云南物流发展提供了巨大的市场空间，云南综合交通运输体系的建立健全，也有效地促进和服务于云南物流。根据云南省国民经济和社会发展统计公报统计资料显示，2012～2017 年，云南省 GDP 稳步增长（见表 3.1）。例如，2016 年云南省完成地区生产总值 14869.95 亿元，比上一年度增长 8.7%，

2017 年 GDP 达到 16531.34 亿元，同比增长 9.5%。在社会消费品零售方面，2012～2017 年同样实现了稳步增长（见表 3.1），例如，2016 年云南省社会消费品零售总额达到 5722.90 亿元，2017 年达到 6423.06 亿元。从以上两个主要经济指标的分析可以看出，云南省的经济发展为物流业的发展奠定了良好的发展基础，物流市场的总需求非常大。具体来看，社会消费品零售总额反映商品在流通过程中所创造的物流需求。实际上，GDP 最能反映全社会物流市场的总需求。

表 3.1　　　　　　　**2012～2017 年云南省的经济增长指标**　　　　单位：亿元

项目	2012 年	2013 年	2014 年	2015 年	2016 年	2017 年
GDP	10309.8	11720.91	12814.59	13717.88	14869.95	16531.34
社会消费品零售总额	3541.60	4036.01	4632.9	5103.15	5722.90	6423.06

资料来源：云南省国民经济和社会发展统计公报。

此外，据云南省商务厅统计，全省现代物流产业增加值 2017 年实现 1414 亿元，同比增长 13.9%，超额完成年度目标任务。

综合以上分析得出：云南省物流市场的需求非常大，有非常好的发展空间。

（二）物流基础设施

物流基础设施布局建设取得重大突破，发展后劲明显增强。"十三五"时期以来，物流基础设施建设投资呈现快速增长趋势，在综合交通、物流园区、基地、节点及物流网络建设方面投资实现跨越式增长。"十二五"期间，云南省正式开启路网、航空网、能源保障网、水网、互联网五大基础设施网络建设，为现代物流产业发展奠定了坚实基础。

投资及设施规模显著增长："十二五"期间，公路水路完成固定资产投资 3400 亿元。其中，公路完成投资 3380 亿元，是"十一五"时期的 1.7 倍；水运累计完成投资 20 亿元，是"十一五"时期的 3.2 倍。全省公路总规模达到 23.6 万千米，较"十一五"末期新增 2.7 万千米；二级以上公路里程达到 1.6 万千米，较"十一五"末期新增 7100 千米，航道通航里程达到 4200 千米，较"十一五"末期新增 1090 千米。

高速公路网络基本成型："十二五"末期，"七出省、五出境"通道基本建成，13 个州市及 72 个县市区通高速公路。建成武定至昆明等 24 条高速公路，里程 1372 千米，全省高速公路通车里程达到 4005 千米。在建的丽江至华坪等 24 条高速公路，里程 1853 千米。普通国省干线技术水平明显改善。建成 59 条二级公路，123 个县通二级以上公路。普通国省干线公路中二级及以上公路里程达 1.22 万千米，较"十一五"末期增加约 5900千米。普通国省干线公路路面铺装率达 95%。农村公路通畅水平快速提升。新改建农村公路 8.8 万千米，农村公路总里程达到 20.69 万千米，实施溜索改桥 181 座，乡镇通畅率达 100%，建制村通畅率达到 76%，较"十一五"末期提高 50 个百分点，农村群众出行条件明显改善。

水运发展快速推进："十二五"末期，实施"两出省、三出境"水运通道及港口配套基础设施建设，四级以上航道 1214 千米，港口 12 个，泊位 192 个，其中 300 吨级以上泊位 48 个。2016 年，云南省完成水运建设投资 8.4 亿元，同比增长 3.94%。截至 2016 年底，航道通航里程达到4294 千米。全年完成水路客运量 1255 万人、客运周转量 2.7 亿人千米，同比分别增长 8.47% 和 5.25%；完成水路货运量 646 万吨、货运周转量12.5 亿吨千米，同比分别增长 7.31% 和 7.99%；综合周转量 16.1 亿吨千米，同比增长 8%。主枢纽港水富港全年完成港口吞吐量 479 万吨、3000个标箱。

铁路发展方面："十二五"末期，铁路营业里程近 3000 千米，"八出省、五出境"的铁路骨架网建设正加快推进。2016 年，全省完成铁路建设投资 336.8 亿元，同比增长 18.6%，开通里程 797.5 千米，约占全国铁路投产新线 3281 千米的 1/4，实现铁路局历史上的"三个第一"，即第一次接管高铁、年内开通调试高铁里程全路第一和第一次与公网 4G 网络同步开通并实现全覆盖。昆阳至玉溪铁路扩能改造工程、昆明枢纽东南环线、沪昆客专、云桂铁路四条高速铁路建成通车；昆明南站建成投用，桃花村物流基地改扩建工程完成；广通至大理铁路扩能改造工程、昆明枢纽扩能改造工程、云桂铁路引入昆明枢纽工程、沪昆客专引入昆明枢纽工程、永仁至广通扩能工程、大瑞铁路、丽江至香格里拉铁路、玉溪至磨憨铁路、大理至临沧铁路建设有序推进。

航空发展方面：云南已初步形成了以昆明为中心，连接省内与周边省际支线网络、辐射国内大中城市的干线网络，以及面向东南亚、南亚国家和地区的国际及地区航线网络的三个轮辐式为主及城市对式结构互补的航线网络，并形成以昆明区域性枢纽机场为主的机场群。2017 年，运营机场15 个，航线总数达到 408 条，面向南亚、东南亚特定区域辐射能力不断增强，连接欧澳美非的国际化、广覆盖航线网络正在逐步形成。包括：一个国家门户枢纽机场昆明长水国际机场和丽江（中型枢纽、国家一类口岸）、西双版纳（中型枢纽、国家一类口岸）、德宏芒市（中型）、腾冲（中型）、迪庆香格里拉（小型支线）、大理（小型支线）、思茅普洱（小型支线）、保山（小型支线）、临沧（小型支线）、文山（小型支线）、昭通（小型支线）、泸沽湖机场（小型支线）、沧源佤山机场（小型支线）、澜沧机场（小型支线）、芒市机场（小型支线）。

物流节点建设成效明显："十二五"期间，昆明作为国际性物流节点城市功能进一步提升，昆明铁路集装箱物流中心等物流园区建设取得明显成效。一批口岸型物流园区建设加快推进，云南腾俊国际陆港、河口口岸交通物流园、景洪勐养国际物流商贸中心、瑞丽货运中心已被纳入《政府间陆港协定》，成为重要的国际物流节点。昆明花卉物流中心、玉溪烟草物流中心、曲靖农产品冷链物流中心等专业物流中心布局逐渐成形。

物流园区设施建设方面：物流园区是对物流组织管理节点进行相对集中建设与发展的、具有经济开发性质的城市物流功能区域；同时，也是依托相关物流服务设施降低物流成本、提高物流运作效率，改善企业服务有关的流通加工、原材料采购、便于与消费地直接联系的生产等活动，形成具有产业发展性质的经济功能区。目前，全省 16 个市州在建和待建的物流重大项目超过 60 项（昆明 8 个、玉溪 2 个、曲靖 5 个、楚雄5 个、西双版纳 3 个、大理 7 个、德宏 3 个、红河 5 个、怒江 1 个、普洱3 个、昭通 1 个、保山 3 个、临沧 9 个、文山 8 个），园区类型包括货运服务型、生产服务型、商贸服务型、综合服务型。云南物流全省建设以城市交通、区位优势、特色产业、龙头企业为支撑（如以昆明为中心的总部经济物流港、安宁工业、能源物流中心；以昆明—瑞丽通道为依托的大理综合物流园；以昆明—河口通道为依托的红河现代物流示范基地等）构建以"昆明为中心，辐射全省，连接全国，面向东南亚、南亚"的综合物流体系。

口岸、港口设施建设方面：口岸、港口基础设施和通关便利化建设不断加快，国际大通道建设不断加强，国际口岸物流不断增加。近年来云南省从中央到地方、到企业，在口岸建设的投资达十几亿元，口岸通关便利化水平明显提高。

如表 3.2 所示，已经拥有国家级一类口岸 16 个，二类口岸 7 个。2011 年云南省口岸物流已经实现了 5 个突破，出入境突破 2400 万人次，出入境交通工具突破 400 万辆次，进出口货物量突破 60 亿吨，关税突破 20 亿元人民币。

表 3.2 云南省拥有口岸数量和类型

一类口岸（13 个）	陆路口岸（9 个）	瑞丽、磨憨、河口口岸允许第三国人员出入境
	航空口岸（2 个）	昆明、西双版纳国际机场：外籍飞机进出
	水运口岸（2 个）	思茅、景洪：均允许外国船舶出入境
二类口岸（7 个）	与缅甸接壤（6 个）	孟连、沧源、南伞、章风、盈江
	与越南接壤（1 个）	田蓬
其他	边民互市通道（90 个）	
	边民互市点（103 个）	

资料来源：云南省商务厅网站。

二、云南省物流企业发展情况

随着云南社会经济的迅速发展，自 2017 年以来，云南物流企业的实力不断增强，信息化程度不断提高，经营范围和品种日益综合化，竞争能力有很大提升。2018 年云南省 A 级物流企业达到 78 户，较 2017 年新增 29 户。全省 5A 级物流企业从 2017 年的 1 户增加至 6 户，分别是昆明铁路局、云南能投物流有限责任公司、云南建投物流有限公司、云南宝象物流集团、云南农垦物流有限公司、云南腾晋物流股份有限公司。

2018 年全省境外物流公司已覆盖老挝、缅甸、越南、泰国等国家和地区，2018 年全省境外物流公司有望达到 10 个以上。新加坡丰树集团、上海天地汇等世界 500 强及国内知名物流企业落户云南省。此外，支持本土企业宏星物流公司自主建成首个跨境物流大数据平台，并在境内外市场加快推广投放拥有英语及柬埔寨、老挝、缅甸、泰国、越南等国家语言版本的平台客户端。与此同时，全省积极推荐昆明市及 8 家企业获评全国供应链创新与应用试点，培育新动能，国家供应链创新与应用试点企业数量居全国前 10 位。

但与全国其他省份比较，云南的物流企业仍处于较低水平，很多物流企业因为服务能力和规模达不到标准要求，不能评级。

三、云南省物流环境分析

（一）物流政策环境不断完善

2011 年，国务院出台了《国务院关于支持云南省加快建设面向西南开放重要桥头堡的意见》《云南省加快建设面向西南开放重要桥头堡总体规划（2012—2020 年)》《国务院办公厅关于促进物流业健康发展政策措施的意见》《国务院关于依托黄金水道推动长江经济带发展的指导意见》《国务院关于印发物流业发展中长期规划（2014—2020 年）的通知》《财政部税务总局关于物流企业承租用于大宗商品仓储设施的土地城镇土地使用税优惠政策的通知》《"互联网 +"高效物流实施意见》《关于印发"十三五"铁路集装箱多式联运发展规划的通知》《国务院办公厅关于进一步推进物流降本增效促进实体经济发展的意见》。此外，云南省政府也出台了《云南省政府关于加快推进流通产业发展的若干意见》《云南省乡村流通工程规划》《中共云南省委关于深入贯彻落实习近平总书记考察云南重要讲话精神闯出跨越式发展路子的决定》《云南省现代物流产业发展"十三五"规划》《云南省人民政府关于着力推进重点产业发展的若干意见》《云南省现代物流产业发展"十三五"规划实施方案(2016—2020 年)》《云南省加快推进现代物流产业发展 10 条措施》等多个促进物流业发展的产业政策，为云南现代物流业今后一段时期的快速、健康发展提供了更加优良的发展环境，对促进云南省物流业发展注入了强劲的发展动力。

（二）云南社会经济发展为物流业发展提供了良好的社会经济环境

"十二五"期间，云南省 GDP 从 2011 年的 8893.12 亿元增至 2015 年的 13679.09 亿元，国民经济的平稳快速增长，为物流业发展提供了持续不断的源泉与动力。"十三五"时期以来，2016 年、2017 年云南省 GDP 持续增长至 14788.42 亿元、16531.34 亿元。2016 年云南省第三产业完成增加值 6875.57 亿元，第三产业对 GDP 增长的贡献率上升到 46.49%；2017 年云南省第三产业完成增加值 7833.08 亿元，第三产业对 GDP 增长的贡献率上升到 47.38%，产业结构趋于合理。① 随着云南省外向型经济不断发展，服务贸易将成为云南省经济的又一新亮点，产业结构将更趋向于服务经济，作为生产性服务业的物流业具有广阔的发展空间。

（三）物流网络和贸易环境不断改善

"十三五"时期以来，云南省综合交通运输行业深入贯彻落实科学发展观，围绕全面建成小康社会和"两强一堡"的部署和要求，在云南省政府批准的《云南省"十三五"综合交通发展规划》等相关的政策指导下，抓住发展机遇，积极应对挑战，加快发展现代交通运输业，在推进综合交通运输通道和网络建设、优化交通运输结构、促进现代物流发展方面取得了显著成效，截至 2017 年底，铁路、公路、水运及民航货物运输周转量分别为 420.62 亿吨千米、1360.67 亿吨千米、16.21 亿吨千米及 1.46 亿吨千米。此外，构建了云南东盟物流信息服务平台、云南省企业服务公共网络平台、GMS（大湄公河次区域）企业电子商务平台、中国—东盟国际农产品贸易网等。2017 年云南省外贸进出口总额突破 233.94 亿美元，同比增长 17.6%，而同期全国增长为 14.2%；其中出口完成 114.30 亿美元，进口完成 119.64 亿美元。② 对外贸易水平显著提升所带来的物流和商流将形成云南省物流发展的强大内在动力。

四、云南省物流信息化分析

改革开放以来，云南省的信息化水平发展发生了根本的变化，已经与世界 200 多个国家和地区建立了联系，网络规模、技术设施和服务水平均显著提高。近年来，云南省有多家企业被认定为制造业信息化示范企业。为了打造高效服务型政府，云南省早就开始全面进行电子政务的建设工作，先后建成了电子政务网络平台、电子政务安全平台等。现阶段，云南省依托自身优势，以信息化带动工业化，以工业化促进信息化，同时大力推进物流信息化的发展。经过多年的发展，云南省已初步形成了以制造业信息化咨询服务、现代物流信息化及电子商务、电子信息业、电信服务及

---

① 数据来源：云南省统计局.2017 年云南省国民经济和社会发展统计公报，2018.
② 数据来源：中华人民共和国商务部，2018.

互联网服务等为主的信息产业构架。

云南对于物流信息化发展给予了高度重视,网络信息技术成为物流振兴的重要组成部分,也是实现产业物流全过程可视化的技术基础,对提高云南省物流水平起到巨大支撑作用。长期以来,云南省一直致力于进行物流信息化建设,各种物流或交通规划都做了信息化发展内容,并建议建设各自的信息网络。虽然云南省在多个专项规划中制订了信息化的方案,但是已经建设的各个物流信息系统之间却没有形成一个有效的信息共享机制,并没有形成公共信息平台,企业之间也没有形成一个供应链,流通领域具有典型的分散经营的特点,信息在企业间的传递不流畅。各企业物流管理信息系统间存在"孤岛现象",这已经影响了云南省物流供应链上下游企业的信息沟通和共享。

通过实地调研,云南大部分物流公共信息平台还仅仅只是货主和物流企业简单交换供需信息的集散中心,基本上还处于企业级物流信息平台的孤岛阶段。根据云南现代物流业发展的现状与实际需求,云南省应组织建设全省物流信息平台、区域物流信息平台。各区域物流信息平台作为省信息平台的区域性子系统,将其功能与运作路径与省物流平台建立平滑互通接口,建立与省信息平台相对应的系统管理与集成、运输、配送、管理及货物追踪、订单处理、仓储管理及库存水平监控,数据交换中心(EDI)、综合查询和统计分析、信息发布与电子商务及网络通信等功能模块。根据云南省经济和产业发展特点,还将建设有利于物流信息资源共享的物流公共信息平台,重点建设电子口岸、综合运输信息平台、物流资源交易平台和大宗商品交易平台等,并鼓励云南省物流企业的信息系统外包,建设面向中小企业的大物流信息服务平台。

五、物流管理体制

由于物流业是融合运输业、仓储业、货代业和信息业等的复合型服务产业,因此在现实经济社会中,各地区、各级政府管理企业物流活动、第三方物流企业乃至物流产业的机构和部门较多(如表3.3所示)。政府部门对物流的多头管理,给重点产业的供应链物流整体规划带来很大困难。即使云南开展多式联运或多种物流方式的衔接,但由于政府职能既有管制过多的领域,又有管制力度不够的领域,都给协调工作造成了许多人为的障碍。

表 3. 3　　　　　　　　昆明市行政审批事项目录汇总

部门序号	部门名称	事项名称
1	发改委	依法必须进行招标项目的招标方式和招标组织形式核准
		属本市核准期限内的企业不使用政府性资金投资建设的重大和限制类基本建设项目核准
2	经委	《国家鼓励发展的内外资项目确认书》申报材料的审核上报
3	建委	特殊车辆在城市道路行驶审批
4	安监局	危险化学品经营许可证（乙种证）
		危险化学品生产、储存企业设立及改建、扩建的安全审查
5	规划局	建设用地规划许可证的核发
6	环保局	建设项目的环境影响评价文件的审批
		收集、储存、处置危险废物经营许可证
7	交通运输局	公路场站、港口经营许可
		危险货物运输驾驶人员、装卸管理人员、押运人员上岗资格许可
8	工商局	有限责任公司设立变更注销登记
9	国税局	对发票领购资格的审核
		对发票使用和管理的审批
10	地税局	对发票领购资格的审核、对发票使用和管理的审批
		货物运输业自开票纳税人资格认定
11	林业局	木材运输证核发
12	统计局	统计管理登记

资料来源：由作者整理所得。

　　虽然昆明市发改委的工业和商贸科负责"研究全市工业、能源、交通、高技术产业、信息产业、服务业、现代物流业的发展现状和发展战略"，但是对于尚存在城市物流硬件、软件不统一，综合运输体系和多种物流方式不衔接等问题，政府部门需要统筹规划，实现全市统一的物流管理。

➡第二节　云南物流产业发展评价研究

一、指标体系结构

　　物流产业运行呈现出发展或不发展的状态，以及产业发展度的变化，是多种影响因素交互作用的结果。运用应用产业经济学的理论框架进行分析，可以将这些因素分为内部因素与外部因素两大类型，其中内部因素包括产业组织、产业结构、产业布局、产业政策等方面；外部因素包括金融环境、生产要素环境、需求环境以及政策环境等方面，如图 3.1 所示。

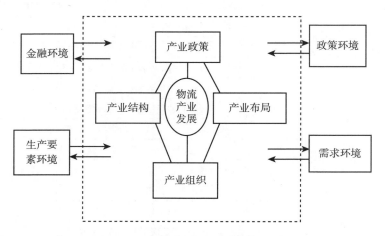

图 3.1　物流产业发展的内外部影响因素

基于内部、外部影响因素，采用国际公认的"压力—状态—响应"模型建立物流产业发展评价指标体系。首先，根据主要影响因素，构造指标体系的基本结构，即一级指标。其次，将描述这些影响因素的各项具体指标，分别列入相应的一级指标之下，作为二级指标，并建立起两级指标之间的逻辑关系。最后，从反映同一个影响因素的众多指标中挑选出具有代表性的指标，剔除那些与该代表性指标相关度过高的指标。在"压力—状态—响应"模型框架内，物流产业发展评价的指标可以表述为三类不同但又相互联系的类型，如图 3.2 所示。

图 3.2　基于"压力—状态—响应"模型的物流产业发展评价指标体系框架

压力指标：反映各种外部环境对物流产业发展造成的负荷，是影响产业发展程度及变化趋势的外部动因。根据产业发展理论，外部因素主要包括金融环境、生产要素环境、需求环境、政策环境等。其中，前三类因素的影响较容易通过相应的评价指标进行定量分析，政策环境的影响则难以进行量化，且又具有间接性。为此，本书主要从金融环境、生产要素环境和需求环境三个方面设计评价指标，以便进行定量分析；对于政策环境的影响，则从分析各指标变化趋势的政策动因角度来体现。

状态指标：表征物流产业运行状况的发展程度，主要从物流供给能力、物流基础设施和物流人才状况等表征物流产业的适应力。

响应指标：表征物流系统在外部环境作用下所采取的对策与措施，是产业发展程度及变化趋势的内部动因。影响产业发展的内部因素主要从包括产业组织、产业结构、产业布局、产业政策等方面，同样，前三类因素的影响较容易定量化分析，产业政策的影响则难以量化。本书主要是从产业组织、产业结构、产业布局的角度设计评价指标，从而对于产业政策的影响做出解释性分析。

基于"压力—状态—响应"模型，构建如表3.4所示物流产业发展评价指标体系，以期通过对物流产业所面临的内外部环境压力、产业当前状态和产业在压力下的反应趋势进行辨识，实现对物流产业发展的评价。

表3.4 物流产业发展分析指标

物流业固定资产投资	交通事故损失
国内贷款	年末常住人口
利用外资	地区生产总值
物流业从业	第一产业增加值
工业用地交易价格指数	第二产业增加值
机械产品出厂价格指数	第三产业增加值
燃料、动力购进价格指数	社会消费品零售总额
物流业能耗	进口总额
铁路营业里程	出口总额
高速公路营业里程	煤炭消费量
载货汽车拥有量	原油消费量
沿海码头长度	社会物流总额
二氧化硫排放	产业发展规划

续表

省级物流专项政策	普通高等学校数
铁路货运量	普通高等学校招生数
公路货运量	中等职业教育学校数
水运货运量	中等职业学校招生数
铁路货物周转量	交通运输、仓储及邮电通信业城镇单位就业人员
公路货物周转量	普通高等学校数
水运货物周转量	主营业务收入
民用航空运输总周转量	利税总额
铁路营业里程	社会物流总成本
公路里程	工商企业物流外包比重
水路里程	国内统一配送商品占全部商品比重
快递量	口岸总数
互联网普及率	一类口岸数量
移动电话普及率	二类口岸数量

值得说明的是，该指标体系并不能穷尽所有与物流产业发展相关的指标。即使我们列明的指标，也有一些因统计数据无法获得，只能用于定性分析；已列明的指标中，有些与产业发展相关性强，有些相关性较弱，指标与指标之间也存在一定的相关性。关于这些问题，将在综合评价中选用适当的定量化方法进行处理。一方面，通过归一化处理提取定性指标的信息；另一方面，通过统计分析方法，排除指标之间的相互干扰因素，更好地模拟现实中的物流产业发展状况。首先对云南省物流产业发展分析指标的数据进行分析，获得物流产业发展评价指标，并对数据进行处理，获得云南省物流产业发展的指标。

二、评价指标体系的简化

表3.4给出的评价指标体系过于复杂，在实际操作中，需要进行必要的简化。指标体系简化的原则如下。

重要性原则。结合物流产业的经济特性，通过专家访谈，遴选出对物流产业发展最为重要的指标。

可得性原则。各项指标的数据应该是可测的，即可以获得连续、可靠、及时的数据。数据不可得的指标需要删除，对于确实重要但数据获取困难的指标，则需要寻找替代指标。

一致性原则。对于指标表征意义相近、数据走势一致的指标，进行合并。

灵敏性原则。对于数据变化幅度不大的指标，予以舍弃，以提高评价过程的灵敏性。

稳定性原则。对于数据变化幅度过大的指标，予以舍弃，以避免随机因素的干扰。

三、数据标准化处理

对指标数据进行标准化处理，目的是消除指标量纲影响，将指标数值转换为一个介于 0 ~ 100 的标准化指数值，从而做到不同量纲指标可比。标准化处理的关键是确立科学的转换方法，根据我国物流产业发展现状特点，通过专家调查等方法，分别确立每个指标的标准化处理方法。

四、指数计算

（一）权重方案

考虑到各指标之间的相对重要性，采取等权重方式，为物流产业发展指数的各评价指标配置权重。

（二）指数基本计算模型

采用线性加权综合评价模型进行物流产业发展指数计算，设物流产业发展指数度满足以下函数关系：

$$S = \beta_1 Y_1 + \beta_2 Y_2 + \cdots + \beta_m Y_m$$

其中：S——产业发展指数；Y_i——各评价指标的标准值；β_i——各指标的权重，且 $\sum_{i=1}^{m} \beta_i = 1$。

第三节　云南物流产业发展优势与问题

一、云南物流产业发展的优势

（一）区位于地缘优势

云南位于中国大陆的西南角，面积 38 万平方千米，内与西藏、四川、贵州、广西四省区相连，外与越南、老挝、缅甸三国交界，国境线长达 4060 千米，其中：中缅段 1997 千米，中老段 710 千米，中越段 1353 千米。云南自古就是中国连接东南亚各国的陆路通道，有出境公路 20 多条，与泰国、柬埔寨、孟加拉国、印度等国相距不远。从整体位置看，云南北依广袤的亚洲大陆，南连位于辽阔的太平洋和印度洋之间的东南亚半岛，是亚洲大陆腹地与东南亚、南亚次大陆连接的链环。依靠其独特区位优势，云南对外开放具有非常大的优势：面临两大市场——东南亚市场、南亚市场。[①]

发挥云南陆上通道优势，可以把这两个大市场与中国大市场结合在一起，这样就可以形成一个拥有 32 亿人口的巨大市场。除了中南半岛南端的新加坡、马来西亚和泰国外，其他国家的平均经济发展水平均低于西南地区，中国电子、机械等较具竞争力的出口产品在这些国家具有广阔的市场前景。从世界的海陆区位上看，云南处于欧亚大陆的东南部，是中国大陆向中南半岛和南亚次大陆的过渡带。金沙江、澜沧江、元江、南盘江注入太平洋，怒江、独龙江和龙川江、大盈江流入印度洋，而澜沧江流经六国，被称为"东方的多瑙河"，具有良好的航运开发前景。

云南特殊的地理位置，使其成为中国参与澜沧江—湄公河次区域合作的主要省份，也正在逐步成为中国对东南亚开放，建设"中国—东盟自由贸易区"的前沿阵地。

（二）资源特色产业优势

云南地处低纬高原，地形地貌复杂多样，立体气候特征明显，孕育了

---

① 云南省统计局．云南省统计年鉴 2018［M］．北京：中国统计出版社，2018．

种类繁多的生物资源，是中国重要的生物资源宝库，被誉为"植物王国""动物王国""花卉之乡""药材之乡""生物资源基因库"。其中烟草、花卉等产业已成为云南特色经济的重要组成部分。

云南矿产种类多、储量大、经济价值高，被誉为中国的"有色金属王国"。铝、锌、锡的保有储量居全国第 1 位，铜、镍金属保有储量居全国第 3 位。在贵重、稀有金属矿产中，铟、铊、镉保有储量居全国第 1 位，银、锗、铂保有储量居全国第 2 位；在能源矿产中，煤炭保有储量居全国第 9 位；在化工原料矿产中，磷、盐、芒硝、砷、钾盐、硫铁矿、电石用灰岩、化肥用蛇纹岩 8 种矿产的储量，居全国前 10 位。云南已形成了以有色金属和磷化工为主，集采、选、冶等为一体，具有一定规模的矿业体系，成为国家重要的锡、铜、磷肥生产基地。

（三）国际大通道建设

云南省目前正在抓紧实施国际大通道建设战略，其基本内容是以通信为先导、公路为基础、铁路为骨干、航空为辅助、水运为补充，集多种运输方式和信息网络为一体，形成外连东南亚、南亚，内通周边省区的综合运输体系。从陆上直接沟通太平洋、印度洋两个大洋，连接中国、东南亚、南亚三大市场，这将大大加快中国大西南与东南亚之间的物资、资金、人才、技术和信息流动的速度和效率。

对外通道最便捷。在云南与越南、老挝、缅甸三国接壤的边境线上，各类通道就有 90 多条。近年来已开辟国家级一类口岸 16 个，二类口岸 7 个，边民互市点 103 个。这些通道和口岸都具备良好的外接条件，我国东部、中部地区经云南从陆上到达南亚国家，比经沿海港口绕道马六甲海峡要缩短运距 3000 千米以上，运输时间可节约 1/3，运费可节约一半以上。

中国泛亚铁路新加坡—昆明通道、昆明—曼谷、昆明—缅甸腊戍高等级公路、澜沧江—湄公河国际航运、红河国际航运等众多通道把云南众多口岸从西南边陲变成了国际枢纽。

（四）物流内在需求推动

云南省经济的发展带来强大的物流需求。2017 年外贸进出口总额达 233.94 亿美元，比上年增长 17.6%。其中出口总额 114.30 亿美元，下降

0.5%；进口总额119.64亿美元，增长42.3%。全年对欧盟进出口9.72亿美元，下降2.3%；对东盟进出口130.90亿美元，增长10.7%；对南亚进出口5.87亿美元，增长10.5%。对外贸易水平显著提升所带来的物流和商流将形成云南省物流发展的强大内在动力。

对外贸易的增长，同时促进省内贸易的发展。2017年全省实现全年社会消费品零售总额6423.06亿元，比2016年增长12.2%。按经营地统计，城镇消费品零售额5534.08亿元，增长12.1%；乡村消费品零售额888.98亿元，增长13.1%。按消费形态统计，商品零售额5475.26亿元，增长12.1%；餐饮收入额947.80亿元，增长13.3%。面对市场经济的不断发展，比重越来越大的消费品流通市场，以及逐年拓展的外需贸易，形成了越来越广泛的物流需求。

（五）产业发展战略机遇

2015年1月，习近平考察云南时提出：云南要建成我国面向南亚、东南亚辐射中心（人民网，2015）。随着"一带一路"倡议和长江经济带等规划的实施，云南正从对外开放的边缘地区和末梢变为开放前沿和辐射中心，成为两大国家战略实施的连接交汇战略支点（人民网，2015）。同时，在国家和云南省委、省政府实施的"西部大开发"战略、"中国面向南亚东南亚的辐射中心"建设战略、产业转移战略、物流业调整和振兴规划的宏观支持下，云南物流业发展的政策环境不断完善，对于拓宽云南省物流业融资渠道，促进国内、国际资金、技术、人才、劳动力、信息、商品等生产要素的合理流动与有效的区域经济互补，进一步提升和完善物流基础设施和园区建设具有重要意义。同时，这也将极大地促进云南物流业发展，加快物流基础设施和园区建设，为云南物流业融资提供强大的政策支持和良好的外部环境。

云南发展现代物流业具有很大优势，应坚持以区域经济和市场为导向，以现代物流理念为指导，依靠先进的物流理论、技术和装备，制定科学的区域物流发展政策和体系规划，积极整合区域资源，建设现代化的物流基础设施和信息平台，大力培育具有国际竞争力的物流企业，加快传统产业的升级和结构调整，努力构筑与国际接轨的社会化、专业化、信息化、规模化的区域物流服务体系，让物流为经济增长服务，让经济增长带动物流，实现云南现代物流的跨越式发展。

二、云南物流产业发展的问题

近年来，云南加大了对物流产业，尤其是对省重点产业的物流运作和管理的重视，不仅制定了各类物流发展规划，还在全省城乡基本建成了由多种物流方式构成的基础设施网络，不但有力地支持了云南省的经济建设和区域生活，还大大促进了本地的物流产业和第三方物流企业的发展。

但是现阶段云南省物流还没有完全满足当地产业经济发展的需要，没能全面满足市民生活的多样化物流需求，集中表现为缺乏提供安全、清洁、便捷、低成本的物流服务的能力。主要问题表现为：物流管理体制条块分割，城乡物流基础设施分布不均衡、结构不甚合理，物流市场化程度不高，物流成本居高不下等。问题根源是云南各级政府没有将物流真正看作支撑和带动本地政治、经济、文化、生活发展并承担区域物质资源配置的基础性产业，对现代物流业的地位认识尚不够清晰与准确，在投资、税收、土地使用、行业管理等方面缺乏政策支持。面对物流国际化、低碳物流等新形势，云南省的物流暴露出科学研究不充分、分析手段比较落后、管理政策不到位、人才队伍不齐备等问题。

（一）物流基础设施建设不能满足需求

在云南，虽然多种物流方式的服务能力和设施水平近年不断提高，但是因为综合交通运输体系的初步建立，加之重点产业和市民生活的物流需求发展迅猛、需求水平大幅度提高，所以需要集中建设低成本、专业化、规模化、相互衔接的物流基础设施体系，以满足重点产业物流需求，并促进物流基础设施的集约化经营，使区域物流发挥其规模效应，全面降低区域物流成本、支撑区域经济可持续发展。

1. 物流基础设施的作用单一，附加值不高，功能有待进一步的扩大和多样化

云南省工商业物流起步较早，在计划经济体制下，云南省的工业/商业企业物流形成了与本企业配套的物流设施。但是迄今为止，云南省的大部分物流基础设施只具备了简单的运输功能或仓储功能，尚未全面建成基于社会分工的、满足全省生产或生活需求的、专业化、大型化的物流基础设施网络。由于云南省既有的物流基础设施总体规模偏小、功能过于简单，所配置的物流技术设施与物流需求也不匹配，要真正发挥物流对区域经济的支撑作用存在不少困难，建议云南省从科学和合理组织物流的角度，充分整合既有物流基础设施，并通过合理的空间布局和整理，适度建设新型物流基础设施。

2. 物流基础设施与交通基础设施需要整合

历史的重负使得云南省现代物流发展受到了技术经济条件及管理制度的制约，在计划经济时期僵化的管理体制下，既有云南省物流基础设施大多没有形成产业集聚，不但规模小、功能不强大，而且物流方式之间也不衔接。例如，云南省交通基础设施建设主要集中在干线通道与交通枢纽周边，在交通基础设施连接到各类物流中心或物流企业时，不仅现有道路通过能力低于车辆载重能力，不能保证货物运输需求，而且道路过于狭窄、交通过于拥堵导致货物运输不畅通，造成物流企业在配送时间、服务质量等方面均不能很好地满足重点产业和商贸流通企业的物流服务需要。因此，在振兴云南省物流的过程中，建设大型、综合、具有多方式衔接能力的物流基础设施任重道远。

现阶段，虽然云南省交通运输与物流基础设施建设得到了较快发展，但交通和物流基础设施与城乡物流需求发展不协调。除少量高等级的公路周边外，大部分物流基础设施技术等级低，总体上还未形成具有规模效益的物流基础设施网络。从目前的情况来看，如何把云南省分散的、小规模的物流基础设施和交通基础设施加以整合、改造和提升，增强物流基础设施与交通基础设施的服务功能和增值效益，是云南省振兴交通、发展物流的重要任务。

3. 缺乏专业化物流基础设施，影响云南特色物流发展

如农产品物流缺少冷链物流基础设施、工业物流等大宗物流铁路专用线及战略装车点数量分布不尽合理，日用品物流等缺少物流自动化及信息化支撑等。

首先，各类物流基础设施自身应着力加紧进行全省乃至更大范围的资源整合、挖掘潜力，争取实现以最低的物流经营成本获得最大效益，提高自身的市场竞争力。其次，各类物流基础设施与交通基础设施需要积极寻求合作，优化交通与物流的资源配置，实现双方的特色服务和优势互补，在良性竞争中寻求共赢，共同推动云南省社会经济的快速发展。最后，云南省政府在物流基础设施与交通基础设施的整合中，可能发挥的作用是不言而喻的，可以借鉴日本和欧洲国家交通与物流基础设施的发展轨迹，找到政府在加速整合过程中的关键性作用。

（二）物流企业成本高、行业待遇差、专业人才匮乏

在计划经济体制下发展起来的云南省物流企业，带着明显的小规模分散经营痕迹。在云南省发展现代物流的过程中，各类小型物流企业不可避免地带有物流管理手段落后、技术设施使用效率差、经营成本高、物流服务水平低等问题，其直接后果就是导致云南省社会物流的服务功能与产业需求不对称、服务成本高于市场价格，各类企业在物流运作上的封闭也造成云南省无法形成一个基于社会分工的、专业化的现代物流服务体系。再由于云南省物流企业的数量多、规模小、服务等级低、类型单一，物流企业的服务基本以短期服务合同为主，并且主要从事小规模货运周转业务，不能针对重点产业提供大型化、综合化的物流集成服务和供应链管理。由于现代物流产业是新兴产业，发展时间比较短，各类院校物流专业的师资力量大多缺乏实践经验，所教授的专业知识与实际业务脱节明显，这导致最明显的结果就是现代物流产业中高级管理和技术人才匮乏，严重制约了云南物流产业的发展。

（三）物流信息系统存在"孤岛现象"

云南省政府对区域物流信息化发展给予了高度重视。如在多个物流专项规划中，均分别制订了物流信息平台或物流信息化方案，但是，云南既有的各个物流信息系统之间没有形成一个有效的信息共享机制，尚未形成区域公共物流信息平台。

我们在调研中发现，虽然云南省的物流实际已经实现了国际、国内同时运作，但是各企业间的物流信息系统间还存在"孤岛现象"，不但影响了云南省各产品供应链上下游企业间的信息沟通和共享，而且即使同一产品的供应链企业之间，在云南地区也没有形成供应链信息畅通。如果没有一个能够使物流信息顺畅传递与共享的公共信息平台，就会严重制约重点产业物流的发展与振兴，制约广西糖网等流通企业的物流振兴与发展。因此，物流信息平台建设不仅是云南物流振兴的重要任务，也是云南实现重点产业物流全过程可视化的技术基础，对提高云南重点产业物流水平起到巨大的基础支撑作用。

现阶段，虽然云南采取了许多措施，致力于消除行业物流管理中的"信息孤岛"现象，但是各类企业的重视程度欠缺。如在企业物流信息资源建设上，并没有进行重新整合部署，即遵循"与国际统一网络、全省统一平台、供应链统一数据库"的思路，为此建议，云南物流和交通主管部门在设计行业信息系统时，应该留有接口，以便建立"大物流"的统一信息平台，实现多国籍、多产业、多企业的物流信息共享。

（四）物流管理体制的"多头与真空"

云南现行物流管理体制与交通运输管理体制一样，也是计划经济管理模式的延续。不仅设施建设和运营管理部门分割严重，相互间的沟通与协调相当缺乏，而且同样存在管理职能交叉重叠和管理空白问题，即"多头与真空"。

例如，昆明各类物流企业的建设和运营管理，与其他交通运输企业一样受到来自建委、交通运输局等主管部门的监控；其主营业务的行业归口在其货品的主管部门，如医药物流企业的行业归口，同属于食品药品监督管理局和卫生局的管控。如果物流企业实施现代化物流管理或技术革新改造，如开展绿色物流企业认证或循环物流业务，就又需要受到来自环保局、发改委、科技局等主管部门的检查和制约。但是，同样是这家医药物流企业，如果需要解决市区内限行路段的应急药品配送问题，不论通过哪个部门的认证和检查，也没有任何主管部门能够出面解决。

由于云南物流是一项跨行业的综合经济活动，涉及多个经济领域，需要在全省统一规范下，按照国家物流管理制度统一实施，协调统一的物流管理才能有更强的市场竞争力。为此，本书建议，振兴物流，建设现代物流服务体系，需要政府部门统筹规划，进行综合化的"大部制"物流管理体制改革，建立适应云南物流振兴和发展的新型管理体制。

（五）行业配套法规缺失带来了挑战

相比较于国家产业支持政策和地方发展政策的物联网战略产业计划、物流振兴规划以及云南"中国面向南亚东南亚的辐射中心"，云南物流产业发展的相关法律和政策缺失，各地区、各部门在物流管理制度和管理办法上条块分割，而且不匹配、不全面、不统一，在执行方面没有有力的法规做支撑，行业自律发挥不了应有的作用，不利于云南"五一六"产业的长远发展，在未来面向东南亚、南亚国际物流业务的发展上，也没有相关的配套政策和法规措施。

（六）物流调查统计和基础研究薄弱

云南需要进一步完善物流业统计调查制度和信息管理制度，建立科学的物流业统计调查方法和指标体系，加强物流统计基础工作，开展物流统计理论和方法研究。

从现场调研中发现，云南的物流统计基础工作质量有待加强，目前各部门的统计口径与物流市场发展不适应，使物流统计数据显得不准确、可靠度差，不能给予全省物流发展规划与企业实际运营以准确、有效的指导。

通过对云南省物流发展现状的调查和研究认为，云南省物流牵头部门要起到物流统计的主导作用，特别是在条件支持和保障方面要发挥作用，为物流统计工作创造必要的条件，也需要其他有关主管部门积极配合。

第四章 云南物流产业发展机制研究

本章首先利用系统动力学方法对云南省物流业发展进行仿真模拟研究；然后对云南产品物流贡献系数与地方经济的关联进行分析及预测；而后用定量分析的方法，在科学的选取指标以及搜集数据的基础上，运用因子分析法来研究面向东盟的云南区域物流系统空间结构优化。进而从现代物流体系建设、基础设施体系建设、物流产业振兴规划以及物流技术与人才培养四个方面提出实质性的意见和建议。

▶▶▶ 第一节　云南物流业发展系统动力学仿真模拟

一、系统动力学概述

（一）相关概念

系统动力学（system dynamics，SD）是一门基于系统论，吸取反馈理论与信息论等，并借助计算机模拟技术的交叉学科，其能定性与定量地分析研究系统，从系统的微观结构入手建模，构造系统的基本结构，进而模拟与分析系统的动态行为。系统动力学模型涉及的相关知识主要包括：因果关系图、系统流图、系统动力学方程等。具体如表4.1所示。

表 4.1 系统动力学模型相关知识

概念		含义	描述符号
因果关系图	因果关系	表示系统中变量间的因果关系，用箭头把两个有因果关系的变量连接起来，箭尾的变量表示原因，箭头的变量表示结果，如果变量 A 是变量 B 变化的原因，则表示为：A→B	正因果关系图：$A \rightarrow +B$ 负因果关系图：$A \rightarrow -B$
系统流图	水平变量	用于描述系统的状态，它反映了动态系统变量的时间累积过程	L
	速率变量	用于描述水平变量的时间变化，是单位时间变化量	R
	辅助变量	用于描述位于水平变量和速率变量之间的中间变量，它必定位于水平变量和速率变量之间的信息通道中	A
	常量	在所考虑的实践内变化甚微或相对不变化的那些系统参数，都称之为常量	C
系统动力学方程	流位方程（L）	对应着模型中的水平变量	L
	流率方程（R）	对应着模型中的速率变量	R
	辅助方程（A）	对应着模型中的辅助变量	A
	常量方程（C）	对应着模型中的常量	C
	初值方程	对应着变量的初始状态	N

其中，系统动力学各方程的具体描述如下。

流位方程：一般用"L"表示，用以描述模型中水平变量的变化过程。我们用如下的差分形式来表示流位方程：

$$LEV(t) = LEV(t - \Delta t) + \Delta t \times [R_1 \times (t - \Delta t) - R_2 \times (t - \Delta t)]$$

其中 $\Delta t > 0$，$R_1(t)$、$R_2(t)$ 分别为流入率和流出率。在系统动力学仿真模型的建立过程中，确定水平变量的初始值、水平变量的增长系数，就能确定相应的水平变量的方程。

流率方程：一般用"R"表示，描述的是水平变量在单位时间内变化状况的方程。可以将速率方程数学方程表示为：

$$RAT(t) = f_1[LEV(t), A(t), RAT_1(t - \Delta t)]$$

其中，$LEV(t)$ 表示在 t 时刻时，方程右边水平变量的值；$A(t)$ 表示在 t 时刻时，方程右边辅助变量的值；$RAT_1(t - \Delta t)$ 表示在 $t - \Delta t$ 时刻时，方程右边速率变量的值；以上 t 与 $t - \Delta t$ 时刻的确定依赖于仿真变量计算的顺序；需要特别注意的是：$RAT(t)$ 实际刻画的是 $[t, t + \Delta t]$ 上的速率值。

辅助方程：一般用"*A*"表示，辅助方程的设立主要是旨在简化速率方程，因而辅助变量方程的表示形式类似于速率变量方程的表示形式。此外，辅助变量计算在速率变量计算之前，在水平变量之后，因而，可以将辅助变量方程表示为：

$$A(t) = f_2 \left[LEV(t), A_2, RAT(t - \Delta t) \right]$$

其中，$LEV(t)$表示在 t 时刻时，方程右边水平变量的值；A_2 表示方程右边含另一辅助变量，应为 t 时刻值；$RAT(t - \Delta t)$表示在 $t - \Delta t$ 时刻时，方程右边速率变量的值。

常量方程、初始方程：一般用"*C*""*N*"表示，常量方程、初始方程不同于流位方程、流率方程、辅助方程，是与表述常量有关的方程。常量方程主要是用于给常量赋值，书写格式为"常量变量名＝数值"；初始方程主要是用于给水平变量赋予初始值或者用于计算常量，书写格式为"变量名＝数值或者算式"。

（二）建模步骤

系统动力学建模步骤可以分为：（1）明确问题，确定系统边界；（2）分析系统结构，画出因果关系图，建立系统流图；（3）建立系统动力学方程；（4）测试模型；（5）政策设计与评估。

（三）建模假设

在不影响解决问题的原则下，简化研究模型，本章提出如下基本研究假设：

假设1：本章仅仅考虑物流与经济二者的联系，假设在特定环境下，只有物流对经济产生大的影响，忽略其他产业对经济的作用。

假设2：本章假设物流供给能力只有两个方面的影响因素：产业资本、运作效率；物流产业资本仅受物流固定资产投资和固定资产折旧两个因素影响；物流运作效率只受物流从业人员的整体素质影响。

假设3：本章假设区域人口、收入水平等因素对物流的影响是通过经济展现出来的。

（四）系统边界

本章系统边界的选择主要是在咨询相关领域的专家与实际工作者、课题研究者的基础上通过相关文献研究法获得。截至 2018 年 12 月 10 日，在中国学术文献网络出版总库——CNKI 数据库中搜索查询，检索词汇为"区域物流"和"系统动力学"，共出现 55 条记录，依据研究目的剔除不相关记录，最终选取了 20 条作为研究对象。分析这 20 篇相关文献的系统边界，将频率较高的变量组合在一起，得到表 4.2。

表 4.2　　　　　　　　　　　系统边界因素类别

因素类别	提及因素论文篇数	所占比例（％）
区域经济水平	30	100
固定资产投资	24	80
教育投资	24	80
物流需求	20	67
物流固定资产投资	18	60
短缺	18	60
物流供给	17	57
产业资本	16	53.3
行业教育投资	15	50
产业政策支持	15	50
物流服务水平	14	47.7

在表 4.2 的基础上，本章充分归纳、总结和深入分析了云南省区域物流产业发展系统，最终确定云南省区域物流产业发展系统的基本要素，如表 4.3 所示。

表 4.3　　　　　云南省区域物流产业发展系统基本要素

	云南省 GDP
	全社会固定资产投资
	物流固定资产投资
现实领域	物流实际需求
	物流供给能力
	物流积压
	物流产业资本
	产业政策支持
控制领域	教育投资
	物流教育投资
	物流服务水平（效率）

物流积压要素主要是指在一定时期内，某一地区的物流实际需求大于该地区物流实际供给能力，造成了货物积压的现象。物流产业资本要素主要是指在一定时期内，物流产业所拥有的固定资产总值。

二、云南省区域物流产业发展系统结构分析及系统流图绘制

本章在查阅大量文献的基础上，根据云南省区域物流系统发展的现状，结合相关专家学者的意见，可以构建出云南省区域物流发展系统的因果关系图，如图 4.1 所示。在此基础上，本章确立了云南省 GDP 因果关系回路、云南省物流积压因果关系回路以及云南省物流产业资本因果关系回路，并对其进行系统的分析。

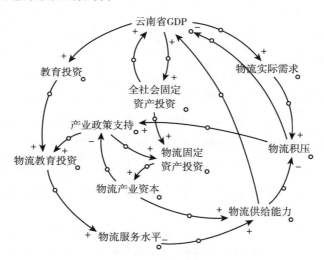

图 4.1　云南省区域物流因果关系

（一）以云南省 GDP 为核心的因果关系回路分析

图 4.2（a）所表示的回路为全社会固定资产投资与物流供给能力的正反馈环。随着云南省经济的发展，进而会产生更大的物流需求，为了满足需求，云南省政府必然会投资基础设施建设，那么直接的结果就是物流固定资产投资将会提升，因而云南省物流产业资本量也会得到大大的提升，随着物流基础设施得到完善以及物流产业资本数量的提升，云南省物流供给能力将会得到大大的提升，进而能够满足增长的物流需求，缓解货物积

压，最终促进云南省经济的发展。

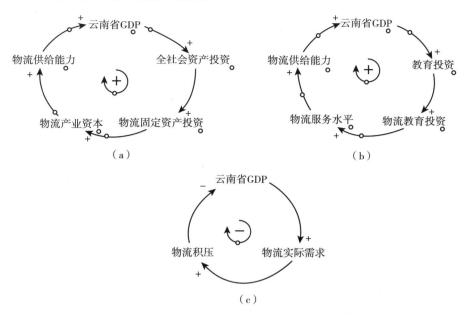

图 4.2 云南省 GDP 因果关系回路

图 4.2（b）所表示的回路为教育投资与物流供给能力的正反馈环。随着云南省经济的发展，进而会产生更大的物流需求，为了满足需求，除了完善硬件条件之外，相应的软实力也必须得到提升，因而，云南省政府将会加大教育投资的力度，全方位地支持高校物流人才的培养，相应地，随着专业的物流人才走进物流行业，将会带来更加专业的物流服务，进而提升物流企业的运营效率，物流效率的提升将会使得云南省的物流供给能力加强，从而能够更好地满足日益增长的物流需求，缓解货物积压，最终促进云南省经济的发展。

图 4.2（c）所表示的回路为物流实际需求与物流积压的负反馈环。云南省经济的发展，将使得物流的需求量加大，物流需求的加大将会引起物流积压，物流积压又会对经济发展产生阻碍，最终抑制经济的发展。

（二）以物流积压为核心的因果关系回路分析

图 4.3（a）所表示的回路为产业政策支持与物流积压的负反馈环。物流积压的增加，使得区域经济面临巨大的压力，必然促使政府出台相应的

物流政策以促进物流发展，将使得物流固定资产投资增加，进而扩大物流产业资本，随着物流投资增加，将会增强物流供给的能力，必将改善物流现状，减少物流积压。

图4.3（b）所表示的回路为物流教育投资与物流积压的负反馈环。物流积压的增加，使得区域经济面临巨大的压力，将会引起相关部门的重视，并期望通过提高物流教育投入的力度，进而培养专业的物流人才，随着高素质的专业人才增加，必然会提升云南省物流运作效率，提高物流服务水平，这也会增强云南省物流供给能力，最终能够缓解物流积压的压力，反之亦然。

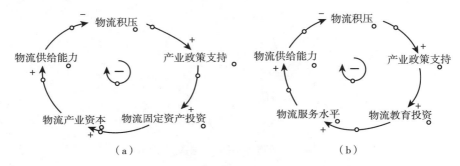

图4.3　云南省物流积压因果关系回路

（三）以物流产业资本为核心的因果关系回路分析

图4.4所表示的回路为云南省物流产业资本与云南省物流固定资产投资的负反馈环。云南省物流产业资本的增加，将会削弱政府等相关部门对物流产业政策的支持，以防产业资本过量现象的发生，进而会影响到物流固定资产的投入，最终会抑制物流产业资本的增加，反之亦然。

图4.4　云南省物流产业资本因果关系回路

　　本书将云南省区域物流产业发展系统动力学模型划分为三个子系统：区域经济发展子系统、物流积压子系统以及物流产业资本子系统，在此基础上，画出了云南省区域物流产业发展系统流图，如图4.5所示。

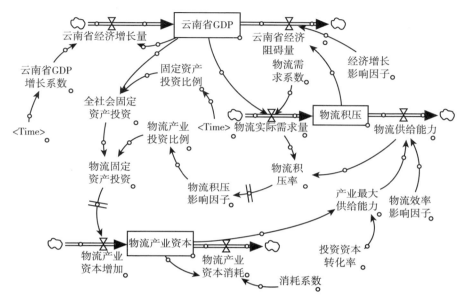

图4.5　云南省区域物流产业发展系统流图

　　考虑到现实中影响云南省区域物流产业发展系统的因素很多，受制于客观因素的影响，本书模型很难将全部影响因素纳入模型中，因而，本书在不改变研究结果的前提下，剔除一些次要因素，简化了模型。例如，用云南省GDP来衡量云南省经济发展水平等。在分析系统内部因果关系的基础上，综合考虑模型结构，最终构建了云南省区域物流产业发展系统动力学模型。模型一共有22个变量，包含3个水平变量、6个速率变量、8个辅助变量以及5个常量。云南省区域物流系统动力学模型主要包括以下变量。

表4.4　　　　　　　　　　　　　　　模型变量

类型	变量	含义	量纲
L	云南省 GDP 总值	云南省年度国民生产总值	亿元
	物流积压	在一定时期内，某一地区，物流实际供给小于物流实际需求，即供不应求，产生了货物积压的现象	亿元
	物流产业资本	即物流产业资本增加量与物流产业资本消耗量之差	亿元

续表

类型	变量	含义	量纲
R	云南省经济增长量	它反映了区域经济自我发展的潜力和趋势，受多种因素影响，如劳动力素质、资源状况、产业结构等。以历史数据和未来经济发展预测为依据，对其进行定量描述	亿元/年
	云南省经济阻碍量	由于物流需求得不到满足，产生物流积压，使得货物流通不畅，进而影响经济的发展	亿元/年
	物流实际需求量	即受到区域 GDP 发展水平和物流需求系数的影响，当需求系数不变时，区域物流实际需求量与区域 GDP 总值成正比，反之亦然	亿元/年
	物流供给能力	指在一定时期内社会能够向市场提供有效物流服务的能力或资源，其能力大小与产业最大供给能力和物流运作效率影响因子密切相关	亿元/年
	物流产业资本增加	主要体现在政府加大对物流固定资产的投入	亿元/年
	物流产业资本消耗	在现实中，物流产业资本的消耗主要体现在物流固定资产方面，例如，物流基础设施出现毁坏、折旧等，或者物流基本设备，随着时间会出现老化、折旧等，致使物流产业资本减少的现象。在本模型中，主要用消耗系数体现	亿元/年
A	产业最大供给能力	即物流产业资本与投资资本转化率之积	亿元
	云南省 GDP 增长系数	云南省 GDP 每年增长率，用表函数表示	无量纲
	物流积压率	衡量区域物流与区域经济发展不相适应程度，用（物流实际需求量－物流供给能力)/物流实际需求量表示	无量纲
	固定资产投资比例	即年度固定资产投资占当年 GDP 的比例	无量纲
	全社会固定资产投资	区域 GDP 总值与固定资产投资比例的积	亿元
	物流固定资产投资比例	云南省物流固定资产投资占云南省 GDP 的比例，用表函数表示	无量纲
	物流产业投资比例	假定物流产业投资比例受物流积压率影响，其影响幅度取决于物流积压影响因子的表函数。物流积压率与物流产业投资量成正比，即积压率上升，物流产业的投资量增加，从而减少阻碍，促进物流发展	无量纲
	物流积压影响因子	上一年的物流积压情况将会影响下一年的物流产业投资比例	无量纲
C	物流需求系数	云南省经济发展派生出的物流需求量	无量纲
	消耗系数	物流基础设施和交通运输设备的折旧率	无量纲
	投资资本转化率	主要指产业资本转化为实际物流供给能力的比率	无量纲
	物流效率影响因子	其受多种因素影响，如物流从业人员专业素质、物流信息化水平、物流设备利用率等	无量纲
	经济增长影响因子	它是衡量物流积压对经济发展的阻碍程度	无量纲

三、云南省区域物流产业发展系统动力学方程

根据前面所做出的系统动力学流量图，本部分模型方程会按照三个子系统的板块进行建立，分别是：区域经济发展子系统方程、物流积压子系统方程以及物流产业资本子系统方程。

（一）区域经济发展子系统

本书在研究云南省区域经济发展子系统时，通过转化或者剔除次要的影响因素，最终假设只有云南省经济增长量与云南省经济阻碍量两个重要因素影响云南省经济的发展。云南省经济增长量越大，经济阻碍量越小，则表明云南省经济发展越快，如图 4.6 所示。

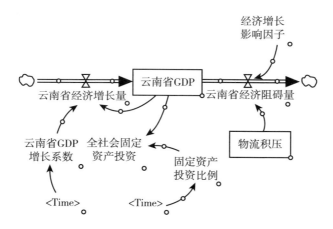

图 4.6 区域经济发展子系统

区域经济发展子系统中相应的系统动力学方程如下：

C：经济增长影响因子 = C1（为常数）

R：云南省经济阻碍量 = 经济增长影响因子 × 物流积压

R：云南省经济增长量 = 云南省 GDP × 云南省 GDP 增长系数

L：云南省 GDP = INTEG（云南省经济增长量 – 云南省经济阻碍量，初始值）

INTEG 为取整函数，云南省 GDP 的初始值选择 2016 年云南省 GDP 值

A：全社会固定资产投资 = 固定资产投资比例 × 云南省 GDP

（二）物流积压子系统

本书主要是从物流产业内部因素出发，探讨区域物流产业系统内部的作用机理。因而，在研究云南省物流积压子系统时，主要考虑供需关系与物流之间的联系，即云南省物流实际需求与云南省物流供给能力对云南省物流业的影响。此处用物流积压来替代云南省物流产业的发展状况，将物流积压视作云南省物流积压子系统的水平变量，在此基础上，综合考虑物流积压、物流供给能力、物流实际需求量、产业最大供给能力以及物流效率影响因子等指标进行衡量。云南省物流积压子系统如图 4.7 所示。

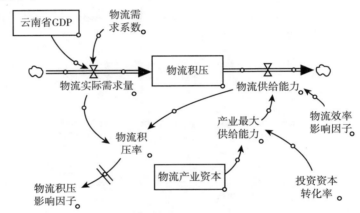

图 4.7　物流积压子系统

物流积压子系统中相应的系统动力学方程如下：

R：物流实际需求量 = 云南省 GDP × 物流需求系数

C：投资资本转化率 = C3（为常数）

A：产业最大供给能力 = 物流产业资本 × 投资资本转化率

C：物流效率影响因子 = C2（为常数）

R：物流供给能力 = 产业最大供给能力 × 物流效率影响因子

L：物流积压 = INTEG（物流实际需求量 − 物流供给能力，初始值）

云南省物流积压初始值选择 2016 年云南省物流积压值。

A：物流积压率 =（物流实际需求量 − 物流供给能力）/物流实际需求量

A：物流积压影响因子 = DELAY FIXED（物流积压率，1 年，物流效率影响因子）

DELAY FIXED 为系统动力学中的延迟函数，物流积压影响因子主要是指上一年度的物流积压情况将会影响下一年度的物流产业投资比例。在本书云南省区域物流系统动力学模型中，视这种情况为延迟函数，时间为1年。

（三）物流产业资本子系统

本书将物流产业资本作为模型的水平变量来衡量区域物流产业的发展水平。因而，在此子系统中，我们仅仅考虑云南省物流产业资本消耗量、云南省物流产业资本增加量等因素对云南省物流产业资本总额产生的影响，如图 4.8 所示。

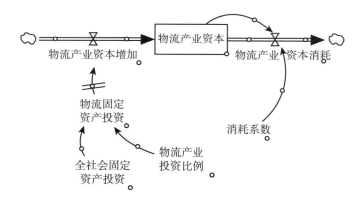

图 4.8　区域物流产业资本子系统

物流产业资本子系统中相应的系统动力学方程如下：

A：物流固定资产投资 = 全社会固定资产投资 × 物流产业投资比例

R：物流产业资本增加 = DELAY FIXED（物流固定资产投资，3 年，物流产业资本增加量）

C：消耗系数 = C4（为常数）

R：物流产业资本消耗 = 物流产业资本 × 消耗系数

L：物流产业资本 = INTEG（物流产业资本增加量 − 物流产业资本消耗量，初始值）

云南省物流产业资本初始值选择 2016 年云南省物流产业资本值；在现实中，固定资产投资都会有延迟效应，即投资效果无法立即表现出来，正常情况下，固定资产投资转化为物流产业一般都会有 3 年的周期，其效果才能体现出来，因而，本书考虑物流产业资本增加因素时，增加了"DELAY FIXED"函数，将延迟时间设定为3年，本书将2016年云南省物流固定资产投资的估算值视作云南省初始三年的物流产业增加值。

四、云南省区域物流产业发展系统动力学模型仿真模拟

系统动力学仿真平台通过对比，我们可知 VENSIM 软件是一款具有可视化特点的仿真模拟软件，借助 VENSIM 软件，我们可以分析系统内部因素之间关系，进而画出系统因果关系图、流量存量图，再借助软件程序编辑器，将方程编辑到各个变量中，形成完整的系统动力学模型，最后借助 VENSIM 软件分析功能对模型进行处理、分析和优化。因此，本书采用 VENSIM 软件进行仿真模拟。

（一）方程参数确定

1. 水平初始值的确定

本书构建的云南省区域物流系统动力学模型的水平变量主要包括云南省区域 GDP、物流产业资本、物流积压三个变量，根据云南省以及国家统计局相关统计数据计算，确定云南省区域物流 SD 模型的水平变量的初始值如表4.5所示。

表4.5　　　　　　　水平变量的初始值确定（2016年）

变量名	初始值（亿元）
云南省 GDP	14788
物流积压	3668.96
物流产业资本	2740.85

资料来源：根据《2015年云南省统计年鉴》整理分析得出。

2. 表函数的确定

表函数是指表达两个变量之间的非线性关系。在云南省系统动力学模型中，变量要素云南省 GDP 增长、物流产业投资比例以及云南省固定资产投资比例等都要用表函数来表示。根据云南省以及国家统计

局相关统计数据①，确定云南省 GDP 增长系数、云南省固定资产投资比例以及云南省物流产业投资比例等参数，在此基础上，再对其他参数值进行确定。

GDP 增长系数：在现实中，影响云南省经济发展的因素很多，例如劳动力素质、资金、政策、科学技术等，在这些影响因素的综合作用下，云南省的 GDP 不断增长，如图 4.9 所示。

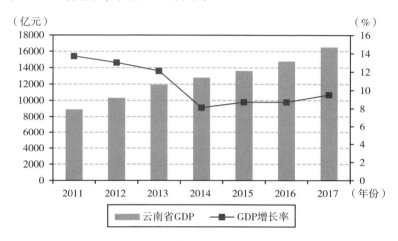

图 4.9　云南省近年的 GDP 总值以及增长率

从图 4.9 中可知，云南省 GDP 增长率的最高值为 12.1%，最低值为 8.1%，从图中可以判断云南省近年的 GDP 增长率的趋势。从最新的统计数据可知，云南省 2015 年的 GDP 增长率为 8.7%②，结合图 4.9 中云南省近年来的 GDP 增长率，其都在 8%~10% 变化，综合考虑到各种客观因素，如通货膨胀、物流对经济的抑制等影响，云南省 GDP 实际增长应该要相对的低一些。为此，本书确定的云南省 GDP 增长表函数为：= WITH LOOK-UP TIME, [（2010, 0）-（2025, 0.5）], （2016, 0.087）（2017, 0.095），（2018, 0.091），（2019, 0.090），（2025, 0.080），（2030, 0.07）。

在现实中，云南省经济的发展是动态的，即不同的时间，受到客观因素变化的影响，云南省经济增长是呈现变动的态势，因此将云南省 GDP 增

①　云南省统计局. 云南省统计年鉴 2015［M］. 北京：中国统计出版社，2015. 中华人民共和国国家统计局. 中国统计年鉴 2015［M］. 北京：中国统计出版社，2015.

②　凤凰财经网，http：//finance. ifeng. com/a/20160124/14186585_0. shtml。

长率看作是 Time 函数。其中 2016～2018 年的增长率为云南省实际的经济数据,2019～2030 年的增长率为依据已有趋势做的预测值。由图 4.9 可知,预计未来五年内,云南经济将会保持在 8.5%～9.5%,未来十五年内,经济增长速度将会有所缓和,保持在 7%～8%。因此,本书根据云南经济的实际发展状况,以及国内外的宏观环境,做出以下预测:云南省 2018 年的经济增长会在 8.5%～9%,这种增长趋势将会稳定到 2020 年,2020～2030 年,随着云南省市场经济的成熟以及国内经济发展呈现出的稳定态势,云南省经济也将会在这五年间呈现稳定的发展态势,基本将会维持在 7% 的水平。

固定资产投资比例:主要指在特定时期,某地社会固定资产投资占本地区同一时期 GDP 的比例。因为固定资产投资比例是动态变化的,因而可以用时间表函数表示。2011～2017 年云南省全社会固定资产投资比例如图 4.10 所示。

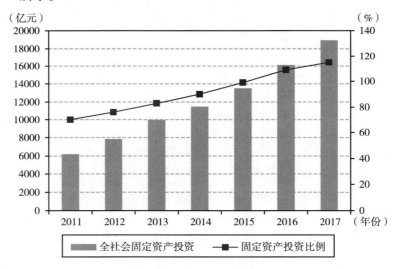

图 4.10　云南省近年社会固定资产投资值以及比例

资料来源:由历年《云南省统计年鉴》分析整理得到。

根据图 4.10 可知,近年来,云南省社会固定资产投资呈现稳定增长趋势。随着国家"一带一路"倡议带来的发展机遇,在国家层面开始大幅度地提升云南省的基础设施建设力度,特别是高速铁路以及泛东南亚铁路。根据当前的国家战略方针,这种现状将会持续五年左右,但是依据云南省经济发展规律及现状,未来的经济将会由主要靠固定投资拉动转向依靠第三产业来拉动,即固定资产投资必然会呈现下滑的趋势。因而，本书预测至 2025 年，将会稳定在 80% 上下，至 2025 年，稳定在 50% 左右。综上所述，最终确定云南省区域物流系统动力学模型中固定资产的投资比例为：

WITH LOOKUP TIME，[（2016，0）－（2030，1.5）]，（2016，1.09），（2017，1.15），（2018，1.20），（2025，0.80），（2030，0.50）。

物流产业投资比例：主要指某一时期，某地物流产业投资与本地区同一阶段 GDP 的比值，物流产业投资比例受到物流积压影响因子影响，因而，其数值可由物流积压影响因子的表函数决定。与物流产业投资比例相比，物流产业投资额主要以货币形式变现，主要包括政府或者企事业单位在零售、交通运输、仓储、物流专业教育等方面的投资。受制于客观因素的影响，笔者很难获得第一手的物流相关数据，更无法精确地统计出云南省区域物流产业的投资额。因此，本书的物流产业投资比例为概数，利用《2015 年国家统计年鉴》《2015 年云南省统计年鉴》及其相关统计部门年鉴的统计数据，综合利用交通运输、零售业、邮政业，以及仓储等产业的固定资产投资额之和来代替物流产业投资额。具体的云南省物流产业投资比例如图 4.11 所示。

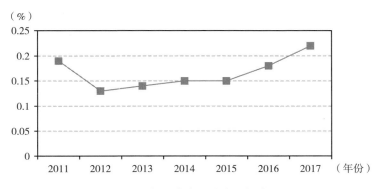

图 4.11　近年云南省物流产业投资比例

综上所述，最终确定云南省区域物流系统动力学模型中物流产业投资比例为：WITH LOOKUP 物流积压影响因子，{[（0，0）－（20，0.3）]，（0，0.1758）（1，0.2165），（3，0.1865），（5，0.1543），（7，0.1758）}。

3. 延迟函数的确定

延迟是系统动力学中一个重要概念，主要是指变量经过一段时间后，才能充分发挥作用的现象。延迟函数即这种刻画延迟现象的函数。在云南省区域物流系统动力学模型中，需要经过一段时间滞后才能产生效果的变量主要有物流积压影响因子、物流产业资本增加等，本书用"DELAY FIXED"函数来表达。

物流积压影响因子：是物流积压率的延迟函数，设定延迟时间为1年，即上一年度的物流积压情况将会影响下一年度的物流产业投资比例，表示为：DELAY FIXED（物流积压率，1年，0.35）。

物流产业资本增加：在现实中，固定资产投资都会有延迟效应，即投资效果无法立即表现出来，正常情况下，固定资产投资转化为物流产业一般都会有3年的周期，其效果才能体现出来，因而，考虑物流产业资本增加因素时，增加了"DELAY FIXED"函数，将延迟时间设定为3年，本书将2016年云南省物流固定资产投资的估值视为云南省初始三年的物流产业增加值。在云南省区域物流系统动力学模型中，物流产业资本增加表示为：DELAY FIXED（物流固定资产，3年，2740.85）。

4. 其他参数的确定

本书在综合估计法与文献回顾法的基础上，运用实验调节法来确定难以确定的参数值，通过在模型运行过程中不断调整参数值寻求最优值。具体的参数值如表4.6所示。

表4.6　　　　　　　　　　其他参数取值

参数名称	参数取值	解释说明
消耗系数	0.033	消耗系数主要指物流基础设施和交通运输设备的折旧率，经过模型多次调试，最终得出大约可设为3.3%
经济增长影响因子	0.015	它是衡量物流积压对经济发展的阻碍程度，通过多次调试，设定其值为0.015
投资资本转化	20	主要指产业资本转化为实际物流供给能力的比率，其取值与区域经济发展水平、物流政策、区域物流发展水平有关。通过对常州市相关数据的分析，取值设为20比较合理
物流效率影响因子	0.35	物流效率影响因子主要受物流设备利用率、现代物流技术应用情况、物流从业人员素质等因素的影响
物流需求系数	3	物流需求系数是一个重要参数变量，它是反映区域经济发展和物流需求关系的一个特征性参数，通常指的是单位GDP产出需要多少单位的物流总额来支持。根据云南省物流发展情况，最终确定物流需求系数取值为3

（二）基本行为仿真模拟

在云南省相关数据的基础上，利用系统动力学仿真软件 VENSIM 对前文叙述的云南省区域物流产业发展策略系统动力学模型进行实证分析，整个模型的运行时间为 2016～2030 年，模型仿真的步长为 1 年，主要对云南省 GDP 发展、云南省物流积压率基本行为仿真模拟。

在云南省区域物流系统动力学模型的基础上，输入云南省 2016 年 GDP 的值作为模型的初始值，利用 VENSIMPLE 软件进行运行计算。在云南省区域物流系统动力学模型中，选取"云南省 GDP"为输出结果，软件输出图 4.12 的仿真曲线。从图 4.12 中，我们可以很清晰地看出云南省未来十年的 GDP 发展趋势：总体上呈现出稳定的上升趋势。

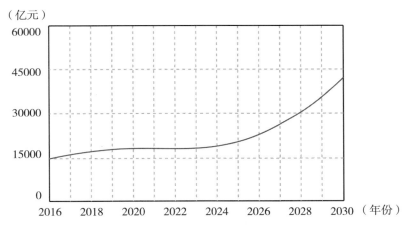

图 4.12 云南省 GDP 总值模拟仿真曲线

同样的，在云南省区域物流系统动力学模型的基础上，输入云南省 2010 年 GDP 的值作为模型的初始值，利用 VENSIMPLE 软件进行运行计算。在云南省区域物流系统动力学模型中，选取"物流积压率"为输出结果，通过软件得出图 4.13 的仿真曲线。最近几年，随着云南省基础设施的日趋完善，云南省的物流积压总体上呈现出下降的趋势，但是在 2019 年前后，随着基础设施的日趋完善导致投资规模的减少，加上经济的稳定快速发展，物流积压率开始上升，意味着从这段时期起，云南省开始出现明显的物流积压状况。

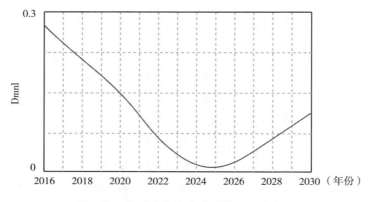

图4.13 云南省物流积压率模拟仿真曲线

五、云南省区域物流产业发展系统动力学模型政策仿真模拟

系统动力学仿真模型是通过改变模型的可控变量的输入值,以此使得结果达到满意程度。调节控制变量主要有两种方法:简单控制、复杂控制。简单控制主要是指控制单个变量使结果满意,复杂控制主要是指同时控制多个变量才能使得结果满意。在模型运行中,很难通过单个因素就能使得结果满意,因此,本书选择几个影响程度比较大的变量进行复杂控制,借此,通过改变模型的相关变量值,比较各个影响因素改变时对模拟值产生的影响,寻求系统的最佳优化方案,为云南省物流制定发展规划政策提供相关理论依据和决策支持。选择政策方案时,综合考虑各方面因素,选取"物流效率影响因子""物流固定资产投资""资本转化率"为控制变量,输出"云南省GDP""云南省物流积压率"为监测变量,设计集中模拟方案,以使云南省GDP发展达到最优以及物流积压率达到最优,如表4.7所示。

表4.7   政策调控方案

序号	控制变量名称	参数调整情况说明	现实中对应的措施
Policy 1	物流效率影响因子	在其他参数值保持不变的情况下,物流效率因子从现实的0.35调整到0.50,此目的是通过鼓励政府以及企事业等单位采用先进物流技术装备、加大物流基础教育的投资力度等方式提高物流生产运作的效率,以改善区域物流现状	加大物流教育投资力度,鼓励物流企业采取先进技术设备来提高物流运作效率,从而提高区域物流供给能力

续表

序号	控制变量名称	参数调整情况说明	现实中对应的措施
Policy 2	物流产业投资比例	物流产业投资比例为：WITH LOOKUP 物流积压影响因子，{[(0,0)－(20,1)]，(0,0.2)(1,0.25)(3,0.30)(5,0.35)，(7,0.30)}	政府相关部门或者企业通过调整物流产业投资比例，可以达到控制区域物流产业的目的
Policy 3	投资资本转化率	在其他参数值保持不变的情况下，资本转化率从现实的20调整为30，借此模拟外界政策更加注重现有的物流资源，提高物流产业利用效率等发展情况	通过不断整合现有资源，充分发挥现有物流产业资本的利用效率，促进区域物流产业快速发展
Policy 4	混合政策	即同时按照政策一、政策二、政策三的方式调整参数	混合措施

　　将以上四种政策对应的参数值分别代入模型中，依次进行仿真模拟。受制于客观因素的影响，本书仅仅选取了云南省 GDP 以及物流积压率进行相关政策模拟分析，其模拟结果如图4.14 所示。

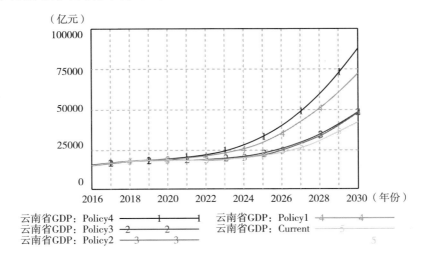

图4.14　不同参数条件下的云南省 GDP 仿真图

　　如图4.14 和图4.15 所示，我们可以清晰地看出参数调整后的模拟结果均好于最初的状态。从图4.14 中，我们可以看出，无论是调高物流效率影响因子、物流产业投资比例，还是提高投资转化率，云南省的 GDP 均高于最初状态下的值，这充分说明了这些政策对云南省物流业能够产生积极的作用，进而可以促进经济的发展。但是调整不同的参数值，对物流业以及经济的影响也会产生不同的影响。图中的五条不同颜色的曲线代表不同的参数值调整后，对云南省 GDP 产生的不同影响。相比 Policy2、Policy3 的模拟曲线，Policy1 的模拟曲线上升幅度更大，这意味着 Policy1 对云南省 GDP 的促进作用更大。相对于 Policy1、Policy2 与 Policy3，Policy1 的模拟曲线上升幅度是最大的，其效果应该明显好于其他三种政策环境下的模拟值。

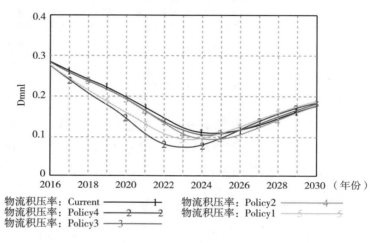

物流积压率：Current ——————1 物流积压率：Policy2 —————4
物流积压率：Policy4 —2———2 物流积压率：Policy1 —5———5
物流积压率：Policy3 ——3

图 4.15 不同参数条件下的云南省物流积压率仿真图

从图 4.15 中我们可以看出，无论是调高物流效率影响因子、物流产业投资比例，还是调高投资转化率，物流积压率均低于最初的状态。但是调整不同的参数值，对物流积压率的影响会产生不同的影响。从图 4.15 中可以看出，在 Policy2、Policy3 环境下，模拟的曲线与最初状态下模拟曲线相比，下降的趋势不是很明显，说明 Policy2、Policy3 效果一般；在 Policy1 环境下，模拟的曲线在最低点前下降幅度很大，这说明效果非常明显，都可以使得物流积压率下降，进而促进经济的发展。与 Policy2、Policy3 的模拟曲线比较，Policy1 的模拟曲线下降幅度更大，这意味着政策三对物流积压率的作用最显著；相较于 Policy1、Policy2 及 Policy3，Policy4 的模拟曲线下降幅度是最大的，其效果明显好于其他三种政策环境下的模拟值。

无论是图 4.14 还是图 4.15，我们均可以看出 Policy4，即混合政策的效果明显好于其他三个政策，这充分说明各个参数值单独调整，均不如综合调整三个参数的效果好，即综合考虑物流效率、物流产业的固定资产投资、资本转化率这三个方面，使其合理协调共同发展，就可以以较低的投入，得到较高的回报。

➡ 第二节 云南物流基础设施空间布局优化

2015 年 1 月，习近平考察云南时提出，云南要建成我国面向南亚、东南亚辐射中心（人民网，2015）。随着"一带一路"倡议和长江经济带等规划的实施，云南正从对外开放的边缘地区和末梢变为开放前沿和辐射中心，成为两大国家战略实施的连接交汇战略支点（人民网，2015）。同时，云南还是中国连接南亚、东南亚的国际大通道，拥有面向三亚（东南亚、南亚、西亚）、肩挑两洋（太平洋、印度洋）、通江达海沿边的独特区位优势（人民网，2015）。近年来，云南省与周边东盟国家的贸易往来日益紧密，双边的贸易额快速增长，加之逐渐改善的基础设施，使云南的物流业快速发展。

但是伴随着与东盟国家的经贸合作关系进一步发展，也使云南面向东盟的区域物流系统的发展状况不容乐观。首先，面对不断发展的双边贸易往来，云南物流系统面临巨大的压力与挑战；其次，云南物流节点、物流轴线分级分工不明确，空间结构不合理，物流服务效率不高；最后，面向东盟的云南物流体系的作用也比较单一，有待进一步的扩大化和多样化。因此，作为中国距离东盟最近的区域之一，在云南与东盟国家双边贸易日益增加的情况下，在习近平提出将云南打造成为中国面向南亚、东南亚的辐射中心的前提下，研究云南区域物流系统的空间布局及优化，建设面向老挝、泰国等东盟国家敏捷的、高效的区域物流系统，显得十分必要，并且具有重要的现实意义。

但是，在理论研究中还有些不足。在国外，关于区域物流竞争力的文献还较少，但也有一些学者运用综合指标对区域（城市）竞争力进行了研究，如巴德等（Budd. L et al.，2004）认为竞争力主要取决于长期繁荣的决定因素和动力，而不是局限于竞争资源和市场份额；米哈利斯（Kavaratzis. M，2005）对区域竞争力进行研究时，使用了区域竞争力三要素模型，对区域竞争力进行了测量。也有部分学者对一些其他具体产业竞争力的情况进行研究和评价，如西里克雷和唐（Sirikrai and Tang，2006）运用基于层次分析法的评价模型对产业竞争力进行了详细分析；罗德里戈和安杰利卡（Rodrigo A. and Angelica L.，2012）通过评估城市物流网络竞争力来优化墨西哥中部地区的区域物流管理。

在国内，对于区域物流系统的研究，如张世翔、霍佳震（2005）运用Uncapacitated Multi P – Hub 轴辐式网络模型对长三角地区城市群物流配送体系进行了优化设计与规划；王岳峰、刘伟（2010）以盲数作为数学工具建立了区域物流能力的盲数测评模型；江帆（2013）运用因子分析法来分析国内各省市区域物流竞争力，提出提升区域物流竞争力水平的相关建议；金芳芳、黄祖庆等（2013）采用因子分析法和聚类分析法对长三角16个城市物流竞争力进行评价，对长三角地区物流系统进行空间布局优化；孙志伟、王淑婧等（2014）运用因子分析法，探讨面向日本、韩国的山东半岛区域物流系统空间结构优化途径。此外还有部分学者运用数学或计量经济学的方法对区域物流水平提升进行了实证分析。相对而言，利用因子分析法进行区域物流竞争力水平实证研究的文献比较少。

当前，对于云南省区域物流系统已有一定的研究，如肖卓等（2007）对云南面向南亚、东南亚区域物流体系进行了优化研究，提出了云南省区域物流运输系统的优化方案；屈仁均等（2010）分析了影响区域物流系统的相关因素及区域内物流系统的构成，提出了构建区域物流体系的建议；刘欢（2012）基于时空演化的演化模型，提出促进云南省快速健康发展区域物流的合理建议。相对而言，着重从理论层面进行一般性和阐释性的研究成果较多。

综合国内外相关文献，其研究成果为本书提供了有益的理论指导，但是也存在一些未尽之处：（1）针对云南省物流系统空间优化的研究缺乏；（2）现有的研究云南物流系统的研究往往偏重于定性；（3）现有的研究区域物流系统时，在指标选取上不是很全面，数据比较陈旧。因此，本书采用定量分析的方法，在科学的选取指标以及搜集2017年数据的基础上，运用因子分析法来研究面向东盟的云南区域物流系统空间结构优化。

一、评价指标体系的建立与评价方法

区域物流是区域经济竞争力的重要组成部分，科学地评价区域现代物流发展水平，对科学决策、改善现代经济发展环境、促进物流企业的发展以及其他企业的物流发展、提升区域现代物流竞争力和推动整个区域国民经济的健康发展都具有重要的意义。但是，就目前云南的现实情况而言，还没有很多关于云南城市的综合竞争力以及核心竞争力的研究。这里基于东盟的独特视角，研究以服务东盟为主要目标的云南主要城市物流竞争力，从而为面向东盟的云南区域物流系统的空间布局与优化提供理论依据。

（一）指标体系的构建

研究云南区域物流竞争力，合理地选择评价指标是极为重要的一步，也是本书研究的核心内容，要求遵循全面性、科学性、主导性、数据可得性、可比性的原则。云南区域物流竞争力评价是一个包括了经济发展情况、企业竞争力等方面的综合评价体系。这决定了城市物流竞争力的指标评价体系也必然是一个由多方面指标组成的复杂体系，某一个单一的指标体系不可能完全概括城市物流竞争力的水平，所以通常使用综合指标体系，使用大量的指标去反映城市物流竞争力的水平。

在评价省级区域物流竞争力时，王圣云、沈玉芳把经济条件因子作为一级指标来研究；在评价长三角城市群物流竞争力时，金芳芳、黄祖庆等把城市经济发展水平作为城市物流竞争力的一级指标研究；在研究区域物流竞争力时，曹有挥、曹卫东（2005）把区域经济发展水平作为一级指标来研究。因此，根据以上诸多研究，本书把云南经济发展状况作为构建面向东盟的云南省主要城市物流业竞争力的一级指标。

在对浙江省各地区区域物流竞争力进行实证研究时，江罗凝（2011）把物流行业基础设施、物流行业发展水平作为一级指标体系来研究；在对湖南省 14 个市州城市物流竞争力研究时，刘玉美（2013）把物流需求规模、物流供给状况作为一级指标体系来研究；此外，李全喜、金凤花（2010）等选取货运量、货物周转量、载货汽车保有量、物流相关产业固定资产项目投资额、物流相关产业从业人员比例、境内铁路通车里程、公路通车里程等指标来评价区域物流能力。因此，本书把云南物流企业竞争力作为构建面向东盟的云南省主要城市物流业竞争力的一级指标。

在构建城市竞争力评价指标体系时，李仁安、申家峰（2007）把对外开放程度作为一级指标体系来研究；在探讨面向日本、韩国的山东半岛区域物流系统空间结构优化时，孙志伟、王淑婧等把日韩环境竞争力作为一级指标。因此，本书把东盟环境竞争力作为构建面向东盟的云南省主要城市物流业竞争力的一级指标。

综上所述，本书构建了面向东盟的云南省主要城市物流业竞争力的指标体系，如表4.8所示，包括3项一级指标以及19项二级指标。其中，云南省的经济发展状况是物流发展的前提条件；物流企业竞争力的相关指标是物流发展在质和量方面的体现，能够较好地反映云南省物流业的整体发展水平；东盟环境的竞争力是针对性的以东盟为服务对象，包括云南与东盟的贸易额、实际外资利用情况以及出入境旅游方面的具体指标。

表4.8　　　　　面向东盟的云南主要城市物流竞争力的评价指标体系

一级指标	二级指标
云南经济发展状况	GDP、人均GDP、人均第一产业GDP、人均第二产业GDP、人均第三产业GDP
云南物流企业竞争力	规模以上工业企业个数、规模以上工业总产值、货运总量、铁路周转量、公路周转量、水路货运吞吐量、邮政业务总量、电信业务总量
东盟环境竞争力	从东盟进口的总额、出口东盟总额、实际利用东盟外资、东盟外商合同投资、接待东盟游客总量

（二）评价方法

城市物流竞争力评价是一个多层次、多指标的综合评价，鉴于评价指标中存在一定程度的相关性，本书采用因子分析法进行综合评价。因子分析法的核心思想是降维，从众多相关的指标中找出少数几个综合性指标来反映原来指标所包含的主要信息。它解决了指标间信息重叠的问题，又大大简化了原指标体系的指标结构，可操作性较强，而且综合评价结果唯一，客观合理。

二、云南省主要城市的物流竞争力比较分析

根据上述方法，对云南省16个市州的区域物流竞争力进行计量。

（一）评价方法及结果

根据2017年的《云南省统计年鉴》《云南城市统计年鉴》，采用因子分析法对云南各个城市面向东盟的物流竞争力进行评价。利用SPSS21.0统

计分析软件，对 18 个变量数，样本容量为 16 的一组数据进行分析。按照特征值大于 1 的原则，选入 3 个公共因子，其累计方差贡献率为 92.724%，具有足够的说服力来反映云南省各个城市物流业的竞争力，各个主因子对应的特征值及方差贡献率如表 4.9 所示。

表 4.9　　　　　　　各主因子对应特征值及方差贡献率

	成分	特征值	方差贡献率（%）	累计方差贡献率（%）
主因子	1	13.206	73.402	73.402
	2	2.148	11.927	85.251
	3	1.414	7.955	92.724

由于原始数据之间存在较大的相关性，所以采用主因子分析法，用平均正交旋转法对因子载荷矩阵进行旋转，经过 5 次旋转后的因子载荷矩阵如表 4.10 所示。

表 4.10　　　　　　　正交旋转后的因子载荷矩阵

旋转成分矩阵			
指标	主因子		
	1	2	3
GDP	0.539	0.754	0.359
人均 GDP	0.334	0.328	0.869
人均第一产业 GDP	0.334	0.328	0.869
人均第二产业 GDP	0.334	0.328	0.869
人均第三产业 GDP	0.334	0.328	0.869
规模以上工业企业个数	0.494	0.779	0.345
规模以上工业总产值	0.445	0.759	0.452
货运总量	0.616	0.679	0.326
铁路货运周转量	0.831	0.455	0.301
公路货运周转量	0.355	0.823	0.391
水运货运吞吐量	-0.107	0.327	-0.600
邮政业务总量	0.858	0.414	0.278
电信业务总量	0.199	0.950	-0.128
从东盟进口总额	0.855	0.429	0.271
出口东盟总额	0.809	0.442	0.303
实际利用东盟外资	0.863	0.399	0.282
东盟外商合同投资	0.850	0.402	0.220
东盟入境旅游人数	0.787	-0.142	0.355

（二）主因子的分析及评价模型的构建

通过表 4.10 分析得到，铁路货运周转量、邮政业务总量、从东盟进口总额、出口东盟总额、实际利用东盟外资、东盟外商合同投资、东盟入境旅游人数等指标载荷较大，因此可以将第一主因子定义为铁路及对东盟贸易因子；第二主因子在 GDP、规模以上工业企业个数、规模以上工业总产值、货运总量、公路货运周转量、水运货运吞吐量、电信业务总量等指标上具有较大的载荷解释能力，其中将货运总量、公路货运周转量、水运货运吞吐量归为货运基础因子，GDP、电信业务总量、规模以上工业企业个数、规模以上工业总产值与云南经济发展水平有关，因此称为经济因子，我们可以综合以上两方面因素为货运基础及经济因子；第三主因子以人均GDP、人均第一产业 GDP、人均第二产业 GDP、人均第三产业 GDP 为最高载荷解释，可看作人均经济实力因子。

以各主因子的方差贡献率作为权重构造云南省各个城市物流竞争力的评价分析模型：

$$Y = \beta_1 Y_1 + \beta_2 Y_2 + \beta_3 Y_3$$

即

$$Y = 0.74216 Y_1 + 0.12935 Y_2 + 0.07724 Y_3$$

其中，Y 表示城市物流竞争力的综合得分，Y_1、Y_2、Y_3 分别表示各个主因子的得分，β_1、β_2、β_3 分别表示各主因子的权重。

（三）数据分析结果

将云南各城市的数据进行标准化的处理，利用 SPSS21.0 软件计算得出各城市主因子得分情况，然后按照上述评价分析模型的公式加权综合得分，得出各个城市面向东盟物流业竞争力的情况，因为综合得分中负数较多，为了方便比较大小，各个城市综合得分采用原始值加 1 的方式使其变为正数，如表 4.11 所示。

表 4.11　　云南省各个城市面向东盟的物流竞争力综合得分及排名情况

城市（州）	Y_1	Y_2	Y_3	综合得分	排名
昆明	3.22	1.55	1.04	3.63	1
丽江	0.60	-1.41	-0.10	1.27	2
德宏	0.26	-0.68	-0.32	1.09	3

续表

城市（州）	Y_1	Y_2	Y_3	综合得分	排名
西双版纳	0.11	-0.93	0.25	0.99	4
保山	0.09	-0.37	-0.44	0.99	4
迪庆	0.09	-1.45	1.18	0.99	4
普洱	-0.03	-0.15	-0.60	0.91	7
怒江	0.09	-1.05	-0.39	0.91	7
红河	-0.30	0.70	-0.10	0.86	9
临沧	-0.10	-0.33	-0.56	0.84	10
文山	-0.20	0.11	-0.70	0.81	11
昭通	-0.32	1.29	-2.08	0.76	12
大理	-0.47	0.38	-0.07	0.69	13
楚雄	-0.43	-0.01	0.06	0.68	14
曲靖	-1.10	1.77	0.30	0.43	15
玉溪	-1.51	0.58	2.53	0.16	16

通过表 4.11 可以看出，昆明以总分 3.63 分位居第一，尤其是第一主因子铁路及对东盟贸易因子得分达到了 3.22 分，第二、第三主因子也均超过了 1 分，因此在面向东盟物流系统构建中，昆明可以作为最重要的综合物流节点城市。排名第 2 位到第 4 位的分别为丽江、德宏、西双版纳、保山、迪庆五个城市，这五个城市最直接的共同点就是：三个主因子中，都以第一主因子得分最高，其意味着在面向东盟的物流竞争力方面，这五个城市的主要竞争力都来源于其口岸及与东盟贸易方面的优势。相对而言，普洱与怒江这两个城市，虽然其总得分没有前面几个城市高，但是它们也有着共同的特点：在第一主因子方面得分相对较高。红河、临沧、文山、昭通以及大理具有共同特点：第二主因子——货运基础及经济因子得分比较高。楚雄、曲靖以及玉溪这三个城市，虽然在第二、第三主因子方面得分较高，但是它们却有着共同的劣势：地处内陆，是内陆城市，因此，它们在第一主因子——铁路及对东盟贸易因子方面得分非常低，综合排名靠后。

（四）结果讨论

作为省会城市，昆明是云南省的政治、经济、文化、科技、交通中心，是云南面向东南亚门户开放的重要枢纽，是国家级历史名城，是重要的旅游商贸中心（云南省"十三五"开放性综合交通体系建设研究报告，2014），因此在面向东盟物流系统构建中，昆明是最重要的综合物流节点城市。保山腾冲是云南省重要的次级经济中心，其 2017 年的 GDP 总额达到 678.95 亿元，位居云南省前列；是云南省重要的旅游城市，每年与东盟国家之间的人员互动非常频繁，2017 年东盟国家入保山的旅游人次达 19.08 万人，旅游外汇收益达到 6897.63 万美元[①]；此外，作为云南面向缅甸的主要边境城市，保山是云南重要的口岸物流中心，其境内的猴桥口岸是云南省重点建设的六个口岸之一，在 2011 年，猴桥口岸的进出口货运总量达到 255.26 万吨，进出口货运值已达到 31617 万美元，已成为云南省第一大口岸[②]，承担着重要的区域货物分拨、转运、配送等重要职能，其具有独特的口岸及与东盟贸易方面的优势，因此，保山的综合得分比较高，作为云南省的二级物流节点城市。相对而言，普洱与怒江在基础设施以及地理位置方面有着相对优势，红河、临沧、文山、昭通以及大理五个城市在基础设施以及工业基础条件方面有着比较优势，但是其综合优势并不明显。因此，它们的综合得分不高。

但是，结果中也有部分与我们现实中的认识有一些偏差。如丽江、西双版纳、迪庆等城市，其经济发展相对落后，但是，这三个城市是云南省最重要的旅游城市，每年与东南亚国家之间的人员互动非常频繁，在 2017 年，境外进入这三个城市旅游人数分别为 118.58 万人、60.59 万人、94 万人，居云南省前四位，此外，作为边境城市，西双版纳也是云南省重要的口岸物流中心，其境内的磨憨口岸是云南省重点建设的六个口岸之一，是中国—老挝唯一的口岸，在 2011 年，磨憨口岸的进出口货运总量 76.41 万吨，已成为云南省重要的陆路口岸，具有独特的口岸及与东盟贸易方面的优势。因此，这几个城市的综合得分比较高，作为云南省的二级物流节点城市。德宏虽然经济相对落后，但是与东盟国家之间的联系非常紧密，其 2017 年实际利用东盟外资额已达 3300 万美元[③]，居云南省第三位，并且境内的瑞丽口岸也是云南省重要的口岸，其 2011 年的进出口总货运量已达 135.23 万吨，是中国对缅甸贸易的第一大陆路口岸。因此，德宏总得分排名第三，作为云南省的二级物流节点城市。楚雄、曲靖、玉溪等城市虽然

---

①③　云南省统计局．云南省统计年鉴 2018 ［M］．北京：中国统计出版社，2018.
②　云南省统计局．云南省统计年鉴 2014 ［M］．北京：中国统计出版社，2014.

是云南重要的经济中心，基础设施以及工业基础条件较好，但其具有共同的劣势：地处云南内陆，导致其与东盟国家之间的贸易往来有着非常不利的影响；因此，在面向东盟物流系统的构建中，这些城市的地位相对要弱一些。

三、云南省区域物流系统空间结构的优化对策

根据云南省各城市面对东盟竞争力的评价结果，从物流节点、物流轴线、区域等角度对云南省与东盟这一区域物流系统结构进行优化调整，最终达到资源整合、优势凸显、区域协调、提高效率的物流业发展的目的。

（一）物流节点的优化

根据云南各城市面向东盟的物流竞争力的评价结果，将物流节点的优化调整为三个层次。一级节点包括昆明，为综合物流节点城市。昆明的经济实力较强，工业基础好，交通优势十分突出，对物流业基础条件发展非常有利。二级节点城市包括丽江、德宏、西双版纳、保山以及迪庆。这五个城市都拥有优越的地理位置和铁路、口岸等物流基础优势，应继续注重与东盟各国的交流联系，发挥其地缘优势，发展成为承接西南地区、南亚以及东南亚三地的物流中心。三级物流节点城市应包括普洱、怒江、红河、临沧、文山、昭通、大理、楚雄、曲靖以及玉溪。这些城市虽然在物流竞争力中的得分不高，但也有其突出的优势，普洱和怒江有着比较完善的交通网络以及有利的地理位置，物流发展的环境和基础都较好。红河、文山、昭通、大理、曲靖以及玉溪都是云南公路网的重要组成部分，也是云南省重要的工业城市。临沧属澜沧江—湄公河次区域的中间地带，是通往缅甸仰光的陆上捷径。楚雄故有"迤西咽喉"之称，是云南重要的枢纽型城市之一。

（二）物流轴线及物流区域的划定

面对东盟的云南省物流系统的物流轴线主要包括：以丽江、德宏、西双版纳、临沧、保山以及迪庆为物流节点，发挥交通及口岸优势，建立以口岸为基础的东盟经贸合作轴线；普洱、怒江、红河、文山、昭通、大理、曲靖、玉溪利用其相对优越的铁路、公路网络等优势，建立连接东

盟、云南中东部以及内陆地区的铁路、公路连接轴线；昆明发挥其分拨与转运的作用，利用铁路枢纽、公路网发达等优势，建立解决与东盟经贸合作中的物流需求且辐射滇西北、滇西、滇西南、广西、贵州等地区的中转、辐射内陆轴线。在云南省物流区域的总体框架下，云南省面向东盟的物流区的划定主要包括以昆明为核心的滇中物流区；以丽江为次级物流中心，辐射大理、怒江以及迪庆州的滇西北物流区；以德宏为次级物流中心，辐射保山和临沧的滇西物流区；以西双版纳为次级核心，辐射普洱、文山和红河的滇西南物流区。

（三）区域物流基础设施系统的完善及口岸建设力度的加强

完善物流网络综合运营效能，加强道路运输基础设施建设，完善综合运输网络。根据各市州物流辐射区域的发展水平、设施状况、市场需求和功能定位等客观条件，依托昆明、瑞丽、河口等国家公路运输枢纽，考虑现状和待建铁路、机场、水运等重大交通基础设施，促进各种运输方式的衔接和配套，扭转云南省货运枢纽分割和不衔接的困难局面，有针对性地布局和建设货运服务型、生产服务型、商业服务型、国际贸易服务型和综合服务型物流园区（《云南省现代物流业中长期发展规划 2013－2020》）。着力提高物流园区的系统性、兼容性和服务能力，整合现有运输、仓储等设施，发展多式联运，提升资源使用效用和物流运行效率，降低生产企业和运输企业的运营、运输成本，满足物流组织与管理服务的需要。加大口岸建设力度，促进口岸物流发展，以口岸为节点，加快建设联系境内外物流的大通道，加快云南边境口岸物流中心的建设，提升边境口岸物流信息化水平，在边境地区培育一批规模较大的第三方物流企业，提高边境口岸物流的社会化、专业化和现代化水平。此外，着眼未来，建立物流人才培养高地，加强高等院校、职业院校、行业协会、学会对物流企业人员进行岗前培训、在职培训，培育市场急需的技能型物流人才，依托具有优势的高等院校、学会、行业协会，打造物流产学研高地。

➡ 第三节　云南物流产业发展预测

本部分通过计算 2005～2013 年云南省各州市的产品物流总额，对

2020 年的产品物流总额进行预测。

一、预测指标计算

在提到物流总额的相关概念时，目前国内文献中大多使用的是社会物流总额这一计算指标，而本书计算的则是产品物流总额。之所以不选用社会物流总额，是因为目前国内文献在计算这一指标时，使用的都是中国物流与采购联合会所制定的计算方法，这套计算体系虽然涵盖内容比较全面，但是其中的某些指标如铁路、航空运输中的行李价值，社会各界的捐款赠物价值，单位和居民由于搬家需要移动的货物价值包括装卸和运输等物流服务。这些指标的具体数据在地方统计年鉴和相关机构网站中都无法查找到，或是只能寻找替代指标但这又会拉低社会物流总额这一指标的准确度。因此，本书选择计算产品物流总额，该指标计算第一次进入国内需求领域，产生从供应地向接收地实体流动的产品（包括农产品、工业产品、外部流入产品、邮政与快递业务中的寄递产品）的价值总额，简称产品物流总额。本指标体系的建立参考了中物联的社会物流总额计算指标体系，选择的所有指标都是可以在地方年鉴中查得数据的。该指标体系包括五个方面：进入市场交换中的农产品物流总额（total value of agricultural logistics products）、工业产品物流总额（total value of industrial logistics products）、外部流入产品物流总额（total value of flowed logistics products from external areas）、废弃资源综合利用业物流总额（total value of recycled resources logistics resources）、邮政业务中产品物流总额（total value of logistics goods in postal service）。

具体计算公式如下：$V_t = V_a + V_i + V_e + V_r + V_p$

注：V_t—产品物流总额；

$V_a = V_o - A$（农产品物流总额 = 统计期内农产品产值 – 农产品中间消耗）；

$V_i = V_s - B$（工业产品物流总额 = 统计期产品工业销售产值 – 电力、热力、燃气和水的生产和供应业工业销售产值之和）；

V_e：外部流入产品物流总额 = 统计期内通过海关进口的产品价值总额（统计年鉴中所提供的数据单位为亿美元，本书中的数据是由原始数据乘当年人民币对美元平均汇率得到）；

V_r：研究期内废弃资源综合利用业的工业销售产值；

V_p：邮政业务中产品物流额（其中包括邮政以及快递服务中的包裹、快件、信函、报纸杂志等寄递物品等）。

2005～2013 年云南省的上述各指标的具体数据，云南省各州市的具体指标数值如表 4.12 所示。

表 4.12　　　　　　　2005～2013 年云南省各指标具体数值　　　　单位：亿元

具体指标	2005 年	2006 年	2007 年	2008 年	2009 年	2010 年	2011 年	2012 年	2013 年
报告期内农产品商品产值	1068.58	1209.76	1414.79	1641.46	1706.19	1810.53	2306.49	2680.22	3056.04
农产品中间消耗	398.77	459.95	545.42	620.90	638.68	702.72	895.35	1025.67	1160.88
工业销售产值	2577.47	3338.22	4225.66	4896.85	4962.99	6247.87	7527.74	8783.33	9831.22
电力、热力、燃气及水生产和供应业的工业销售产值之和	315.79	401.83	495.47	567.09	638.70	846.62	951.44	1085.99	1320.40
通过我国海关进口的产品总额	171.78	226.45	304.17	320.28	239.33	390.06	415.42	690.59	611.27
废弃资源综合利用业工业产品销售产值	7.35	5.99	1.57	0.78	1.37	2.01	6.48	3.03	5.83
邮政业务中产品物流额	8.60	9.92	11.10	12.71	14.74	15.09	16.32	18.25	23.38
产品物流总额	3119.22	3928.56	4916.40	5684.09	5647.24	6916.23	8425.66	10063.76	11046.46

资料来源：2006～2014 年《云南省统计年鉴》。

根据前面对产品物流总额的定义，可知它与使用最终产品和服务的价值来计算的 GDP 指标不同，产品物流总额是对统计期内全社会需要运输的产品的价值进行计量与统计，并不仅限于产成品还包括很多中间产品，因此产品物流总额会出现比 GDP 值大的情况，因为它表示的是需要在社会物流系统输送的产品的价值。

产品物流总额与 GDP 的比值，可以较好地反映出每个单位的 GDP 产出需要多少个单位的产品物流总额来支撑，这一比值可以体现产品物流对

GDP 的贡献，故将其称为产品物流贡献系数。其计算公式为：

$$W = \frac{V_t}{GDP}$$

注：W：产品物流贡献系数；V_t：产品物流总额。（其中产品物流总额和 GDP 对应同一地区、同一统计时段）。

云南省各州市的产品物流总额如表4.13 所示。[①]

表4.13　2005～2013 年云南省各州市产品物流总额　单位：亿元

地区	2005 年	2006 年	2007 年	2008 年	2009 年	2010 年	2011 年	2012 年	2013 年
昆明	1135.20	1469.68	1827.80	1966.08	1924.61	2440.78	2816.92	3398.11	3490.67
曲靖	361.04	470.42	619.18	730.62	769.96	962.98	1189.60	1441.49	1680.38
玉溪	406.36	473.99	628.21	700.68	753.04	917.54	1098.25	1234.81	1302.36
保山	68.18	81.22	102.09	125.54	133.06	162.28	218.87	273.90	348.80
昭通	123.72	154.91	194.17	236.79	259.18	299.41	378.34	456.70	539.21
丽江	26.83	30.58	38.16	55.60	62.99	80.92	98.65	118.88	125.04
普洱	65.90	78.21	105.16	129.77	142.88	163.34	213.33	273.64	270.56
临沧	52.52	68.77	85.75	102.27	98.00	134.29	179.48	220.55	280.19
楚雄	164.37	177.05	229.47	274.90	298.94	359.94	432.41	512.05	570.59
红河	326.05	410.91	506.52	554.40	562.54	714.23	871.11	1048.66	1085.99
文山	83.18	107.84	155.77	170.49	181.25	206.22	256.71	334.19	407.06
西双版纳	40.07	54.90	70.64	103.87	76.40	107.47	123.44	146.45	217.54
大理	155.89	194.00	232.05	274.32	297.79	387.74	470.54	602.45	699.80
德宏	45.19	51.19	64.86	87.75	78.81	104.84	126.37	146.94	193.23
怒江	15.22	37.63	40.19	39.74	33.47	32.44	40.70	39.99	45.97
迪庆	10.68	12.36	18.17	19.24	19.41	24.85	33.09	36.74	41.81

资料来源：2006～2014 年《云南省统计年鉴》及各州市统计年鉴。

二、云南产品物流贡献系数与地方经济的关联分析及预测

利用上述公式，根据从《云南省统计年鉴》等相关文章资料中收集到的数据经整理、计算得到2005～2013 年云南省及各州市的产品物流贡献系

[①]　云南省各州市产品物流额总和不完全等于云南省的产品物流总额，因为各州市统计年鉴中缺少部分数据，故最终数据存在些许偏差。

数估算表，如表 4.14 和表 4.15 所示。

表 4.14   **2005～2013 年云南省产品物流贡献系数**

年份	产品物流总额（亿元）	GDP（亿元）	产品物流贡献系数
2005	3119.22	3472.89	0.90
2006	3928.56	4006.72	0.98
2007	4916.4	4741.31	1.04
2008	5684.09	5700.1	1.00
2009	5647.02	6168.23	0.92
2010	6916.23	7220.14	0.96
2011	8425.66	8750.95	0.96
2012	10063.76	10309.95	0.98
2013	11046.46	11720.91	0.94

表 4.15   **2005～2013 年云南省各州市产品物流贡献系数**

地区	2005 年	2006 年	2007 年	2008 年	2009 年	2010 年	2011 年	2012 年	2013 年
昆明	1.07	1.22	1.30	1.22	1.05	1.15	1.12	1.13	1.02
曲靖	0.82	0.88	0.95	0.93	0.88	0.96	0.98	1.03	1.06
玉溪	1.10	1.14	1.27	1.18	1.17	1.25	1.25	1.23	1.18
保山	0.58	0.60	0.63	0.65	0.60	0.62	0.68	0.70	0.78
昭通	0.74	0.79	0.86	0.87	0.81	0.79	0.81	0.82	0.85
丽江	0.44	0.44	0.45	0.55	0.52	0.56	0.55	0.56	0.50
普洱	0.62	0.63	0.69	0.72	0.67	0.66	0.71	0.75	0.64
临沧	0.54	0.60	0.62	0.65	0.54	0.62	0.66	0.62	0.67
楚雄	0.85	0.81	0.90	0.90	0.87	0.89	0.90	0.90	0.90
红河	1.06	1.14	1.18	1.08	1.00	1.10	1.12	1.16	1.06
文山	0.56	0.62	0.75	0.70	0.64	0.63	0.64	0.70	0.74
西双版纳	0.51	0.60	0.66	0.85	0.55	0.67	0.62	0.63	0.80
大理	0.66	0.71	0.72	0.74	0.74	0.82	0.83	0.90	0.92
德宏	0.77	0.73	0.77	0.88	0.68	0.75	0.73	0.73	0.84
怒江	0.64	0.87	0.80	0.91	0.70	0.59	0.63	0.53	0.54
迪庆	0.38	0.35	0.41	0.35	0.30	0.32	0.34	0.32	0.37

从表 4.14、表 4.15 中的数据可以看出，昆明、曲靖、玉溪和红河四州市的各年产品物流贡献系数大多数年份高于云南省的产品物流贡献系

数，而丽江、怒江、迪庆这三个州各年产品物流贡献系数均远低于全省水平，观察图表可知大部分州市的产品物流贡献系数与其实际经济发展状况相吻合。但西双版纳与德宏自治州的产品物流贡献系数相比较它们各自的GDP却处于更高的水平，在对产品物流总额计算体系的具体二级指标进行分析后，发现之所以会出现这种现象，主要是因为这两个自治州的农产品与工业品对GDP的贡献都比较大，占比分别为3/4和2/3。为了更好地为未来的决策提供依据，本书根据2005～2013年的数据使用SPSS软件对后七年的云南省各州市产品物流总额进行指数平滑预测，预测值如表4.16所示。

表 4.16　　　　2014～2020 年云南省各州市产品物流总额预测值　　单位：亿元

地区	2014 年	2015 年	2016 年	2017 年	2018 年	2019 年	2020 年
昆明	3785.11	4079.54	4373.98	4668.41	4962.84	5257.28	5551.71
曲靖	1920.27	2160.14	2400.01	2639.88	2879.75	3119.61	3359.48
玉溪	1414.36	1526.36	1638.36	1750.36	1862.36	1974.36	2086.36
保山	432.53	525.1	626.51	736.76	855.84	983.75	1120.5
昭通	621.72	704.23	786.74	869.25	951.76	1034.27	1116.78
丽江	137.32	149.59	161.87	174.15	186.42	198.7	210.98
普洱	296.15	321.73	347.31	372.9	398.48	424.06	449.64
临沧	335.56	391.19	446.81	502.44	558.06	613.69	669.31
楚雄	634.53	698.1	761.67	825.24	888.81	952.38	1015.95
红河	1180.98	1275.98	1370.97	1465.96	1560.96	1655.95	1750.94
文山	479.93	552.79	625.66	698.53	771.4	844.27	917.14
西双版纳	239.72	261.9	284.09	306.27	328.45	350.64	372.82
大理	803.64	907.11	1010.59	1114.06	1217.54	1321.01	1424.48
德宏	222.73	254.97	287.2	319.43	351.66	383.89	416.13
怒江	45.98	48.05	50.11	52.17	54.24	56.3	58.36
迪庆	45.7	49.59	53.48	57.37	61.26	65.15	69.05
总额	12596.23	13906.37	15225.36	16553.18	17889.83	19235.31	20589.63

➡ 第四节　云南物流产业发展对策建议

现代物流产业是新兴产业，是新型服务产业，是云南未来经济的增长点。在云南，振兴物流业涉及面很广，不但需要规划构建科学合理的物流系统体系，而且需要加强各产业、各行政部门之间的协调运作和共同管理。

一、指导思想与目标

（一）指导思想

坚持以邓小平理论和"三个代表"重要思想为指导，深入贯彻落实科学发展观，根据党的十八大以来的重要会议精神，习近平在云南考察讲话精神，按照《云南省国民经济和社会发展第十三个五年规划纲要》的总体部署和《云南省人民政府关于着力推进重点产业发展的若干意见》的要求，以打造"全省具有基础性的主导产业，大型物流节点所在区域的支柱产业"作为物流产业发展定位，以均衡物流供需矛盾、提高物流区域竞争力为目标，以云南综合交通运输体系的区位优势为依托，加快落实物流重点建设工程、全面整合物流供需资源、大力培育大型物流企业，提升物流信息化水平，鼓励物流业向专业化、规模化、现代化、综合化方向发展，实现"以物流业带动和促进制造业发展"，为云南省构建特色鲜明、协调发展的现代化特大城市提供坚实的物流保障。

（二）基本原则

1. 坚持统筹规划和协同发展的原则

坚持《云南省国民经济和社会发展第十三个五年规划纲要》《云南省人民政府关于着力推进重点产业发展的若干意见》等对物流产业发展导向的总体要求，加强云南省各级物流主管部门之间相互沟通，打破行政区划壁垒，整合规划、土地、产业、服务和管理等资源，促进物流业与重点制造业的密切交互，推动区域联动、协同发展。

2. 坚持综合推进和重点发展相结合的原则

构建要素集聚、产业升级、城市发展与物流基础设施建设的互联互动机制，综合推进物流服务体系建设，重点建设辐射范围广、带动能力强、技术含量高、附加价值大的物流园区与物流中心，协同发展配套设施，实现重点突出、结构协调优化的物流产业空间布局。

3. 坚持重大项目布局和配套项目联动的原则

以引进和培育大型现代化物流企业为切入点，以重大项目布局为重点，着力整合物流供需资源、追求物流企业规模效益、提高物流基础设施规划精度和使用效率。

4. 坚持外部引进和内部培育并举的原则

加大招商引资力度，大力吸引外地、外国的大型第三方物流企业进驻云南物流园区；加大对本地物流企业的扶持力度，鼓励中小型物流企业积极通过参股、控股、兼并、联合、合资、合作等多种形式进行资产重组，力求将联盟整合成网络化、综合化、专业化及具有市场竞争力的大型物流企业。

5. 坚持集约发展和环境保护并驱的原则

以人与自然和谐共处为目标，构建环境准入机制，大力发展绿色物流、循环物流和低碳物流，合理开发，集约利用，提高环境承载能力，推进经济社会与人口、资源、环境的协调可持续发展。

（三）功能定位

1. 综合性区域物流协调中心

随着"一带一路"倡议和长江经济带等规划的实施，云南正从对外开放的边缘地区和末梢变为开放前沿和辐射中心，成为两大国家战略实施的连接交汇战略支点。同时，云南还是中国连接南亚、东南亚的国际大通道，拥有面向三亚（东南亚、南亚、西亚）、肩挑两洋（太平洋、印度洋）、通江达海沿边的独特区位优势。依靠其独特的区位优势，云南物流发展迎来了特有的发展机遇。中国—东盟自由贸易区建成后，货物贸易担当重要角色，而货物贸易的基本条件就是物流条件。有了完善的物流设施和物流体系，才能形成发达的贸易体系。

鉴于此，云南要加强对东盟公路、铁路、港口、机场、物流园区等物流基础设施建设，同时加强对东盟物流资源的整合和物流链的设计，形成中国—东盟重要商品集散中心和贸易物流的主要通道，可以说这个中心和通道建立起来，就确立了云南在东盟的物流地位，物流地位决定了云南在东盟的贸易地位、经济地位和政治地位，也就确立了云南的地区物流中心的地位，这对于云南省的经济发展具有特殊重要的战略意义。

2. 多式联运物流枢纽中心

"十三五"时期以来，在云南省政府批准的《云南省"十三五"综合交通发展规划》等相关规划的指导下，云南初步建成了相对完善的公路运输体系和航空运输体系，云南拥有丰富的铁路和水路运输资源，然而其综合货运可达能力仍然较低，这对于进一步发展云南经济，扩大其物流中心功能的吸引力无疑是巨大的障碍。因此，要大力发展多式联运物流体系，提高各种运输通道的利用效率，为云南省物流及经济发展保驾护航。

3. 具有特色的物流集约发展平台

由于具有独特的区位优势和极其丰富的自然资源、旅游资源，云南已形成了以烟草、矿产、旅游为支柱产业和轻工、化工、造纸、建材等主导产业为龙头的现代化工业体系。但是目前云南物流发展的现状滞后于云南的经济发展，云南物流业存在的问题已经成为云南经济发展的障碍，物流产业亟待发展。物流业的发展对促进基础设施建设、提高产业竞争力、优化产业结构、扩大就业、带动区域经济发展等有重要作用。

（四）近期重点

根据分析，云南地区现代综合物流规划振兴的战略目标，从云南现有物流相关基础设施、物流企业类型及服务能力、物流技术应用、区域经济布局、城市发展水平等综合因素考虑，提出以下重点发展建议。

1. 重点完善云南地区物流通道体系建设

完善的交通网络设施是促进物流发展的基础条件。在云南地区全力推进国际国内区域合作进程中，继续加强区域交通网络建设，加快建设形成东西贯通、北进南下的最为便捷和综合效益最好的陆海空国际物流大通道体系。

2. 重点加强云南地区运输枢纽体系建设

加快建设运输场站。运输场站是物流的重要载体，是商品集散以及为物流提供深层服务的重要环节。要根据建立中国—东盟自由贸易区物流需求的新变化，统筹考虑并加快运输枢纽建设；努力装备现代运输工具。引导运输企业采用科技含量高、技术性能先进、高能低耗的厢式货车、集装箱、大吨位重型车，以及冷藏、散装、危险品等专用车。推进实施物流技术和管理标准化，大力发展快速货运、集装箱运输，促进运输企业逐步向专业化、规模化、现代化方向发展。加强港口装卸设备的现代化建设，提高装卸效率；加快建设仓储配送设施。新型仓储是现代物流发展的主要环节，"十三五"期间要按照综合物流需求，加快扩建、改建仓储和整合现有仓储资源，加快建设仓储设施，逐步建设配送设施，增加功能，引导并支持向物流园区发展。

（五）发展措施

1. 加强政府规划引导，营造良好物流发展环境

宽松的外部环境和优惠的政策支持是推进现代物流产业发展的最大保证。为了建设云南地区现代化物流产业结构，必须加强政府的规划引导和立法的建设。推进现代物流产业发展是一项系统性、长期性、全局性的工作，需要各级政府行政管理部门以及交通、口岸、国土、金融等多个部门的共同努力。

2. 建立物流产业融资体系，鼓励多种投资方式

物流产业的建设与发展，需要大量的资金，而且投资大、周期长、回收慢。虽然我国政府近年来鼓励不同的投资主体投资物流产业发展，但是由于政府初期不熟悉物流产业发展的特有规律，例如不合理的物流用地规划与审批制度，造成了很多房地产开发商利用政府物流用地的优惠政策，大力炒作物流地产，牟取暴利。而真正的物流企业反而无法有效利用政府的物流优惠政策。同时，由于严格的计划管理和条件限制，某些情况下造成了事实上的政府垄断投资。云南省物流产业设施建设也存在类似问题，所以，对物流设施建设应鼓励多渠道、多形式筹措资金。

3. 进一步加强物流基础设施建设

正是因为物流产业关联度高、物流基础设施投资规模大，所以重大物流基础设施必须要以政府为主进行规划建设。要树立物流基础设施规划、建设、运营的系统化理念，从云南整体角度综合考虑公路、铁路、航空、园区、仓储等物流基础设施的空间布局，形成交通枢纽和集散中心，促进资源共享，不为修路而修路，不为圈地而建园，避免重复建设和内耗竞争，实现物流效率和效益最大化。

二、在建设现代物流体系方面

云南现阶段需要立足西南地区经济发展，发挥连接东中西部、面向东南亚、南亚、西亚、南欧、非洲的区位优势，整合现有物流资源，依托综合立体交通网络，发挥比较优势和后发优势，坚持政府引导、市场运作、企业为主和多元投入并举；构建"一头"为昆明国际内陆港，"一体"为以昆明为中心的滇中城市群物流圈，"两翼"为物流信息化和物流专业化，"两足"为物流基础设施和物流人才支撑，"一头一体两翼两足"的"金孔雀"物流体系，以昆明国际内陆港为重点，港岸联动，港港联动，以铁路、航空、公路为主，规划建设一批专业性物流基地和配送中心项目，构建以公路物流、航空物流、铁路物流为核心的现代物流体系，为云南省经济社会全面协调可持续发展提供基础支撑。

三、在基础设施体系规划建设方面

（一）规划与构建综合交通运输体系

云南综合交通运输体系规划和建设，对云南经济和社会各项事业的发展将起到重大的推动和促进作用。由于云南交通运输规划建设欠账太多，公路运输通道布局呈现出不均衡现象，其中，高等级公路密度远低于全国平均水平；公路场站建设无论单体还是总体的规模均过小、技术水平低，缺乏有效的运作机制；铁路运输线路的方向与能力分布不均衡，尤其缺乏东向运输通道；以长江水道为代表的内河航道不但等级低、通航能力差，而且港口规模过小，技术设施简陋，吞吐能力低；民用航空的货运能力小、班次少，与城市经济发展需求存在一定差距。

作为上述问题的解决途径之一，有赖于云南综合交通运输体系的构建和进一步建设，对此本项目组提出以下几点建议。

1. 综合交通运输体系规划需与城市物流均衡发展

在云南现有城市物流服务体系中，承担货物运输等物流功能的云南物流网络，与客运网络共同构成了城市交通运输通道网络。根据云南产业发展特点可知，城市工业物流需求的分布，决定了云南交通运输通道的容量和结构布局。因此，云南城市交通运输通道网络规划，除了解决一般的城市交通网络问题外，还必须解决物流网络的问题，也就是重点解决云南综合交通运输体系与物流供需的均衡发展问题。

为此建议：云南在制定综合交通运输体系的发展规划前，首先应综合分析云南多种运输方式的规模、结构特点与现状，进行定性与定量分析相结合，以便实现综合交通运输体系的均衡目标。

2. 加速交通运输基础设施重点工程建设

要实现云南省物流产业又好又快的发展，必须进一步完善其公路运输体系。云南省公路网布局按照功能和作用规划为功能清晰、层次分明、干支配合的三个层次：高速公路网、国省道区域干线公路网、农村公路网。然而，云南省的交通运输体系仍不完善，其区内可达率仍然较低，成为物流产业发展的一大"瓶颈"。因此在"十三五"规划期间，建设"城际高速、市域快捷、主副通畅、乡村通达"的公路体系显得至关重要。高度重视高速公路在云南省国民经济中的重要作用，进一步完善高速公路体系，对不适应国民经济发展的路段给予扩建，重点确保连接云南省与周边区市的高速公路的规划建设；完善国省道区域干线公路网，加强国省干线公路提级改造，在国道公路已基本建成二级以上公路的基础上逐步扩建成一级公路；加快以"组织高效、服务专业、路站配套、换乘便捷"为目标的公路站场建设。

（二）完善区域物流基础设施系统及加强口岸建设力度

完善物流网络综合运营效能，加强道路运输基础设施建设，完善综合运输网络。根据各市州物流辐射区域的发展水平、设施状况、市场需求和功能定位等客观条件，依托昆明、瑞丽、河口等国家公路运输枢纽，考虑现状和待建铁路、机场、水运等重大交通基础设施，促进各种运输方式的衔接和配套，扭转云南省货运枢纽分割和不衔接的困难局面，有针对性地布局和建设货运服务型、生产服务型、商业服务型、国际贸易服务型和综合服务型物流园区（《云南省现代物流业中长期发展规划》，2013~2020年）。着力提高物流园区的系统性、兼容性和服务能力，整合现有运输、仓储等设施，发展多式联运，提升资源使用效用和物流运行效率，降低生产企业和运输企业的运营、运输成本，满足物流组织与管理服务的需要。加大口岸建设力度，促进口岸物流发展，以口岸为节点，加快建设联系境内外物流的大通道，加快云南边境口岸物流中心的建设，提升边境口岸物流信息化水平，在边境地区培育一批规模较大的第三方物流企业，提高边境口岸物流的社会化、专业化和现代化水平。

四、在物流产业振兴规划与建设方面

(一) 全面整合云南物流供需资源

振兴云南物流、实现以云南为中心的地区"大物流",首先需要整合云南的物流资源,主要包括物流基础设施、物流组织和物流信息的资源。根据上述研究结果,提出以下几点建议。

1. 整合物流基础设施资源

云南的物流基础设施资源整合,主要以构建云南"大物流"为理念,以建设专业化、社会化及综合化物流基础设施为整合途径,以物流基础设施运作的规模化和集约化及降低云南物流总成本为目标。建议在规划开发物流园区或大型物流中心过程中,不仅需要将过去分散于多个地点的物流企业或储运场所集中于新的物流园区或物流中心,而且可以考虑统一购置大吨位、专业化的装卸物流设施设备,开发公共物流信息平台,利用先进物流技术进行制造业供应链或城市共同配送的物流服务和协调运作。

在云南经济迅速发展和跨省跨国间互补过程中,因为物流基础设施数量不断增多,网点布局过于分散,造成大企业内部各分厂间的制品配送线路加长,导致公路货物运输量也随之增大,带来城市交通阻塞等一系列现代城市病。如果对铁路、公路、水运、航空的站场、专用线、仓储设施的用地提出新的要求,有效整合集中各地区的物流资源,一方面减少各地区之间不必要的交通量;另一方面通过合理配置、统筹规划,既功能齐全,又节约仓储、配送、批发市场及相关配套设施用地,起到保护城市环境的作用。

2. 整合物流信息资源

物流信息网络是云南振兴现代物流的技术基础和重要前提,通过物流信息资源整合,不仅能满足政府宏观调控物流发展的需要,更能帮助企业降低物流经营成本,增强企业的核心竞争力,同时对发展云南的跨行业、跨区域的供应链现代物流具有极其重要的应用价值。云南物流信息资源整合的对象是,所有参与云南经济建设和社会发展的,或作为云南物流需求方,或从属云南物流供给方,或为云南物流发展提供必要的支持方。这些参与方或为单位,或为企业,或为个人,在追求自身经营规模扩大、经营成本减低等各类目标下，参与云南省整体实施物流信息网络的资源整合。

只有通过物流信息资源的整合，才能建立城市干线运输与市内共同配送的信息系统，健全云南商品配送和货物运费的网上支付系统；只有通过物流信息资源的整合，才能实现综合交通运输与物流的信息交换，条码、智能卡与远程通信等技术在云南综合交通运输体系及物流服务信息系统中应用和普及，为云南地区商流、资金流、信息流、技术流的集聚和一体化运作提供保障，为以物流为龙头发展交通运输业、商贸业、金融业、旅游业等多种产业起到支持作用。

3. 整合物流组织资源

物流基础设施资源整合的对象是在云南地区经营的第三方物流企业群和从属于各类企业的物流部门。这些物流企业或企业物流部门在追求自身及供应链整体物流效率和效益最优化前提下，参与云南省物流基础设施资源整合。在云南分散的物流基础设施资源或物流信息资源整合、改造和提升的过程中，部分企业会因为增强了本企业市场竞争能力、扩大了本企业主营业务规模、明显降低了企业经营成本等，考虑将本企业的物流组织也进行调整，与其他企业整合、联盟，形成具有一定国际、国内竞争力的大型第三方物流企业。

云南物流组织资源整合的重要目的，是使通过整合、实施云南供应链协同物流运作的各参与方获得更多的收益，并从整合中获得长远利益。政府通过企业整合，也能发现和培育有潜力的、有经营特色的、有市场竞争力的物流组织。提升云南物流服务的多样化、个性化、专业化程度，从而促进云南物流产业的持续发展。

4. 平衡流向和流量，提高增值效益

从整合云南物流供需资源的角度实施云南物流发展规划，可以使云南物流供需双方均能获得增值物流效益。从物流需求方来说，可以通过实施规模采购与供应物流，降低原材料等采购价格和供应物流成本，获得增值效益；从物流供给方来说，可以通过实施规模库存与物流，降低原材料等库存和供应物流数量，获得增值效益。

（1）物流需求方。通过物流供需资源整合，物流需求方的增值效益，从以下整合过程中获得。具体可以参照中铁一局的成功案例，即平均成本降低幅度为7%。

整合同种物品或同一供应商的采购需求，获得更大规模的采购数量。在与供应商的谈判中，代表众多需求企业，获得更多的在采购价格和供应物流的谈判优势，争取以更低的单位采购价格、更高的供应可靠性来获得物流需求方的经济效益。

整合更大规模的供应需求，如铁路运输、公路运输和水路运输的需求规模。在与运输企业和外埠第三方物流企业的谈判中，代表云南物流需求企业的利益，从支付更低的物流费用、更高的物流及时性和物流服务水平，来获得物流需求方的经济效益。

整合更大量的供需规模，建设大型化物流基础设施，以便科学地实施网络化、现代化管理，提高物流生产率，降低物流成本，来使得需求方获取经济效益。

（2）物流供给方。通过整合同种物资的储备资源，实施云南全省储备网络化和集中化，在保障这种物资供应安全的同时，降低物资储备总量及相应储备成本，使物流供给方获得增值效益。

假设云南有 9 个生产企业需要煤炭，还有 3 个物流企业经营煤炭，如每个生产企业均各自储备煤炭，则全省煤炭库存总量为 270 万吨。实施煤炭物流供给资源整合，将 9 个生产企业的煤炭库存，并入 3 个煤炭物流企业，但各生产企业还保有煤炭安全库存 3 日；在保证同样煤炭供应水平条件下，3 个物流企业只需库存煤炭 108 万吨即可，相对于整合前的云南煤炭库存总量降低了 60%。

作为先进的经营方式和管理理念，首先，集成化储备管理对于优化物流供给资源、提高储备质量与经济效益、增强物流企业的竞争力，尤其在煤炭供应紧张阶段，以更少的储备，保障更多的煤炭需求；其次，通过整合储备资源，节约了铁路等运量，如果将这些运力改运其他货物，那么对于区域经济发展的效益不可估量；再次，可以减少公路、水路运输带来的燃油消耗和空气污染等环境问题；最后，可以节约大量因煤炭储备而占用的国土资源，使生产企业充分利用所征土地发展主业。

（二）持续完善云南物流产业政策

在调整与振兴现代物流的过程中，建议云南省进一步研究制定促进现代物流发展的有关政策，包括严重影响云南物流发展的，有关土地、税收、收费、融资等方面的政策问题；希望政府创新思维、创新管理理念，积极出台可以引导和鼓励云南物流企业尽快做强做大的政策和措施，并积极清理有关不适应云南物流发展的行政法规，促进云南经济与物流健康发展。

1. 土地政策

土地资源具有不可再生性，随着近年云南经济飞速发展，土地政策一直影响着云南物流规划与发展，征地困难已经成为云南物流规模扩张和基础设施建设的阻力。各地城区的土地资源紧张早已经成为不争的事实。在城区及城郊的物流园区规划和建设过程中，征地困难困扰着物流园区规划者、建设者及运营者。一部分物流园区就因土地等手续批复困难不能如期开工。同时，土地成本上升也导致云南城乡物流园区建设成本加大、经营成本增高。根据中国物流采购联合会资料，现阶段我国东部沿海地区的物流园区占全国 55%，其中 70% 的物流园区平均占地面积达 1 平方千米。但随着土地政策的调整和土地相关成本明显提升，在全国大部分物流园区建设中，经营成本不断提高。其中一线城市的物流用地地价已达 60 万 ~ 100 万元/亩，大大超过物流企业能承受的 10 万 ~ 30 万元/亩。天津的物流用地价格与几年前相比提高了 3 ~ 4 倍；石家庄的物流园区每平方米每年税金由 1.5 元调至 4.5 元，使物流土地使用者产生了大量的支出。

虽然国家即将出台物流园区土地使用政策，控制物流园区的土地使用。但是为了振兴云南物流，政府还需要在综合交通运输体系规划、全面考虑全省物流供需均衡以及物流网络资源整合的基础上，尤其为重点产业发展提供服务的、具有产品和服务优势的物流园区或物流企业，在土地政策方面给予优惠与支持。不可否认，云南省政府需要事先进行全省物流园区规划，找到适合云南物流实际发展的物流基础设施建设和运营模式。

2. 税收政策

我国物流业的税收制度改革，经过多年实践已取得许多阶段性成果，明显地改善了物流业发展的政策环境；但我国物流业尚属于微利性行业，税收管理方面仍面临许多问题，其中有些税收政策已经成为限制物流业持续发展的要因。为此建议，政府需要进一步研究符合云南物流业发展特点的税收管理办法，制定适应云南物流发展的税收体制。

现行物流业税收管理与城市产业发展不适应、不同步，是任何国家和地区在物流发展到一定时期内均可能遇到的政策性问题。目前，作为新兴的综合性生产服务业，云南物流业和全国其他城市一样，其各种服务项目和物流功能分属于不同的税收类别，具有不同的税制特点，不利于振兴大规模、综合化及国际国内一体化的云南大物流，需要市政府在财税政策方面的有力支持。建议发挥物流业税收管理的经济调节功能，如针对城市快递/配送企业、仓储租赁企业等，着力解决云南本地物流营业税重复纳税问题。针对一般物流企业毛利仅 4%～6%，但仓储及其他物流服务税率却达到 5%，比运输业税率还高出 2 个百分点的现象，解决物流企业综合税负相对偏高问题等。

3. 收费政策

最近几年，云南的物流企业和企业物流部门屡屡质疑公路等收费较高、收费标准全国不统一、存在乱收费或用罚款代替收费等问题，使得企业物流成本控制艰难，既不利于云南物流企业发展，更不利于使用这些物流企业的云南第一、第二、第三产业正常有序发展。目前，各级政府已经认识到物流收费问题的严重性。

4. 投融资政策

在云南，物流属于高投入、长期回报的基础性服务产业之一，其基础设施建设特征明显：具有前期建设投资规模大、资金占用周期长、每年投资回收率低等特点。现场调查和文献分析均显示，即使在物流业相对发达的上海，物流园区的收入稳定性虽然较高，但进驻物流企业的利润一般较低，园区建设投资回报期较长，资金短缺问题比一般制造业更加严重。在云南，物流企业的规模发展主要依靠企业自身的投入，可以判断资金问题也是云南物流基础设施建设过程中遇到的主要困难之一，资金短缺成为物流设施建设的关键性制约因素。因此，要加快发展云南民营大型物流企业，就要扩大改革开放步伐，多渠道地增加对云南物流的建设投入。

例如，对列入国家和地方规划的物流基础设施建设项目，鼓励其通过银行贷款、股票上市、发行债券、增资扩股、企业兼并、中外合资等途径筹集建设资金。银行业金融机构要积极给予信贷支持。对涉及全国性、区域性重大物流基础设施项目，中央和地方政府可根据项目情况和财力状况适当安排中央和地方在预算内建设投资，以投资补助、资本金注入或贷款贴息等方式给予支持，由企业进行市场化运作。为此建议：政府建立健全云南地区物流基础设施建设的多元化投融资机制，在政府引导的基础上，拓宽筹资渠道，鼓励和引导社会资本进入基础设施建设领域，通过特许经营、政策优惠等措施方式，将基础设施建设的开发权与开发建设后的受益权、使用权等紧密结合，从而吸引更多的社会非公有资金注入物流基础设施建设项目中，最终实现政府与社会共同建设云南地区物流基础设施。

（三）培育大型物流企业

目前，云南省的物流企业普遍规模小是不争事实。云南物流虽然重要，但云南地区仅有少量的第三方物流企业进入过全国物流百强企业行列，如此小规模的物流企业群体，在短期内难以形成强大的市场竞争能力。

1. 着力扶植大型物流企业，使之更大更强

虽然国内外经济发展形势非常严峻，但是各省份对于振兴和发展物流的步伐一刻不曾停止，均以此为契机，发展大规模物流。云南想要真正通过振兴物流来达到发展和提升地方产业经济的目的，真正解决云南地区重点企业物流成本过高且服务水平过低等问题，真正实现本项目已经取得的成果，通过物流供需资源整合、追求物流企业规模效益、提高物流基础设施规划精度和使用效率，必须大张旗鼓地、旗帜鲜明地培育云南地区的大型物流企业，使之更大更强。通过对云南本地成长起来的优秀物流企业进行重点扶持和培育，保证本地物流企业能够快速成长为大型龙头物流企业，整体加强云南物流的市场竞争力。

在扶持本地物流大企业的同时，大力吸引外地、外国的大型第三方物流企业进驻云南的物流园区，有效利用外部资源，一方面提高云南的物流园区经营规模，另一方面能够使本地企业学习外埠大型第三方物流企业的优点，最终实现云南的物流园区和外埠大型物流企业的共赢。

2. 实行中小物流企业联盟，打造大型物流企业

对于云南地区众多的中小型物流企业而言，积极通过参股、控股、兼并、联合、合资、合作等多种形式进行资产重组，力求联盟整合成网络化、综合化、专业化及具有市场竞争力的大型物流企业，争取在振兴物流过程中立于不败之地。建议云南省政府：帮助中小物流企业发展现代物流，将其原来的原材料采购、半成品和产成品库存，以及运输、仓储、配送、包装等物流活动进行流程再造，进一步推进中小型物流企业的网络化、集成化发展，改善中小物流企业发展亟待解决的融资、交通等问题的外部环境，根据物流业振兴要求，结合实际，抓紧制定专项发展规划。云南省政府还要引导和鼓励有条件的物流企业，打破业务范围、行业、地域、所有制等方面限制，采用重组、合资、购并等多种方式，组建具有规模优势、技术优势和人才优势的大型物流企业集团。云南的中小物流企业也需在企业联盟过程中，通过相互合作，完善企业自身，达到提高物流运作效率、降低物流经营成本、提升企业竞争力的目的，最终能够促进整个云南物流业发展。

3. 开拓提升物流企业增值能力

目前，云南的低附加值物流服务占据了物流企业大量资源和能力，可是能够换取的经济效益却很低。同时，由于只提供单一运输、仓储等传统物流服务，物流企业很难满足日益激烈的物流市场竞争。在云南振兴物流过程中，需要借鉴桂中海迅等经验，开创以国际物流管理、供应链集成化运作、仓单质押融资等物流金融等为重点的新型物流服务发展路线，通过提供高附加值物流服务，不仅满足生产企业的精细化、准时化等物流需求，同时也能够提高物流企业的运营效益。

（四）布局物流发展重点

建议重点突出一个物流核心区，打造两个平台，建设三大辐射区，按四个类型推进物流产业发展。一个物流核心区即以呈贡国际物流区、空港国际物流区、安宁物流区、晋宁物流区和长坡泛亚国际物流园区等构成昆明国际内陆港的核心区。两个支撑平台即物流信息综合网络平台和物流政策平台。三大物流辐射区即南亚东南亚物流辐射区、泛珠物流辐射区、成渝物流辐射区。通过昆明市连接红河国际物流中心、西双版纳国际物流中心和德宏国际物流中心，形成昆明连接越南、泰国、缅甸通向南亚东南亚的国际物流大通道。通过昆明市昆明—文山—云南—广东的公路、铁路辐射泛珠地区。以成昆铁路、沪昆铁路和沪昆客运专线、内昆铁路、渝昆高速公路和兰州至磨憨213国道为依托，将物流辐射到成渝经济走廊。四个物流发展类型即按枢纽型、区域型、专业型、乡镇型推进建设。省会城市昆明及西双版纳、德宏、红河三个州构建枢纽型物流园区。大理、丽江、玉溪、曲靖、昭通、文山构建区域型物流园区。依据经济与社会发展需要构建相应的专业型物流基地或物流中心。依托供销社系统和专业物流企业构建城市及乡村配送网络。

五、物流技术与人才培养方面

（一）发挥云南物流技术优势，构建物流技术支撑体系

建议由政府引导，以昆船等技术优势企业为龙头，联合云南高校、科研所和行业协会，打造云南物流技术支撑体系。对每年在物流领域的技术创新项目给予资金、税收、用地等方面的支持。

（二）构建物流协同创新平台，夯实云南省现代物流发展人才基石

云南省的物流专业教育体系已经基本形成，昆明理工大学设有博士专业，云南大学、昆明工业大学、云南财经大学设有硕士专业，云南大学、昆明工业大学、云南财经大学、云南师范大学、红河学院等院校设有物流本科专业，一些专科学校和高等职业学院也纷纷设置了物流类专业，但是物流人才的供求脱节现象仍旧十分严重，我们认为协同创新是解决这一难题的有效途径。云南财经大学已有云南省高校智慧物流系统重点实验室与云南省高校全供应链智能物流工程研究中心。建议在云南财经大学等物流专业发展较好的大学再建立 1~2 个现代物流与供应链协同创新平台，通过政府、企业、高校的多方合作，通过协同创新能力的提升，共同推动云南省现代物流发展。建议在研究生教育、本科教育、职业技术教育三个层面各支持一家高校建设物流教育高地，培养不同层次的物流人才。扶持 1~2 所高校发展物流管理与工程重点学科，支持 1~2 个省级物流工程技术中心建设，支持 1~2 个省级物流重点实验室，设立专项培训经费支持物流行业物流培训与职业资格认证。

第五章　云南物流产业协同联动研究

随着"制造业与物流业联动发展工程"成为物流业振兴重点工程，制造业与物流业联动发展成为众多学者的研究热点。本章立足云南省，将占据云南省工业经济主导地位并与制造业密切相关的资源型产业作为研究对象，研究其与物流业协同联动发展的状况，并站在微观层面给出具体可行的制造业与物流业（以下简称两业）协同发展模式和建议，具有深刻的理论意义和现实意义。

➡ 第一节　云南资源型产业与物流业协同联动现状

一、云南资源型产业及其物流现状

（一）资源型产业概况

2013 年，云南省 GDP 达到 11720.91 亿元，比上年增长 13.69%，其中，资源型产业实现增加值 3156.04 亿元，比上年增长 11.83%，占 GDP 比重 26.93%；2013 年云南省工业总产值达到 12756.98 亿元，比上年增长 9.8%，其中，资源型产业总产值达到 9237.73 亿元，比上年增长 10.96%，占工业总产值比重 72.41%。[①]

从增加值上看，2006 ~ 2013 年，资源型产业增加值呈现稳步增长，资源型产业对云南省生产总值的贡献始终在 26% 以上。2009 年以后，云南省

---

① 云南省统计局. 云南省统计年鉴 2014 ［M］. 北京：中国统计出版社，2014.

资源型产业增加值对云南省生产总值的贡献超过全国平均水平，反映了云南省资源型产业在结构调整、转型升级上取得了一定的成绩，但两者均呈现波动下降，说明全国范围内资源型产业增加值增速普遍不及 GDP 增速，一定程度上反映出资源型产业受限于资源禀赋状况，产品附加值较低、效益不佳，如图 5.1 所示。

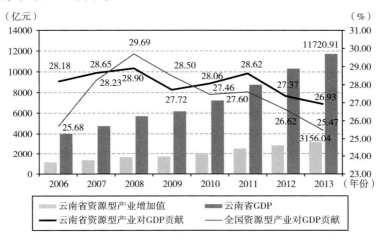

图 5.1　2006～2013 年云南省资源型产业增加值、GDP 及增加值占比

资料来源：根据《云南省统计年鉴》（2007～2014 年）、2006～2013 年云南省国民经济和社会发展统计公报综合整理。

从总产值上看，2006～2013 年，资源型产业产值稳步增长，且占云南省工业总产值的比重平稳维持在 70% 以上，始终高于全国水平（因 2012 年、2013 年全国工业总产值数据缺失，资源型产业产值占比全国水平仅为 2006～2011 年数据），资源型产业在云南省工业经济中始终占据主导地位。

从吸纳就业上看，2006～2013 年，云南省规模以上资源型企业从业人数不断增长，2013 年达到 88.96 万人，占全部城镇工业从业人员的比重始终在 80% 以上，近几年比重略有下降，反映近几年云南省资源型产业结构调整带来的劳动力转移。

在资源型产业结构方面，多年以来，云南省在资源导向型战略指引下，形成了具有云南特色的资源型产业体系即烟草和以电力为主的能源、矿产、冶金、化工等构成的支柱产业。2013 年，烟草、能源、矿产、冶金、化工五大支柱产业增加值占据资源型产业增加值的 85%，其中烟草产业位列第一，占资源型产业增加值 34%；矿产、冶金占据资源型产业增加值 32%；能源、化工占据资源型产业增加值的 19%；采矿业仍以煤炭的开采和洗选为主。2013 年主要的资源型产业增加值、总产值情况（按总产值降序排列）如图 5.2 所示，资源型产业增加值结构如图 5.3 所示。

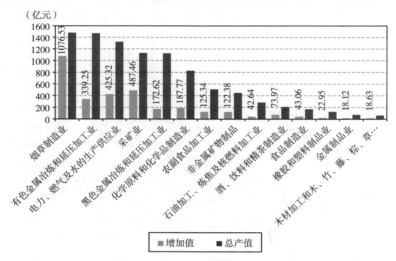

图 5.2 2013 年主要资源型产业增加值、总产值

资料来源：云南省统计局. 云南省统计年鉴 2014 [M]. 北京：中国统计出版社，2014.

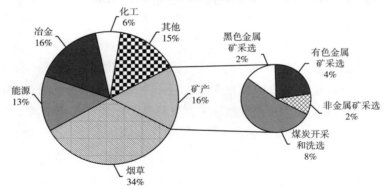

图 5.3 2013 年资源型产业增加值结构

资料来源：云南省统计局. 云南省统计年鉴 2014 [M]. 北京：中国统计出版社，2014.

2006~2013 年，云南省资源型产业固定资产投资额逐年增加，2013 年完成固定资产投资 2410.96 亿元，比上年增长 10.7%。固定资产投资增速在 2012 年达到高点 28.81%，在 2013 年回落，存在较大波动。[①]

---

① 云南省统计局. 云南省统计年鉴 2014 [M]. 北京：中国统计出版社，2014.

2006～2013 年，规模以上资源型企业利润总额和主营业务收入总体上呈现增长趋势，个别年份利润总额存在萎缩。2013 年利润总额达到 533.86 亿元，主营业务收入达到 9055.64 亿元。[①] 然而，利润增长和收入增长速度总体上呈现下降趋势并伴随较大波动，特别是资源型产业的利润出现了负增长。

从宏观经济和全国范围资源型产业情况来看，近几年，资源型产业受到产能过剩、需求不振、大宗商品价格暴跌的影响，产业收入增长有限，利润被不断压低。2014 年 3 月 27 日，国家统计局的最新数据显示，2014 年 1～2 月在 41 个工业大类行业中，11 个行业利润总额同比下降。其中，煤炭开采和洗选业下降 42.5%，囊括钢铁在内的黑色金属冶炼和压延加工业下降 26.1%、有色金属冶炼和压延加工业下降 10.5%。资源型产业面临上游成本高企，下游需求不振，很多企业靠出售资产扭亏。云南省受整个经济下行等因素影响，处境与全国资源型产业相同。截至 2014 年 4 月，已公布年报的 A 股上市公司中，4 家资源型企业上榜十大亏损王企业榜单，其中，云南省占两席，云南铜业亏损 14.2 亿元，云南锡业亏损 13.4 亿元，纷纷陷入巨亏和保壳困境。

（二）资源型产业物流状况

《2012 年云南省物流市场发展报告》中对涵盖化工、电力、矿产、冶金、烟草、食品、钢铁、煤炭、橡胶等 27 种行业中的 134 家生产企业进行调研，其中资源型企业占一半以上，其结果在一定程度上能够反映资源型产业物流现状，这里引用报告中的相关调研结果。

资源型产业在供应环节、生产环节、销售环节及废弃物回收环节均存在物流作业，产生各种物流费用成本。报告中调研企业的物流费用占销售额比重的分布情况如图 5.4 所示。

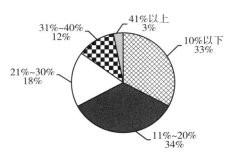

图 5.4　物流费用占销售额比重（企业分布情况）

资料来源：昆明理工大学交通工程学院，云南省物流与采购联合会，昆明冶金高等专科学校. 云南省物流市场发展报告（2012）[M]. 北京：中国财经出版社，2013.

① 云南省统计局. 云南省统计年鉴 2014 [M]. 北京：中国统计出版社，2014.

根据报告中的调研结果，67%的生产企业物流费用占销售额的比重在10%以上，我国物流信息中心2012年的重点企业调查中，工业企业物流费用占销售额比重为9.2%，而美国为7.9%，日本是4.7%，可见云南省绝大部分生产企业物流成本偏高，半数以上企业物流费用占销售额的比重介于10%~30%。

根据报告中的调研结果，随着第三方物流的快速发展，云南省资源型企业物流业务外包比重有所增加，2012年，物流外包业务占全部物流业务量80%以上的企业占到15%，比2011年提高了13个百分点。然而78%的企业物流外包业务依旧占全部物流业务的一半以下，总体上外包比例依旧较低，如图5.5所示。

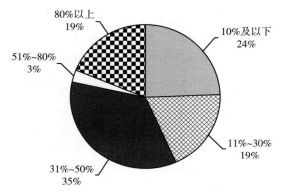

图5.5 外包物流业务占全部物流业务量的比例（企业分布）

资料来源：昆明理工大学交通工程学院，云南省物流与采购联合会，昆明冶金高等专科学校. 云南省物流市场发展报告（2012）［M］. 北京：中国财经出版社，2013.

二、协同联动存在的问题分析

资源型产业和物流业在发展过程中均出现了一定的问题，这些问题不仅限制自身的发展，也对两业的协同联动造成影响。

（一）资源型产业视角

从产业结构角度看：云南省资源型产业结构单一，以传统产业为主，主要为烟草、能源、矿产、冶金、化工等，新兴产业发展不足。除烟草产业外，这些产业多为高污染、高能耗、低效能的粗放式管理模式，对资源禀赋依赖性强，与生产性服务业联系互动不强、要求不高，不能有效刺激生产性服务业核心能力的升级。

从产业产品角度看：云南省资源型产业产品大多处于产业链的上游，基本是对资源进行开采和初加工，除烟草产品外其他产品加工度低，产品附加值小，带动效应小，特别是对物流业的流通加工领域的有效刺激不足。

从产业集群角度看：云南省资源型产业集聚程度不高，配套能力较差、辐射带动能力不强，尚未形成足够的集群效应，不能发挥产业集群对配套的物流产业的带动作用，不能有效刺激区域物流能力的扩张，也难以刺激专门服务产业集群的产业化物流的兴起和发展。

从资源型企业物流外包角度看：目前云南省大约有78%的资源型企业其物流外包量占总物流业务量的比例在一半以下，外包程度不足。同时，外包的大多是运输、配送、仓储等基本的物流环节，对流通加工、库存管理、物流信息化等高附加值的第三方物流服务信心不足，外包深度不够。此外，企业选择的合作模式大多是短期合同形式，合作时间不长，彼此关系松散，交易成本较高。

从资源型产业经济运行角度看：云南省资源型产业同样面临需求不振、价格下降、产能严重过剩等问题。许多资源型企业产能利用率不足，同时过剩产品积压严重，这使得资源型产业对物流业的需求进一步下降，一方面上游采购、生产环节物流需求减弱，另一方面下游分销环节物流需求减弱。并且，资源型产业在转移过剩产能和调整结构方面做出的努力不足。要控制结构性产能过剩，一方面要充分发挥生产性服务业特别是流通领域服务业在市场调节方面的作用；另一方面要调整产业结构，消化过剩产能，使剩余劳动力向吸纳大量劳动力的物流业转移，使闲置的物流能力向区域物流转移。这样，区域物流实力得到补充，反过来又可反哺资源型产业。

（二）物流业视角

从物流业运行情况角度看：近年来，云南省物流业增加值虽然一直增长，但增速低于云南省生产总值，其对GDP贡献有所下降，物流业价值创造能力较弱。2006~2013年社会物流需求系数一直低于全国水平，云南省国民经济对物流业的依赖不足，物流业与其他产业的联系不深。在物流业的运行成本上，物流总费用占GDP的比重一直是衡量物流效率的重要指标。2006~2013年，云南省社会物流总费用占GDP的比重基本在20%以上，始终高于全国水平 2～5 个百分点。云南省物流业运行成本较高，在与资源型产业互动时，资源型产业为这一运行成本的最终承担者。

从物流基础设施角度看：2013 年末，云南省铁路营运里程仅 2618 千米，排名全国第 19 位；公路通车里程 222940 千米，排名全国第 6 位。云南省面积 39 万平方千米，每平方千米铁路通车里程居全国倒数第 5 位，每平方千米公路通车里程居全国倒数第 10 位，且路网等级较低。可见，作为云南省物流业发展基础的路网密度、基础设施等硬件条件与需求严重脱节，设施基础薄弱，物流体系不健全。

从物流业服务质量角度看：云南省物流企业数量较多，但规模较小，基础较差，以运输、仓储企业居多，提供传统低端的物流服务。小微物流企业发展缺少战略规划和市场定位，盲目竞争，其技术水平、信息化程度、标准化程度都很低，无法提供高度专业化的物流服务，无法满足生产企业的一体化物流需求。

（三）协同联动视角

资源型产业与物流业相比经济体量大，单纯比较各指标的量值不能说明问题，这里比较两者在增加值、从业人员数量、固定资产投资额三方面的增长速度。

2007～2012 年资源型产业增加值增速一直高于物流业，个别年份差距在 20 个百分点以上，且物流业波动较大，存在负增长的现象，如图 5.6 所示。

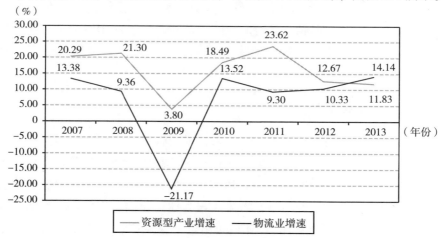

图 5.6　资源型产业与物流业增加值增速对比

2007～2013 年，资源型产业从业人员数量增速总体上快于物流业，且差距较大，物流业在近几年的从业人员数量不增反降，如图 5.7 所示。

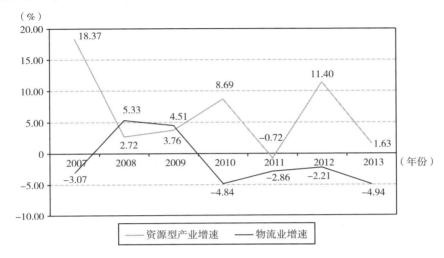

图 5.7　资源型产业与物流业从业人员数量增速对比

资料来源：根据《云南省统计年鉴》2008～2014 年与 2007～2013 年云南省国民经济和社会发展统计公报综合整理。

2007～2013 年，资源型产业的固定资产投资增长 2.16 倍，增速基本上维持在 20% 左右，比较稳定；物流业固定资产投资增长 1.79 倍，增速波动较大，在部分年份出现负增长，个别年份激增，一定程度上反映其缺乏规划，如图 5.8 所示。

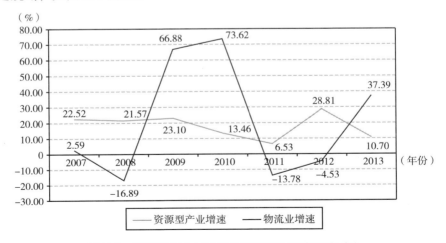

图 5.8　资源型产业与物流业固定资产投资增速对比

从增加值、从业人员、固定资产投资额三者增速的情况来看：云南省资源型产业表现远远优于物流业，两者发展极不协调，物流业发展滞后且不稳定。在同一年份出现资源型产业增长物流业下降，或物流业增长资源型产业下降的截然不同的增长情况，说明两业没有达到彼此依赖、共同发展的状态，两者发展的协同程度较差。

资源型产业与物流业存在供需结构性矛盾，表现为：首先，在服务层次上存在供需结构性矛盾。由于资源型产业与物流业发展极不协调，物流业发展严重滞后，造成物流企业实力普遍较弱，物流企业不能满足资源型企业的物流需求，往往在运输、仓储等低端服务上物流业供大于需，而在一体化、专业化的高附加值物流服务上物流业供应不足。其次，在空间上存在供需结构性矛盾，资源型产业布局受资源限制较大，比较分散，很多工业园区没有形成配套的物流设施和企业，造成区域性的物流供给不足，物流成本上升，而其他区域却竞争激烈。

第二节　基于序参量的资源型产业与物流业协同度分析

一、协同度模型设计思路

根据协同学相关理论，复杂开放系统中的子系统之间会通过相互作用产生协同作用和相干效应，序参量支配各子系统的协同运动，序参量之间的协作和竞争最终影响整个复杂系统的有序度。

在资源型产业与物流业发展的复杂系统中，资源型产业和物流业分别为这个复杂系统的子系统，我们可以选择对系统有序具有关键影响的序参量，量化各子系统的有序度，进而得到整个系统的协同度，从而对资源型产业与物流业协同联动的程度进行定量分析，并将云南省的结果同全国水平进行比较，进一步分析云南省两业协同程度的特征。模型设计思路如图5.9所示。

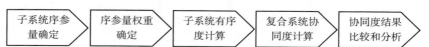

图5.9　协同度模型构建思路

二、序参量的确定

资源型产业子系统从规模性、经营性、发展性三个维度确定了资源型产业的序参量指标体系，如表 5.1 所示。

表 5.1　　　　　　　　资源型产业子系统序参量指标体系

一级指标	二级指标
规模性序参量	总产值
	资产总额
经营性序参量	利润总额
	主营业务收入
	增加值占 GDP 比重
发展性序参量	增加值
	固定资产投资额
	从业人数

（一）规模性序参量

规模性指标反映资源型产业总量、总规模。本书选取资源型产业总产值和规模以上资源型企业资产总额来表现资源型产业的总体规模。

总产值是以货币表现的资源型企业在一定时间内生产的工业产品总量，反映工业产品的总规模和总水平。资产总额指资源型企业拥有或控制的、预期会给企业带来经济利益的资源总量。

（二）经营性序参量

经营性指标反映资源型产业的经营状况。本书选取规模以上企业利润总额、主营业务收入、增加值占 GDP 的比重来表现资源型产业的经营状况。

利润总额是资源型企业在一定时期内实现的盈亏总额，反映企业的盈利能力，指企业在生产经营过程中收入扣除耗费后的盈余。主营业务收入指资源型企业经常性的、主要业务所产生的基本收入。增加值占 GDP 的比重反映资源型产业对国民经济的贡献大小。

（三）发展性序参量

发展性指标反映资源型产业在未来发展方面的投入、成果和潜力。本书选取资源型产业增加值、固定资产投资额、从业人员数量来表现资源型产业在发展方面的总体情况。

增加值是企业在一定时期内以货币形式表现的工业生产活动的最终成果。固定资产投资额是以货币形式表现的在一定时期内建造和购置固定资产的工作量及与此有关的费用总称，反映了企业为发展而进行的固定资产的投入。从业人数在某种程度上反映企业在人力资本上进行的投入。

物流业子系统从规模性、经营性、发展性三个维度确定了物流业的序参量指标体系，如表5.2所示。

表5.2　　　　　　　　　物流业子系统序参量指标体系

一级指标	二级指标
规模性序参量	货运量
	物流总额
经营性序参量	货物周转量
	增加值占 GDP 比重
	物流总费用
发展性序参量	增加值
	固定资产投资额
	从业人数

1. 规模性序参量

规模性指标反映物流业总量、总规模。本书选取货运量、物流总额两个指标来表现物流业的总体规模。

货运量是一定时期内由各种运输工具运送的货物重量。物流总额是物流运输货物的总价值，以金额计，两个指标都反映了物流运输发展的规模和速度。

2. 经营性序参量

经营性指标反映物流业的经营状况。本书选取货物周转量、增加值占GDP 比重、物流总费用来表现物流业的经营状况。

货物周转量是一定时期内，各种运输工具输送货物重量与相应输送距离的乘积之和，它反映了物流效率。增加值占 GDP 比重反映了物流业对国民经济贡献的大小。物流总费用是一定时期内，全社会在物流活动上的各项费用支出之和，同等条件下，物流费用越少，则物流业的经营状况越好。

3. 发展性序参量

发展性指标反映物流业在未来发展方面的投入、成果和潜力。和资源型产业一样，本书选取增加值、固定资产投资额、从业人员数量来表现物流业在发展方面的总体情况。

目前并没有对物流业的增加值、固定资产投资、从业人员数量进行专门统计，故用交通运输、仓储和邮政业的数据代替，其在物流业中所占比重极高，能够反映出物流业的发展状况。

三、资源型产业与物流业发展的协同度模型

协同度模型由各个产业子系统的有序度模型和复合系统的协同度模型共同构成，结合学者的研究成果，构建具体模型如下。

（一）子系统有序度模型

设资源型产业子系统的序参量为 $q_1 = (q_{11}, q_{12}, \cdots, q_{1n})$，序参量即资源型产业子系统的评价指标，其中 $n \geq 1$，$\beta_{1i} \leq q_{1i} \leq \alpha_{1i}$，$i \in [1, n]$，这里 $n = 8$，β_{1i}，α_{1i} 分别为系统稳定临界点上第 i 个序参量的下限和上限。

设 $u_1(q_{1i})$ 为资源型产业子系统序参量分量 q_{1i} 的有序度：

$$u_1(q_{1i}) = \begin{cases} \dfrac{q_{1i} - \beta_{1i}}{\alpha_{1i} - \beta_{1i}}, & i = [1, j] \\[3mm] \dfrac{\alpha_{1i} - q_{1i}}{\alpha_{1i} - \beta_{1i}}, & i = [j+1, n] \end{cases} \qquad (5.1)$$

其中，q_{11}，q_{12}，$\cdots$，q_{1j} 为正效指标，取值越大系统的有序度越高；$q_{1(j+1)}$，$q_{1(j+2)}$，$\cdots$，q_{1n} 为负效指标，取值越小系统的有序度越高。$u_1(q_{1i}) \in [0, 1]$，$u_1(q_{1i})$ 取值越大，q_{1i} 对系统有序度的贡献越大。

那么，整个子系统关于序参量的贡献度可使用线性加权平均法求得：

$$u_1(q_1) = \sum_{i=1}^{n} \omega_i u_1(q_{1i}), \left(\omega_i \geq 0, \sum_{i=1}^{n} \omega_i = 1\right) \qquad (5.2)$$

其中，$u_1(q_1)$ 即为资源型产业子系统有序度，ω_i 为资源型产业各序参量

的权重，由相关矩阵求得。

同理，设物流业子系统的序参量为 $q_2 = (q_{21}, q_{22}, \cdots, q_{2n})$，可得到物流业子系统的有序度 $u_2(q_2)$。

（二）复合系统的协同度模型

由 $u_1(q_1)$、$u_2(q_2)$ 构建资源型产业与物流业复合系统的协同度模型。系统的协同度体现的是一个渐近发展的过程，有一个阶段的推移性，假设初始阶段 t_0 时刻下的资源型产业有序度为 $u_1^0(q_1)$，那么当产业协同进行到 t_1 时刻时，其有序度同时变成 $u_1^1(q_1)$；同理得物流业 t_0，t_1 时刻的有序度分别为 $u_2^0(q_2)$，$u_2^1(q_2)$。复合系统协同度模型为：

$$U = \lambda \sqrt{|u_1^1(q_1) - u_1^0(q_1)| |u_2^1(q_2) - u_2^0(q_2)|} \tag{5.3}$$

其中，λ 的取值界定如下：

$$\lambda = \begin{cases} 1, & u_k^1(q_k) - u_k^0(q_k) \geq 0 \\ -1, & \text{其他} \end{cases}, \quad k = 1, 2.$$

四、云南省资源型产业与物流业的协同度实证

（一）基础数据

对序参量指标数据进行认真收集和整理，并将其最大最小值作为上限和下限，获得云南省资源型产业和物流业相关指标数据如表5.3、表5.4所示。

表5.3　　　　　　　　云南省资源型产业基础数据

年份	总产值（亿元）	资产总额（亿元）	利润总额（亿元）	主营业务收入（亿元）	增加值占GDP比重（%）	增加值（亿元）	固定资产投资额（亿元）	从业人数（万人）
2006	3019.04	4229.64	288.49	2996.75	28.18	1129.09	762.96	57.71
2007	3846.90	5164.06	355.45	3870.16	28.65	1358.20	934.79	68.31
2008	4291.05	5766.03	345.88	4021.89	28.90	1647.48	1136.46	70.17
2009	4568.45	6926.79	295.77	4396.35	27.72	1710.07	1398.94	72.81
2010	5768.01	8742.65	524.64	5684.92	28.06	2026.31	1587.20	79.14
2011	7029.84	10108.20	563.14	6900.74	28.62	2504.87	1690.82	78.57

续表

年份	总产值 （亿元）	资产总额 （亿元）	利润总额 （亿元）	主营业务 收入（亿元）	增加值占 GDP 比重（%）	增加值 （亿元）	固定资产投 资额（亿元）	从业人数 （万人）
2012	8325.22	12003.75	508.00	8088.55	27.37	2822.23	2177.92	87.53
2013	9237.73	14616.92	533.86	9055.64	26.93	3156.04	2410.96	88.96
下限	3019.04	4229.64	288.49	2996.75	26.93	1129.09	762.96	57.71
上限	9237.73	14616.92	533.86	9055.64	28.90	3156.04	2410.96	88.96

资料来源：根据 2007 ~ 2014 年《云南省统计年鉴》整理。

表 5.4　　　　　　　　　　云南省物流业基础数据

年份	货运量 （亿吨）	物流总额 （亿元）	货物周转量 （亿吨公里）	增加值占 GDP 比重（%）	物流总费用 （亿元）	增加值 （亿元）	固定资产投 资额（亿元）	从业人数 （万人）
2006	6.64	10200	692.21	4.47	960.45	179.09	395.69	12.38
2007	7.18	12362.4	770.96	4.28	1046.89	203.06	405.95	12.00
2008	4.56	12733.2	811.15	3.9	1124.64	222.06	337.4	12.64
2009	4.75	16300	910.43	2.84	1325.7	175.04	563.04	13.21
2010	5.28	22500	990.5	2.75	1516	198.71	977.55	12.57
2011	6.68	22700	1070.11	2.48	1733.56	217.19	842.8	12.21
2012	7.59	30929	1164.8	2.32	2123	239.62	804.63	11.94
2013	8.42	31648	1271.49	2.33	2423.79	273.51	1105.51	11.35
下限	4.56	10200	692.21	2.32	960.45	179.09	337.4	11.35
上限	8.42	31648	1271.49	4.47	2423.79	273.51	1105.51	13.21

资料来源：根据 2007 ~ 2014 年《云南省统计年鉴》、云南省国民经济和社会发展统计公报、云南省物流发展报告综合整理。

（二）权重确定

由于原始数据的量纲存在较大的差异，因此首先运用如下方法进行数据的标准化处理，具体步骤为：

$$A_i = \sqrt{\frac{1}{n-1}\sum_{j=1}^{n}(x_{ij} - \overline{X}_i)^2}，其中，\overline{X}_i = \frac{1}{n}\sum_{j=1}^{n}x_{ij}。$$

得到标准化的数据为：$x'_{ij} = \dfrac{x_{ij} - \overline{x}_i}{A_i}$

其中，$\overline{X}_i$ 是样本均值，x_{ij} 表示第 j 年第 i 个指标的具体取值，而第 i 个指

标的标准差用 A_i 表示。

　　使用上述方法分别对资源型产业和物流业的原始数据进行标准化处理，通过 SPSS 统计软件的使用，得出表 5.5 和表 5.6 的标准化后的数据集。

表 5.5　　　　　　　　　云南省资源型产业指标数据标准化结果

年份	总产值（亿元）	资产总额（亿元）	利润总额（亿元）	主营业务收入（亿元）	增加值占 GDP比重（%）	增加值（亿元）	固定资产投资额（亿元）	从业人数（万人）
2006	− 1. 2255	− 1. 1651	− 1. 1935	− 1. 2016	0. 1853	− 1. 2707	− 1. 2972	− 1. 7064
2007	− 0. 8554	− 0. 9068	− 0. 6161	− 0. 8026	0. 8751	− 0. 9526	− 0. 9998	− 0. 6839
2008	− 0. 6569	− 0. 7404	− 0. 6986	− 0. 7333	1. 2420	− 0. 5509	− 0. 6508	− 0. 5045
2009	− 0. 5329	− 0. 4196	− 1. 1307	− 0. 5622	− 0. 4898	− 0. 4640	− 0. 1965	− 0. 2498
2010	0. 0032	0. 0823	0. 8427	0. 0265	0. 0092	− 0. 0250	0. 1293	0. 3608
2011	0. 5672	0. 4598	1. 1747	0. 5820	0. 8310	0. 6395	0. 3086	0. 3058
2012	1. 1462	0. 9837	0. 6992	1. 1247	− 1. 0035	1. 0801	1. 1516	1. 1701
2013	1. 5541	1. 7060	0. 9222	1. 5665	− 1. 6492	1. 5436	1. 5549	1. 3080

表 5.6　　　　　　　　　云南省物流业指标数据标准化结果

年份	货运量（亿吨）	物流总额（亿元）	货物周转量（亿吨公里）	增加值占 GDP比重（%）	物流总费用（亿元）	增加值（亿元）	固定资产投资额（亿元）	从业人数（万人）
2006	0. 1811	− 1. 1626	− 1. 3303	1. 4471	− 1. 0777	− 1. 0622	− 0. 9691	0. 1668
2007	0. 5685	− 0. 9040	− 0. 9394	1. 2386	− 0. 9151	− 0. 3230	− 0. 9340	− 0. 5185
2008	− 1. 3110	− 0. 8596	− 0. 7399	0. 8069	− 0. 7688	0. 2629	− 1. 1684	0. 6358
2009	− 1. 1747	− 0. 4331	− 0. 2471	− 0. 3730	− 0. 3905	− 1. 1871	− 0. 3968	1. 6638
2010	− 0. 7945	0. 3083	0. 1504	− 0. 4685	− 0. 0325	− 0. 4572	1. 0207	0. 5095
2011	0. 2098	0. 3323	0. 5456	− 0. 7699	0. 3769	0. 1127	0. 5599	− 0. 1398
2012	0. 8626	1. 3163	1. 0156	− 0. 9458	1. 1096	0. 8044	0. 4294	− 0. 6267
2013	1. 4581	1. 4023	1. 5452	− 0. 9354	1. 6981	1. 8494	1. 4583	− 1. 6908

　　运用 SPSS 软件对标准化的数据进行相关性分析，得到如表 5.7、表 5.8 所示的结果。

表 5.7　　　　　　　　云南省资源型产业相关系数矩阵结果

项目	总产值	资产总额	利润总额	主营业务收入	增加值占GDP比重	增加值	固定资产投资额	从业人数
总产值	1.0000	0.9933	0.8507	0.9992	-0.6818	0.9973	0.9841	0.9556
资产总额	0.9933	1.0000	0.8302	0.9936	0.7345	0.9907	0.9886	0.9485
利润总额	0.8507	0.8302	1.0000	0.8591	-0.3304	0.8460	0.7931	0.8258
主营业务收入	0.9992	0.9936	0.8591	1.0000	-0.6841	0.9944	0.9804	0.9517
增加值占GDP比重	-0.6818	0.7345	-0.3304	-0.6841	1.0000	-0.6606	0.7556	0.6418
增加值	0.9973	0.9907	0.8460	0.9944	-0.6606	1.0000	0.9841	0.9547
固定资产投资额	0.9841	0.9886	0.7931	0.9804	0.7556	0.9841	1.0000	0.9710
从业人数	0.9556	0.9485	0.8258	0.9517	0.6418	0.9547	0.9710	1.0000

表 5.8　　　　　　　　云南省物流业相关系数矩阵结果

项目	货运量	物流总额	货物周转量	增加值占GDP比重	物流总费用	增加值	固定资产投资额	从业人数
货运量	1.0000	-0.5595	-0.9156	0.8318	0.6127	0.8359	0.4421	0.9275
物流总额	-0.5595	1.0000	0.9815	0.8987	0.9810	0.7663	0.8940	0.5825
货物周转量	-0.9156	0.9815	1.0000	0.9271	0.9871	0.7832	0.8968	0.7522
增加值占GDP比重	0.8318	0.8987	0.9271	1.0000	0.8686	-0.5208	0.8619	0.2193
物流总费用	0.6127	0.9810	0.9871	0.8686	1.0000	0.8274	0.8690	0.6399
增加值	0.8359	0.7663	0.7832	-0.5208	0.8274	1.0000	0.5905	0.8139
固定资产投资额	0.4421	0.8940	0.8968	0.8619	0.8690	0.5905	1.0000	0.8191
从业人数	0.9275	0.5825	0.7522	0.2193	0.6399	0.8139	0.8191	1.0000

由表 5.7、表 5.8 中结果可见，两个产业的变量间均存在较高的正相关关系，说明产业的指标间存在较密切的关联性。根据上述计算结果，可得到资源型产业和物流业各个指标的关联系数矩阵影响因子之和：

$$M_1 = (6.0985, 7.4794, 5.6745, 6.0943, 0.7750, 6.1066, 7.4569, 7.2491)^T$$

$$M_2 = (3.1749, 5.5445, 5.4123, 5.0866, 6.7857, 5.0964, 6.3734, 5.7544)^T$$

将 M_1，M_2 中各个序参量指标关联系数矩阵影响因子之和作归一化处理，进而可得资源型产业和物流业各个序参量的权重 Q_1，Q_2：

$$Q_1 = (0.1299, 0.1594, 0.1209, 0.1298, 0.0165, 0.1301, 0.1589, 0.1545)^T$$

$$Q_2 = (0.0734, 0.1283, 0.1252, 0.1177, 0.1570, 0.1179, 0.1474, 0.1331)^T$$

（三）有序度、协同度计算

根据公式（5.1）计算两个产业子系统各个序参量分量的有序度（并注意到物流总费用为负效指标），结果如表5.9、表5.10所示。

表5.9 云南省资源型产业子系统序参量有序度

年份	总产值（亿元）	资产总额（亿元）	利润总额（亿元）	主营业务收入（亿元）	增加值占GDP比重（%）	增加值（亿元）	固定资产投资额（亿元）	从业人数（万人）
2006	0.0000	0.0000	0.0000	0.0000	0.6345	0.0000	0.0000	0.0000
2007	0.1331	0.0900	0.2438	0.1442	0.8731	0.1130	0.1043	0.3392
2008	0.2045	0.1479	0.2090	0.1692	1.0000	0.2557	0.2266	0.3987
2009	0.2492	0.2597	0.0265	0.2310	0.4010	0.2866	0.3859	0.4832
2010	0.4420	0.4345	0.8598	0.4437	0.5736	0.4426	0.5001	0.6858
2011	0.6450	0.5659	1.0000	0.6443	0.8579	0.6787	0.5630	0.6675
2012	0.8533	0.7484	0.7992	0.8404	0.2234	0.8353	0.8586	0.9542
2013	1.0000	1.0000	0.8934	1.0000	0.0000	1.0000	1.0000	1.0000

表5.10 云南省物流业子系统序参量有序度

年份	货运量（亿吨）	物流总额（亿元）	货物周转量（亿吨公里）	增加值占GDP比重（%）	物流总费用（亿元）	增加值（亿元）	固定资产投资额（亿元）	从业人数（万人）
2006	0.5389	0.0000	0.0000	1.0000	0.0000	0.0411	0.0759	0.5538
2007	0.6788	0.1008	0.1359	0.9129	0.0586	0.2846	0.0892	0.3495
2008	0.0000	0.1181	0.2053	0.7325	0.1113	0.4775	0.0000	0.6935
2009	0.0492	0.2844	0.3767	0.2394	0.2476	0.0000	0.2938	1.0000
2010	0.1865	0.5735	0.5149	0.1995	0.3766	0.2404	0.8334	0.6559
2011	0.5492	0.5828	0.6524	0.0735	0.5240	0.4280	0.6580	0.4624
2012	0.7850	0.9665	0.8158	0.0000	0.7880	0.6558	0.6083	0.3172
2013	1.0000	1.0000	1.0000	0.0043	1.0000	1.0000	1.0000	0.0000

根据以上结果，运用公式（5.2）将每年各子系统序参量有序度与相应的指标权重相乘，得到资源型产业和物流业子系统有序度，最终得到全部2006~2013年的有序度结果：

$$u_1(q_1) = \sum_{i=1}^{n} Q_1 u_1(q_{1i}) = (0.0105, 0.1779, 0.248, 0.2868, 0.5407, 0.6736, 0.8321, 0.9706)^T$$

$$u_2(q_2) = \sum_{i=1}^{n} Q_2 u_2(q_{2i}) = (0.2470, 0.2896, 0.2931, 0.3307, 0.4728, 0.4967,$$
$$0.6167, 0.7497)^T$$

根据以上子系统有序度结果可得到 2006 ~ 2013 年子系统有序度变化量，再结合公式（5.3）计算复合系统协同度：

$$U = (0.0153, 0.0398, 0.1899, 0.0564, 0.1379, 0.1357, 0.0844)^T$$

（四）结论

绘制 2006 ~ 2013 年云南省资源型产业与物流业子系统有序度及复合系统协同度趋势图，如图 5.10 所示。

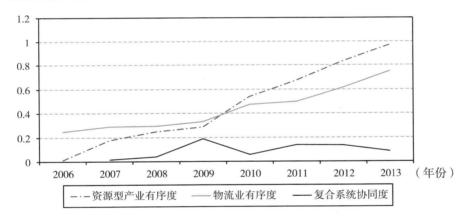

图 5.10　云南省资源型产业与物流业子系统有序度及复合系统协同度趋势

由图 5.10 可见，2006 ~ 2013 年，云南省资源型产业和物流业的有序度均呈不断上升的走势，这与云南省近几年经济稳定快速发展的大环境息息相关。2009 年以后，资源型产业有序度超过物流业，并以优于物流业的速度继续提高。这说明资源型产业调整产业结构，促进转型升级的节奏比较紧凑，取得了不错的成果，而物流业的发展可能无法满足资源型产业在发展中对物流的需求。

2007 ~ 2013 年，资源型产业和物流业协同度始终大于零，并呈现缓慢增长趋势，说明两业存在相互作用支持，互相影响的协同效应，无论资源型产业还是物流业，彼此都对对方的发展起到一定的促进作用。然而，协同的总体水平并不高，并且存在波动，说明两业还没有达到较好的契合状态，两业融合过程中还存在问题，两业的协同发展还存在较大潜力。应该合理化两产业的发展轨迹，进一步使得物流业与资源型产业达到较高的融合度，发挥物流业与资源型产业的交互效应，最终才能达到互利共赢的发展目的。

五、云南省协同度与全国水平对比分析

(一) 基础数据

对序参量指标数据进行认真收集和整理，获得全国资源型产业和物流业相关指标数据如表5.11、表5.12所示。

表5.11 **全国资源型产业基础数据**

年份	总产值 (亿元)	资产总额 (亿元)	利润总额 (亿元)	主营业务 收入(亿元)	增加值占GDP 比重(%)	增加值 (亿元)	固定资产投 资额(亿元)	从业人数 (万人)
2006	171096.09	172258.43	12830.92	170852.84	25.68	53775.36	26122.2	3346.2
2007	220669.58	208487.67	17425.62	219672.75	28.23	69610.06	32908.8	3542.9
2008	283033.13	257077.97	18264.99	281792.12	29.69	89267.18	42010.0	3970.53
2009	299874.97	294380.35	19370.06	299504.51	28.50	95560.51	52322.8	4030.41
2010	383219.41	347940.61	29963.47	386262.62	27.46	109303.82	61740.7	4305.16
2011	475893.12	400132.04	35739.54	478108.80	27.60	130168.78	76245.4	4139.38
2012	490324.12	459734.58	35718.22	535533.60	26.62	138261.17	90561.6	4585.78
2013	540012.71	504775.01	35047.32	584200.44	25.47	144896.81	106408.8	5594.28

资料来源：根据2007~2014年《中国统计年鉴》、《中国工业经济统计年鉴》、中华人民共和国国民经济与社会发展统计公报综合整理。其中2012年、2013年的总产值数据缺失，笔者根据拉格朗日多项式差值计算得出。

表5.12 **全国物流业基础数据**

年份	货运量 (亿吨)	物流总额 (亿元)	货物周转量 (亿吨公里)	增加值占GDP 比重(%)	物流总费用 (亿元)	增加值 (亿元)	固定资产投 资额(亿元)	从业人数 (万人)
2006	202.5	59.60	86961.2	6.73	3.84	1.41	11140	612.7
2007	225.3	75.20	99180.5	6.90	4.54	1.70	12844	623.1
2008	249.0	89.90	105512.9	6.65	5.45	2.00	15552	627.3
2009	278.8	96.65	121211.3	6.78	6.08	2.31	23278	634.4
2010	320.3	125.40	137329.0	6.90	7.10	2.70	27820	631.1
2011	368.5	158.40	159014.1	6.80	8.40	3.20	27260	662.8
2012	412.1	177.30	173145.1	6.80	9.40	3.50	30296	667.5
2013	450.6	197.80	186478.4	6.80	10.20	3.90	36194	846.2

资料来源：根据2006~2013年全国物流运行情况通报（中国物流信息中心）、2007~2014年《中国统计年鉴》、中华人民共和国国民经济与社会发展统计公报综合整理。

（二）协同度计算结果与分析

因计算过程与云南省相同，这里不再赘述，直接给出全国资源型产业和物流业有序度、复合系统协同度的结果，如表5.13所示。

表5.13　全国资源型产业、物流业有序度及复合系统协同度

年份	资源型产业有序度	物流业有序度	复合系统协同度
2006	0.0040	0.0148	—
2007	0.1238	0.1386	0.1217
2008	0.2614	0.1833	0.0785
2009	0.3407	0.3308	0.1082
2010	0.5539	0.4963	0.1878
2011	0.7229	0.6383	0.1549
2012	0.8442	0.7600	0.1215
2013	1.0011	0.9815	0.1864

根据表5.13中的结果，分别将云南省资源型产业有序度、物流业有序度、复合系统协同度与全国的状况进行对比，如图5.11、图5.12、图5.13所示。

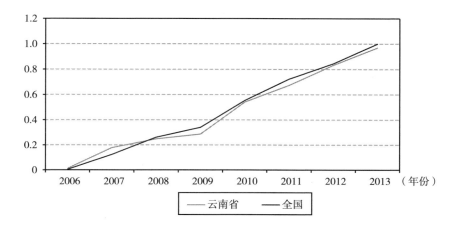

图5.11　云南省与全国资源型产业有序度对比

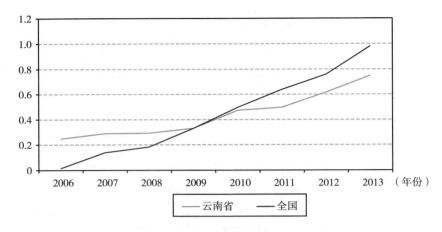

图 5.12 云南省与全国物流业有序度对比

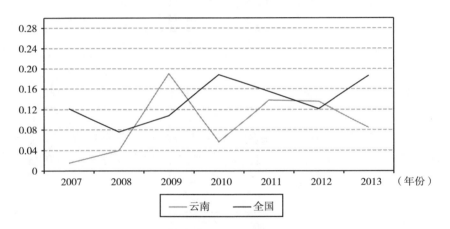

图 5.13 云南省与全国资源型产业、物流业复合系统协同度对比

2006～2013 年，云南省资源型产业的有序度走势与全国水平基本吻合，都呈现出较快的增长趋势，云南省与全国水平相比差距很小，说明云南省资源型产业的资源禀赋配置较为合理，产业随着结构调整、技术改进向更加有序的方向发展；2006～2013 年，云南省物流业有序度与全国物流业有序度都呈现上升趋势，但云南省的改善速度始终低于全国，导致云南省物流业有序度在 2009 年以后低于全国水平。

2007～2013 年，云南省资源型产业与物流业复合系统协同度与全国水平均呈现较大波动，总体改善都不大。相比于全国水平，云南省的协同度波动更大，自 2009 年以后基本低于全国水平，并在近期呈现下降趋势。

通过对比发现，虽然云南省资源型产业与物流业无论是子系统有序度还是复合系统协同度都呈现出上升的趋势，但在绝对值、增长速度、稳定性上的表现均比全国水平差，特别是在 2009 年以后，这种现象更加突出。考虑到自 2009 年起，制造业与物流业联动发展的研究热潮被掀起，各地方政府均出台针对两业联动发展指导意见、政策和战略规划。例如，陕西省出台《关于促进物流业健康发展的实施意见》、广西壮族自治区政府出台《广西物流业调整和振兴规划》，其中都有对制造业与物流业联动发展领域提出的指导意见。相比之下，云南省对此的重视程度不够高，云南省有关物流业与其他产业协同联动发展的举措不足，联动进程相对发展较慢。

六、云南省资源型产业与物流业协同联动实证结论

（一）云南省资源型产业与物流业取得了一定发展成果

2006～2013 年，资源型产业子系统和物流业子系统有序度均呈现明显的上升趋势，资源型产业有序度从 0.0105 上升到 0.9706，物流业有序度从 0.2470 上升到 0.7497，资源型产业和物流业子系统内部结构趋于合理，都取得了一定的发展成果。

（二）云南省资源型产业发展优于物流业

云南省资源型产业子系统有序度高于物流业子系统有序度，且与全国资源型产业有序度高度接近，而物流业子系统有序度低于全国水平。这说明就云南省范围看，资源型产业发展优于物流业，两者发展不协调；也说明云南省资源型产业实力较强，发展水平基本达到全国资源型产业的平均水平，而物流业由于起步较晚，经营粗放，发展水平低于全国物流业平均水平。

（三）两业存在协同效应，但协同程度极低，视为非协同状态

两业复合系统协同度一直大于零，说明两业存在协同效应，然而协同度仅从 0.0153 上升到 0.0844，涨幅极小，取值极低，两业发展基本处于不协同状态。

复合系统协同度整体上低于全国水平，云南省两业协同程度与全国相比存在差距。

（四）协同度的提高依赖两业互相作用，需动态调整

复合系统协同度存在波动，说明两业协同度不断受到资源型产业和物流业子系统相干效应的影响，需要进行动态调整，启示我们建立动态调节机制。

在子系统有序度上升的情况下，复合系统协同度并没有明显提高，说明单纯依靠子系统内部结构的优化调整并不能使复合系统协同有序。只有子系统之间相互作用，在功能和结构上互相影响，自发地、不断地进行调整、反馈、再调整，才能真正实现彼此之间的协同发展。

第三节　基于 DEA 模型的资源型产业与物流业的协同效率分析

一、运用 DEA 分析协同效率的思路

基于协同学理论，复杂开放系统中的子系统之间会通过相互作用产生协同效应。资源型产业与物流业子系统的内部构造性、生产运营特性决定了两者之间高度联系的性质。资源型产业为物流业的发展提供装备、设施等物质支持和技术、资源的输入，同时，其释放的物流需求也是物流业发展的主要业务来源；物流业能够实现资源的高效转移，及时为资源型产业提供要素供给，为资源型产业链条各个环节的衔接提供效率保障，使资源型产业能够以低成本高品质的第三方物流服务置换自营物流资源，从而专注于产业结构调整升级。由此可见，两者可以互为输入、输出关系，如图5.14 所示。

在分析资源型产业与物流业的协同效率时，本节既研究以时间为决策单元的云南省各年份的协同效率情况，也研究以州市为决策单元的云南省各地市、州的协同效率情况，在研究时令资源型产业与物流业互为输入、输出。

二、DEA 模型

数据包络分析 DEA 用来衡量多指标输入和多指标产出决策单元 DMU

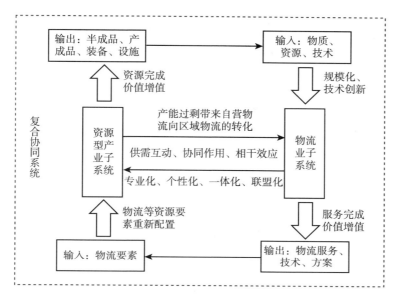

图 5.14　资源型产业与物流业互为输入、输出关系

的生产运营绩效。本节主要想在产出既定情况下，分析物流业和资源型产业该如何通过投入的调整，高效配置有限资源。本节采用 BC^2 模型，BC^2 模型下综合效率有如下关系：*crste = vrste × scale*，*crste* 为综合效率，*vrste* 为纯技术效率，*scale* 为规模效率。

笔者使用 DEAP2.1 软件进行分析，分析时令物流业和资源型产业互为输入和输出，注意区分投入指标和产出指标的数量，分析时选择投入导向。通过软件处理可得资源型产业与物流业的 DEA 协同效率（综合效率、纯技术效率、规模效率），协同效率系数值不同，得出的结果存在差异，如下：

规模效率：等于 1——DMU 规模有效；小于 1——DMU 规模报酬递增（减）。

纯技术效率：等于 1——DMU 技术有效；小于 1——DMU 非技术有效。

一个 DMU 要实现有效单元的目标，就必须同时达到技术有效和规模有效，若一个 DMU 只达到技术有效，则称该单元为弱 DEA 有效；若两者均未达到有效，则称为非 DEA 有效。

综合技术效率是对决策单元的资源配置能力、资源使用效率等多方面能力的综合衡量与评价；纯技术效率是企业受管理和技术等因素影响的生产效率，反映在一定要素投入下的生产效率；规模效率是受企业规模因素影响的生产效率，反映的是实际规模与最优生产规模的差距。

三、指标确定

DEA 模型指标的选取同样遵从科学性、数据可得性、数量规模合理性和动态性的原则，并结合 DEA 模型原理，综合学者的研究而确定，尽可能使资源型产业和物流业中选取的指标既包括投入指标，也包括产出指标，并能最佳的代表产业发展状态和特点；同时，使 DMU 的数量满足要求，使评价结果具有合理的区分度。本节最终确定如下指标体系。

（一）以时间为决策单元

资源型产业：固定资产投资额、总产值。

物流业：货物周转量、增加值。

对于资源型产业和物流业各选取了两个指标，合计四个，在使用 DEA 模型进行效率分析时，DMU 的数量一般大于等于指标总数的 2～3 倍，因此，本书选取的时间长度为 2002～2013 共 12 年。

（二）以州市为决策单元

资源型产业：规模以上工业企业资产总额、资源型产业生产总值。

物流业：交通用地、载货汽车拥有量、交通运输、仓储与邮政业生产总值。

同理，共选取五个指标，DMU 的数量应当在 15 个以上为佳，云南省全部州市共 16 个，符合要求。

四、以时间为决策单元的云南资源型产业与物流业协同效率实证

（一）基础数据

以时间为决策单元的云南省资源型产业与物流业基础数据如表 5.14 所示。

表 5.14 2002 ~ 2013 年云南省资源型产业与物流业基础数据

年份	资源型产业		物流业	
	固定资产投资额（亿元）	总产值（亿元）	货物周转量（亿吨公里）	增加值（亿元）
2002	188.29	1110.60	550.82	150.11
2003	232.24	1337.53	548.71	162.87
2004	395.24	1812.70	628.89	212.56
2005	606.22	2274.63	656.49	242.41
2006	762.96	3019.04	692.21	179.09
2007	934.79	3846.90	770.96	203.06
2008	1136.46	4291.05	811.15	222.06
2009	1398.94	4568.45	910.43	175.04
2010	1587.20	5768.01	990.50	198.71
2011	1690.82	7029.84	1070.11	217.19
2012	2177.92	8325.22	1164.80	239.62
2013	2410.96	9237.73	1271.49	273.51

资料来源：2003 ~ 2014 年《云南省统计年鉴》。

（二）协同效率计算与分析

DEA 模型分析的是在一定数量的投入产出元素下的效率改变，于是需要区分选取的投入产出指标。首先选择物流业的指标为相应的输入指标，资源型产业的对应指标为输出指标，运用 DEAP2.1 软件得出结果如表 5.15 所示。

表 5.15 物流业为输入、资源型产业为输出条件下各年协同效率

年份	综合效率	纯技术效率	规模效率	规模效率性
2002	0.278	1.000	0.278	irs
2003	0.336	1.000	0.336	irs
2004	0.397	0.943	0.421	irs
2005	0.487	0.990	0.492	irs
2006	0.600	1.000	0.600	irs
2007	0.687	0.993	0.691	irs
2008	0.739	1.000	0.739	irs
2009	0.879	1.000	0.879	irs
2010	0.879	0.993	0.885	irs
2011	0.932	1.000	0.932	irs
2012	1.000	1.000	1.000	—
2013	1.000	1.000	1.000	—

注："irs" 表示规模报酬递增，"—" 代表规模报酬不变。

由结果可见，当物流业相关指标为投入而资源型产业相关指标为产出时，只有 2012 年和 2013 年是 DEA 有效的，说明近两年，随着经济的快速增长，云南省物流业的投入增加能够有效带动资源型产业产出的增长。其余的 10 个 DMU 均未达到 DEA 有效，主要是规模效率不高引起的，即现有规模与最优规模存在差距。2002～2011 年规模效率一直处于递增的状态，结合云南省实际，云南省物流业投入不断增加，这说明能够通过对物流产业的投入增加来带动资源型产业的进步。2009～2010 年纯技术效率从有效变为无效，这期间规模效率虽然上升，但综合效率并未因此有效，说明随着投入要素的规模达到最佳状态，最终物流业的继续投入对资源型产业的作用力度已经不是十分明显，当规模逐渐趋于最佳时，不可只重资源要素的投入，还应该不断提升物流业的技术、管理水平，使技术增长成为发展的内生动力，使其在资源型产业各个环节中发挥更大的作用，为资源型产业的进一步增长创造原生动力，继而实现技术创新和整体产业结构的优化升级。

然后，以资源型产业的指标为相应的输入指标，物流业指标为输出指标，运用 DEAP2.1 软件得出结果如表 5.16 所示。

表 5.16　　　　　资源型产业为输入、物流业为输出条件下各年协同效率

年份	综合效率	纯技术效率	规模效率	规模效率性
2002	1.000	1.000	1.000	—
2003	0.901	0.993	0.907	drs
2004	0.868	1.000	0.868	drs
2005	0.788	1.000	0.788	drs
2006	0.462	0.809	0.571	drs
2007	0.404	0.891	0.454	drs
2008	0.383	0.896	0.427	drs
2009	0.402	1.000	0.402	drs
2010	0.346	0.993	0.349	drs
2011	0.307	1.000	0.307	drs
2012	0.282	0.954	0.296	drs
2013	0.278	1.000	0.278	drs

注："drs"表示规模报酬递减，"—"代表规模报酬不变。

由结果可见，当资源型产业指标为投入而物流业指标为产出时，只有

2002 年是 DEA 有效的。这说明仅在 2002 年，资源型产业投入的增加能够有效带动物流业产出的增长，而在其他年份作用不大。同样，其他 DMU 综合效率不高也主要是由于规模效率不高造成的，即现有规模与最优规模存在差距，并且，从规模效率性看，自 2002 年起一直呈现规模报酬递减，这说明随着资源型产业投入增加带来物流业产出增加的效果越来越小。

出现此结果可能的原因主要是：第一，随着云南省资源型产业达到一定的规模，资源型产业产能过剩的情况越来越严重，过剩的产能不能在消费领域被消化，没有在分销环节形成物流需求；第二，积压产品的增多，价格的下跌影响了后续的生产，削弱了上游原材料采购、生产等环节的物流需求；第三，云南省资源型产业物流外包的程度本来就不够；第四，过剩的产能（包括自营物流能力）没有被产业结构的调整合理转移，自营物流没有向区域物流能力转化，造成区域物流得不到有效补充，而自营物流内部需求又疲软，进一步影响了物流产业的发展；第五，云南省资源型产业与物流业的发展程度极不平衡，物流业不能满足资源型产业的发展需要，产生两者供需结构性失调，这种现象 2002 年以后逐渐明显。在资源型产业产能过剩、技术落后的环境背景下，有效需求不足、供需结构性矛盾等原因综合作用，使得资源型产业投入越多，两业的协同效率越差。

五、以州市为决策单元的云南资源型产业与物流业协同效率实证

（一）基础数据

以州市为决策单元的云南省资源型产业与物流业基础数据如表 5.17 所示。

表 5.17　　　　　2013 年云南省各州市资源型产业与物流业基础数据

州市	资源型产业		物流业		
	工业企业资产总额（亿元）	生产总值（亿元）	交通用地（万公顷）	载货汽车拥有量（万辆）	交通运输生产总值（亿元）
昆明	4173.97	919.74	1.49	14.74	93.00
曲靖	2167.63	426.56	1.06	8.17	52.68
玉溪	1335.73	296.90	0.55	7.25	35.79

续表

州市	资源型产业		物流业		
	工业企业资产总额（亿元）	生产总值（亿元）	交通用地（万公顷）	载货汽车拥有量（万辆）	交通运输生产总值（亿元）
保山	467.45	121.11	0.50	3.67	23.15
昭通	1524.26	170.92	0.73	4.47	19.07
丽江	691.12	67.00	0.32	2.49	7.61
普洱	841.61	114.56	0.63	4.78	12.54
临沧	550.62	112.06	0.47	2.85	8.70
楚雄	541.42	170.33	0.92	3.14	24.93
红河	1434.70	276.56	0.89	7.59	18.76
文山	503.66	149.02	0.73	4.04	19.46
西双版纳	210.82	73.34	0.30	3.44	10.44
大理	866.42	204.88	0.86	5.80	36.26
德宏	326.35	62.18	0.28	3.42	6.20
怒江	99.74	23.11	0.12	0.65	3.15
迪庆	119.42	35.36	0.17	1.89	7.58

资料来源：2014 年《云南省统计年鉴》，资源型产业生产总值由各州市生产总值乘以 2013 年资源型产业占 GDP 比重所得。

（二）协同效率计算与分析

首先选择物流业的指标为相应的输入指标，资源型产业的对应指标为输出指标，运用 DEAP2.1 软件得出结果如表 5.18 所示。

表 5.18　　　2013 年物流业为输入、资源型产业为输出条件下各州市协同效率

州市	综合效率	纯技术效率	规模效率	规模效率性
昆明	1.000	1.000	1.000	—
曲靖	0.902	0.913	0.989	irs
玉溪	0.875	0.979	0.893	irs
保山	0.529	0.597	0.886	irs
昭通	1.000	1.000	1.000	—
丽江	1.000	1.000	1.000	—

续表

州市	综合效率	纯技术效率	规模效率	规模效率性
普洱	0.796	0.802	0.993	irs
临沧	0.974	1.000	0.974	irs
楚雄	0.869	0.944	0.921	irs
红河	1.000	1.000	1.000	—
文山	0.705	0.736	0.958	irs
西双版纳	0.593	0.730	0.812	irs
大理	0.570	0.605	0.942	irs
德宏	0.704	0.913	0.772	irs
怒江	0.677	1.000	0.677	irs
迪庆	0.429	0.816	0.526	irs

注:"irs"表示规模报酬递增,"—"代表规模报酬不变。

由表 5.18 结果可见,在物流业为输入、资源型产业为输出条件下,昆明、昭通、丽江、红河达到了 DEA 有效,投入产出比达到了最优状态,其物流业增加投入能够很好地带来资源型产业产出的增长。

临沧、怒江为弱 DEA 有效,达到了技术有效,说明其投入要素的配置结构合理,管理水平较高,制度完善,提高资源型产业产出主要从提高规模效率入手,特别是怒江的规模效率较低,其物流业规模与最优规模差距较大。

曲靖、玉溪、保山、普洱、楚雄、文山、西双版纳、大理、德宏、迪庆为非 DEA 有效,管理、制度、要素配置结构带来的纯技术效率和规模效率均存在改善空间,其中曲靖、玉溪、普洱、楚雄、文山的综合效率相对较高,保山、西双版纳、大理、德宏、迪庆的综合效率相对较低。

从规模效率性来看,除昆明、昭通、丽江、红河达到最优投入要素组合应当继续保持外,其他城市均为规模效率递增,应当继续增加物流业投入,扩大规模,优化要素配置,以此带动资源型产业产出的增加。

最后,以资源型产业的指标为相应的输入指标,物流业指标为输出指标,运用 DEAP2.1 软件得出结果如表 5.19 所示。

表 5.19   2013 年资源型产业为输入、物流业为输出条件下各州市协同效率

州市	综合效率	纯技术效率	规模效率	规模效率性
昆明	0.472	1.000	0.472	drs
曲靖	0.576	0.989	0.582	drs
玉溪	0.562	1.000	0.562	drs
保山	0.892	1.000	0.892	drs
昭通	0.796	0.823	0.968	drs
丽江	0.887	0.893	0.993	irs
普洱	1.000	1.000	1.000	—
临沧	0.782	0.783	0.999	irs
楚雄	1.000	1.000	1.000	—
红河	0.620	1.000	0.620	drs
文山	0.935	1.000	0.935	drs
西双版纳	1.000	1.000	1.000	—
大理	0.860	1.000	0.860	drs
德宏	1.000	1.000	1.000	—
怒江	0.970	1.000	0.970	irs
迪庆	1.000	1.000	1.000	—

注:"drs"表示规模报酬递减,"irs"表示规模报酬递增,"—"代表不变。

由表 5.19 结果可见,在资源型产业为输入、物流业为输出条件下,普洱、楚雄、西双版纳、德宏、迪庆表现为 DEA 有效,投入产出达到最优状态,资源型产业投入的增加能够有效促进物流业产出的增长。

昆明、玉溪、保山、红河、文山、大理、怒江为弱 DEA 有效,达到了技术有效,投入要素配置结构合理,提高物流业产出应主要从改善规模效率着手,且除怒江外,其他城市均呈现规模报酬递减,说明资源型产业投入增加带来物流业产出增长的效果越来越差,资源型产业与物流业发展不平衡,应当减少投入,把重点放在技术创新和产业结构调整转型上。而对于怒江而言,其规模报酬递增,应当继续加大资源型产业的投入,扩大规模,并促进其进行物流外包,带动物流业发展。

曲靖、昭通、丽江、临沧为非 DEA 有效,纯技术效率和规模效率均需要改善,应推动管理变革和技术创新。规模报酬递减的曲靖、昭通还应该

控制资源型产业规模的扩大，努力推进其生产各个环节的有效协调及合理分工，保持信息传递通畅。规模报酬递增的丽江和临沧则应当继续增加资源型产业在扩大规模上的投入。

六、云南省资源型产业与物流业协同联动实证结论

（一）从时间和空间两个角度看，云南省两业未达到协同状态

只有当两个产业互为输入输出都能实现协调发展时，整个复合系统才是高度协调的，2006～2013年中并不存在满足条件的时间点，16个州市中也不存在满足条件的空间点。

（二）生产规模与最优规模存在差距是影响综合效率的主要原因

无论两业何为输入何为输出，综合效率低下的主要原因都是规模效率低下，即实际生产规模和最优生产规模存在差距。当前阶段，规模调整比技术、管理改进更紧迫。近年来，云南省资源型产业与物流业规模差距扩大，物流业发展落后，难以满足资源型产业的物流需求。

（三）物流业投入对资源型产业促进明显，资源型产业投入对物流业拉动不足

在物流业为输入，资源型产业为输出时，历年规模报酬递增，增加物流业的投入，资源型产业产出的增加效果得到改善；资源型产业为输入，物流业为输出时，历年规模报酬递减，增加资源型产业的投入，物流业产出的增加效果受到削弱。这主要是因为资源型产业物流需求释放不足，其规模扩张并没有带来物流需求的明显增加。因此，物流业应当增加投入，扩大产业规模；资源型产业则应限制资源的过度投入，把重心放在产业结构的调整上，使其与生产性服务业联系更加紧密。

（四）各州市发展程度存在差距，具体问题具体分析

各州市应当根据规模报酬性决定是否增加投入，由纯技术效率和规模效率的数值决定应该在技术管理和规模的哪一方面做出重点调整及调整的程度。

➤ 第四节 资源型产业与物流业协同联动发展模式及建议

一、协同联动发展的模式

本书的研究人员曾对制造业与物流业的联动发展模式进行研究，因资源型产业是对资源进行初加工或深加工，形成中间品或产成品，从而进入再生产或消费市场，因此绝大多数资源型企业属于生产制造型企业，制造业在资源型产业体系中占有重要地位，其与物流业的联动模式对资源型产业具有重要借鉴意义。详细的模式研究体系如图 5.15 所示。

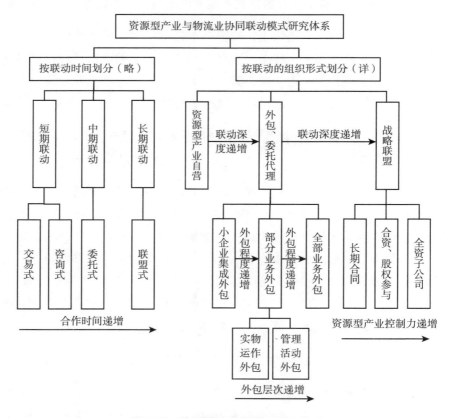

图 5.15 协同联动发展模式研究体系

根据合作时间的长短，提出交易式、咨询式、委托式、联盟式四种模式，并进行简单比较，如表 5.20 所示。

表 5.20　　　　　　　　时间视角各联动模式对比

联动时间	联动模式	基本内涵	双方关系	物流服务特征	合作强度
短期	交易式	临时性物流需求：因生产量、销售量突然增加导致内部物流能力供应不足而临时向第三方购买物流服务，如仓储、运输服务	松散的交易关系	高标准化	弱
	咨询式	一次性物流需求：就供应链系统规划、物流业务流程优化、物流信息系统构建、物流人员培训等问题向第四方物流公司寻求咨询	短期契约关系	高定制化	较强
中期	委托式	中期物流需求：在一段合约期内将某些物流功能、环节或管理活动委托给物流公司运作、管理	中期契约关系	半标准化半定制化	较弱
长期	联盟式	长期连续物流需求：在很长的一段战略期内，就广泛的物流业务展开深度合作，寻求一体化、最优化的物流服务，实现风险共担，利益共享	股权关系或长期契约关系	半标准化高定制化	强

按照两业联动的组织形式对两业联动模式进行分析，提出三种模式，即资源型企业自营物流模式，基于资源型企业物流业务外包的委托代理模式，资源型企业与物流企业形成战略联盟的模式。

二、组织形式视角下模式选择的定性决策模型

我们从三个维度综合分析和平衡，建立定性的决策模型，从而为组织形式视角下各联动模式的选择提供参考。三个维度分别为：物流对于企业成功的重要程度、资源型企业物流能力的强弱程度、能够参与合作的物流企业实力的强弱程度。通过分析，拟定物流对企业重要性的三种程度：一般、重要、非常重要，记为 X1、X2、X3；资源型企业物流能力的三种程度：弱、一般、较强，记为 Y1、Y2、Y3；物

流企业实力的三种程度：一般、较强、非常强，记为 Z1、Z2、Z3，如图 5.16 所示。

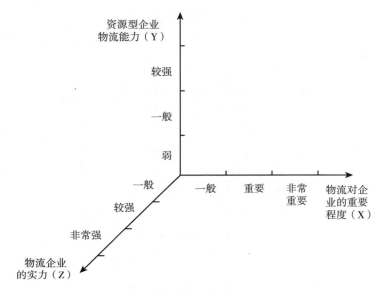

图 5.16　联动模式选择的影响维度

综合平衡三个维度，每个维度的三种状态，可以获得 27 种情况，如图 5.17所示。

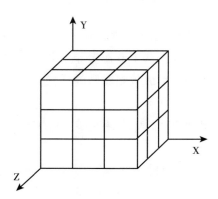

图 5.17　27 种情况在三维坐标中的位置

通过各联动模式优劣势比较分析（如表 5.21 所示），可以得到选择联动模式的决策模型，如图 5.18 所示。

表5.21　按组织形式划分的各联动模式优劣势比较

联动模式			特征简述	优势	劣势
1. 自营物流			资源型企业自己经营物流业务，自有物流设备、机构、员工	全面掌控物流系统；利用专有设备满足产品及物流的特殊需求（如冷藏、危险品）；降低不确定性带来的交易费用；避免泄露商业机密	耗费企业资源；增加物流成本；牵涉企业精力，很难兼顾核心竞争力的共同提升
2. 委托代理	外包程度	2.1 集成外包	各小型资源型企业将同类物流需求整合，集中外包给第三方物流企业	使小型资源型企业物流外包成为可能	物流需求得以满足的及时性较差；不确定风险较高
		2.2 部分业务外包	将企业一部分物流业务进行外包	资源型企业仍掌握重要物流业务的控制权；容易实现	合作程度较高，无法充分享用第三方物流资源
		2.3 全部业务外包	将企业全部物流业务、设备、人员进行外包	无分享用第三方的物流资源，物流企业可为其提供定制的一体化服务	企业容易对物流环节失去控制，在未建立战略联盟关系的情况下风险将扩大
	外包内容	2.2.1 基于实物运作的外包	将具体物流运作、操作工作外包给第三方物流企业	不会丧失对核心物流业务的管控	合作程度较低，无法充分分享用第三方物流管理上的优势
		2.2.2 基于管理活动的外包	将物流活动相关的管理工作、物流系统规划等外包给第三方物流企业	充分利用企业已有物流设施；获得第三方在管理上的支持	企业在物流基础设施上要投入一定资金、维护物流资源
		共性		减少固定投入；利用第三方降低物流运作成本，提高物流运作效率；使企业专注于核心竞争力的提升；精简组织结构，增强组织灵活性	企业对物流环节的控制力下降，不确定性风险增加；物流服务成本上升；交易成本上升
3. 战略联盟		3.1 长期合约	仅通过合约约束双方行为	合约关系的组建较为简单；不需要进行大规模投资，可直接利用第三方资源	不能对物流业务实现有效控制
		3.2 股权参与	资源型企业与物流企业共同投资建立资源型企业或资源型企业持股、控股	可通过股权影响物流企业一定程度的控制；较深层次的利益共享、风险共担	需要投入大量资金；需要与物流企业协商谈判，实现难度大；存在利益分配问题
		3.3 物流全资子公司	资源型企业将物流系统分离，成立全资物流子公司	可以对子公司的经营、投资决策进行控制；更深层次的利益共享、风险共担；子公司可为母公司创造新的价值	企业剥离物流系统的代价较高，需要进行资源重组，调整组织架构
		共性		拥有委托代理模式的所有优势；降低稳定不确定性，提高稳定性	企业间在管理、技术、资金等方面形成优势；便于知识创新

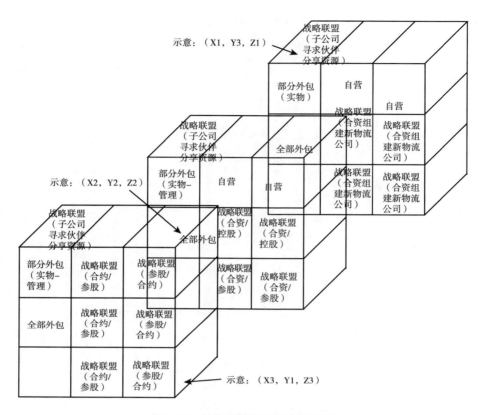

图 5.18　选择联动模式的决策模型

（1）（X3，Y3，Z1）（X3，Y3，Z2）（X2，Y3，Z1）（X2，Y3，Z2）四种情况下，物流对于企业非常重要或重要，资源型企业物流能力较强，物流企业实力一般或较强。此时，外包或联盟模式并不能让资源型企业获得更佳的物流服务，反而会增加交易成本和风险。自营物流能够增强企业的控制，是最佳联动模式。

（2）（X1，Y3，Z1）（X1，Y3，Z2）（X1，Y3，Z3）三种情况下，物流对于企业重要性一般，资源型企业物流能力较强，物流企业实力一般、较强或非常强。此时，资源型企业对物流环节的控制期望较低，而较强的物流能力和丰富的物流资源，使企业能够满足自身采购、生产、分销的物流需求，并且能力和资源产生盈余，不需要与物流企业合作。企业剥离物流系统，成立物流子公司，在满足母公司需求的基础上与外界分享物流资源，能够为企业创造新的价值。

（3）（X2,Y2,Z1）（X3,Y2,Z1）（X2,Y1,Z1）（X3,Y1,Z1）四种情况下，物流对企业非常重要或重要，资源型企业物流能力弱或一般，物流企业实力一般。此时，由于物流对于企业成功很重要，而企业物流能力无法达到生产运营的要求，故应当与物流企业建立战略联盟；又因为现有物流企业中无法找到能力可靠的合作伙伴，所以建议与其他企业合资建立新的物流公司，以提供定制化的可靠的物流服务。

（4）（X1,Y1,Z1）（X1,Y1,Z2）（X1,Y1,Z3）三种情况下，物流对于企业的重要性一般，资源型企业物流能力弱，物流企业实力一般、较强或非常强。此时，资源型企业的物流能力较弱，物流资源匮乏，无法满足自身需要，应全面寻求合作；而资源型企业对物流环节的控制期望又比较低，因此无须建立战略联盟，全部业务外包为最佳模式。

（5）（X1,Y2,Z1）情况下，物流对于企业的重要性一般，资源型企业物流能力一般，物流企业实力一般。此时，企业物流能力不强但拥有一定的物流资源，现有物流企业能力仅能提供较为简单的物流业务，而且企业对物流环节的控制期望较低。企业将基于实物运作的部分物流业务如仓储、运输等外包给物流企业是合适的。

（6）（X1,Y2,Z2）（X1,Y2,Z3）两种情况下，物流对于企业的重要性一般，资源型企业物流能力一般，物流企业实力较强或非常强。此时，企业物流能力不强但拥有一定的物流资源，物流系统具有一定的退出成本和退出难度，条件不成熟时不宜全部外包；物流企业实力强大，能够提供基础的物流服务，也能提供先进的管理经验。企业既可以基于实物运作进行外包，也可与物流企业共享设施，将管理工作外包给物流公司。

（7）（X2,Y2,Z2）（X3,Y2,Z2）两种情况下，物流对于企业非常重要或重要，资源型企业物流能力一般，物流企业实力较强。此时，企业对物流环节的控制期望较高，物流企业具有一定的服务能力，资源型企业有一定的物流管理经验。资源型企业可以与其他企业合资组建新的物流公司并达到控股地位，以获得更佳的物流服务并获得控制权和影响力，也可以直接控股现有物流公司，以获得控制权和影响力。

（8）（X2,Y1,Z2）（X3,Y1,Z2）两种情况下，物流对于企业非常重要或重要，资源型企业物流能力弱，物流企业实力较强。在（7）的分析基础上，由于资源型企业物流能力较弱，管理经验不足，不宜干涉物流企业的运作，因此不必达到控股地位，参股是更好的选择。

（9）（X3，Y1，Z3）（X3，Y2，Z3）（X3，Y3，Z3）三种情况下，物流对于企业非常重要，资源型企业物流能力弱、一般或较强，物流企业实力非常强。此时，物流企业非常可靠，无论资源型企业物流能力如何，与其合作都是有利的，应该给予物流企业足够的自主权。通过持有该企业一定比例股份可以形成紧密的利益共同体，但当种种情况导致参股不能够实现时，通过合约建立战略联盟也是可行的。故参股模式优先于合约模式。

（10）（X2，Y1，Z3）（X2，Y2，Z3）（X2，Y3，Z3）三种情况下，物流对于企业重要，资源型企业物流能力弱、一般或较强，物流企业实力非常强。在（9）的分析基础上，由于物流对企业的重要性有所降低，通过签订长期合约形成战略联盟，能够以较少的投入获得较好的联动效果。当然，视企业的投资意愿，也可通过参股形成更紧密的关系。故合约模式优先于参股模式。

三、发展建议

（一）与流通服务业加强联系，调整产业结构，消化过剩产能

资源型产业子系统的单独发展并不能带来两业协同度的提高，资源型产业投入的增加并没有给物流业带来可观的需求增长，并且，当前正处于资源型产业产能过剩、需求不振、产品价格下跌的大背景下，资源型产业不应进行过度投入，而应当把注意力放在产业结构的调整和消化过剩产能上。

要解决结构性产能过剩问题，必须重视生产性服务业，特别是以物流业为主的流通服务业所发挥的市场调节作用。流通服务业将消费市场和生产环节联系起来，能够改善生产企业对市场了解的及时性和全面性，使之及时掌握市场需求的波动，从而提前进行战略规划，完成生产流程改造，变革经营管理理念。这要求资源型产业更加开放，加深与物流业的互动和联系。

同时，伴随产能过剩而来的自营物流能力、设施的闲置问题需要解决，资源型产业在与物流业加强联系的同时，应当积极推进自营物流向区域物流的协同转化，使内部物流部门拓宽业务渠道，向与母公司具有类似性质、类似资产专用性、类似生产流程的其他公司提供物流服务，获得新的发展活力，并可对区域物流进行补充，推动区域物流的发展，节约社会资源。

同时，逐步扩大外包业务的比重，加深物流外包的深度，在物流规划、物流信息化等方面加深与物流业的合作，从量和质两个层面与物流业深度互动，在有效释放物流需求的同时改善自身物流成本高，效率低下的状态。

此外，消化过剩产能伴随着劳动力的转移，第三产业能够吸纳大量劳动力，且投资少、见效快、容易上手，为下岗职工再就业开辟一条新路径，物流业就是其中不错的选择，资源型产业应当积极调整产业结构，将结构调整和产能消化带来的闲置劳动力转移到物流行业。

（二）发挥资源型产业集群效应，以产业集群带动产业物流的发展

产业集群是一批相关企业在空间上形成的聚集，集群以少数几个大企业为核心，以产业链上下游的其他企业为联系，以配套服务企业为支持。推动云南省资源型产业在空间上形成聚集，使大量互相关联的企业在临近区域布局上，有效延长集聚区产业链条，既能够产生大量物流需求，催生众多配套的物流企业在集群区域发展，又能降低平均运输距离，使小企业物流业务集成外包成为可能，从而提高物流作业的集约化水平，提高物流效率。

此外，在产业集群内形成各类物流服务企业方便对资源进行整合，扩大整体规模，改变粗放的经营管理模式，共同搭建和共享区域物流信息服务平台，有利于提高物流企业的整体实力。同时，由于服务对象的高度相关性，物流业提供的物流服务往往具有产业特色，有利于形成产业物流供应链服务网络，使物流服务更加专业化。

（三）推动物流信息化、专业化，提高服务质量

物流企业应当增加要素投入，包括人才投入和资本投入，扩大企业规模，改变以往小散差的企业形象。通过鼓励技术创新，增加企业在高新技术和信息化方面的投入，来加快企业物流信息化建设，以信息化带动企业运作效率的提升，提高服务档次，从而为资源型产业提供高附加值的物流服务。

专业化有两层含义：一方面，物流企业可以聚焦某一物流职能形成专业化服务，提高核心能力；另一方面，可以聚焦某一行业形成专门为此行业提供全方位物流服务的产业物流，这需要物流企业对自身资源和市场需求有足够的洞察力，从而准确找到物流行业的细分市场，针对细分市场提供差异化、专业化的物流服务。

（四）发展物流控股集团模式，提高物流企业规模，提供一体化服务

云南省物流企业规模普遍较小，缺少具有主导作用的核心物流企业，带动效应不足，短期内小微物流企业难以扩大规模，不能对资源型产业形成有效支持。物流控股集团模式通过企业资产重组、组织变革、设计管控模式等手段，使一些独立的中小企业形成联系，在集团公司的领导下形成功能整合，延伸业务领域，拓宽物流服务范围，能够增强整体竞争实力。控股集团最终可以通过资源整合形成一体化的物流供应平台，为资源型企业提供一站式、一体化、全方位的高质量物流服务，改善企业信誉、形象，提高品牌价值。

（五）政府部门为两业协同联动创造有利的政策环境

目前，云南省出台的物流业相关发展规划如物流园区规划、交通体系规划、现代物流业发展规划等虽然比较全面，但都没有专门提出物流业与资源型产业之间的配合的相关条款。政府部门应当制定相关政策和指导意见，积极引导资源型产业释放物流需求，鼓励生产企业分离物流业务，通过本章第一节阐述的各种模式与物流企业建立联系。重点推动烟草、化工、矿产、冶金、能源几大支柱产业的物流供应链体系建设，对资源型产业在结构调整上予以支持，鼓励其与生产性服务业加深联系。

（六）构建信息服务平台，为两业协同提供信息保障机制

由政府主导、资源型产业与物流业共同承担，构建区域物流信息服务平台，开辟资源型产业与物流业互动的专用通道，使供需信息在两业之间流畅传递，提高信息处理效率和信息储存可靠性、信息安全性，通过信息化促进两业互动过程的透明化，避免信息不对称造成的信用风险，从而使交易成本降低。

（七）积极发挥行业协会的组织协调作用，推动物流标准化

由行业主导，对重点资源型产业的物流标准进行统一，为产业物流的发展提供标准保障，方便物流业与资源型产业进行对接，为资源型产业向区域物流转化提供便利，为两业协同扫除障碍。

第六章 云南物流产业碳排放绩效及其影响因素研究

近年来，物流业在我国经济发展中的重要作用逐步提升，在促进国民经济增长的同时也成为继制造业之后的第二大碳排放大户。因此，如何在保障物流业健康发展的同时降低二氧化碳排放，已成为目前政府和社会亟待解决的关键问题。然而云南省的物流业发展模式粗放问题突出，准入门槛以及运输装备标准化程度较低，行业小、散、乱的现象还比较普遍，使整个行业节能减排的任务仍然十分艰巨。在越来越严峻的环保和能源压力下，云南省物流业面临着向绿色、环保方向转型升级的巨大考验。同时，云南省作为全国首批低碳经济试点的"八省五市"之一，在《云南"十三五"生产性物流业发展规划》中也明确指出要大力发展低碳物流。因此，系统客观地分析云南省物流业碳排放绩效及其影响因素，对于提高云南省物流业绩效水平、加快推进物流业承担节能减排的社会责任具有重要作用。

第一节 碳排放绩效理论及方法研究

一、碳排放绩效内涵的界定

从内涵角度可以得出，当经济社会在运行过程中产生碳排放时所引起的相应成效就可以说是碳排放绩效（查建平，2013）（本章所研究的"碳排放绩效"中的"碳"特指二氧化碳）。其中碳排放量与碳排放所引致的产出这两个维度是碳排放绩效内涵的主要构成。采用比较少的大气碳容量消耗从而得到同等数量的产出，或者是得到同等数量的产出时将碳排放尽量地减少，即"碳排放所引致的产出"。因为实际研究中对于上面两个维度的定义具有差异性，因此碳排放绩效内涵所表现出来的形式就具有不确定性。在对碳排放和碳排放引致产出的定义具有差异性的基础上，对不同层次的定义进行不同角度的解读。

第一个层次，物理层次上的碳排放绩效。该绩效讲的是运用物理学单位来测量得出碳排放以及引致产出，由此可以看出它更多时候讲的是在碳排放量不发生变化的基础上得到的产品最多，也可以说当得到的产品数量不发生变化的基础上碳排放量的最小化。

第二个层次，经济物理混合层次上的碳排放绩效。该绩效属于混合型，讲的是运用物理学单位和货币单位两种各自得出碳排放及产出，由此可以看出该层次更加看重当碳排放数量确定后产出的经济价值达到最大化。

第三个层次，纯经济层次上的碳排放绩效。该绩效属于纯市场型，讲的是运用货币单位来衡量碳排放和产出对应于市场上的价值，综合考虑了碳排放和它产出的价值影响，由此可以看出这类绩效可能会受到以下因素的影响：生产端的技术、规模、要素市场配置以及能耗强度等。

第四个层次，人文发展层次上的碳排放绩效。该绩效涵盖的范围及产出维度比较广泛，不仅包含了经济上的福利还包括了非经济的福利，如健康、教育和身心愉悦等。因此这个层次下的绩效包涵了生态、经济与社会，具有较强的可持续性。

上述四个层次对碳排放绩效进行了不同角度的解读，因此，在全要素框架内，本章中的物流业碳排放绩效将定义为，物流业二氧化碳排放的最小可能排放量与实际二氧化碳排放量的比例，或者是在给定物流业产出的条件下，能够使物流业二氧化碳减少的比例。和其他碳排放绩效相似，物流业碳排放绩效也需根据投入和产出得出，代表性的投入要素有物流业劳动力、物流业资本存量以及物流业能源消耗。因此，物流业碳排放绩效属于上述第二个层次的碳排放绩效，本章中的物流业碳排放绩效测度的效率值是一个大于0的相对值，不会受到单位变化的影响，即无量纲。运用纳入全要素框架下的"多投入—多产出"数据包络模型来研究物流业碳排放绩效，可以比较全面地考虑各种能源投入要素和经济投入要素对产出造成的影响，比较契合物流业的运作情况。

二、碳排放绩效的理论基础

(一) 环境经济学理论

环境经济学是经济学的一个分支，是研究环境保护和社会经济发展的学科。通过运用传统的经济学的方法和理论，环境经济学侧重于研究在人类进行社会生产的过程中与环境生态系统之间的相互作用关系，寻找出经济发展与环境保护的平衡点，在不断地改进协调中促进可持续发展与社会进步。环境经济学的主要理论包括环境资源的价值理论、外部性理论、环境公共品理论、循环经济理论和可持续发展理论。

在农业社会也是西方常说的传统社会时期，人们在社会生产活动中具有较低的需求量，并且那个时期资源丰富，环境生态系统运作良好；然而随着工业革命的爆发，生产力得以解放，科学技术日新月异，人们生活水平提高，随之带来的便是人口的持续增长以及环境的急剧污染。自然资源的稀缺性与经济社会发展的破坏性与扩张性之间的矛盾逐渐凸显出来，继而环境经济问题受到人们的重视，古典经济学家们也为此提出了三种观点：第一种观点是以马尔萨斯 (Thomas Malthus, 1798) 为代表的"绝对稀缺论"，认为资源的绝对数量是确定，一旦用去将无法重新加以利用。第二种观点是以李嘉图 (David Ricardo, 1817) 为代表的"相对稀缺论"，是指自然资源的总供给能够满足总需求，但分布不均衡会造成局部的稀缺。对自然资源不合理的利用、人类不恰当的管理、人口无节制的增长以及不成熟的资源保护意识使得自然资源相对稀缺。第三种观点是以英国经济学家穆勒 (John Stuart Mill, 1862) 为代表的"静态经济论"，穆勒也认识到现有的环境资源不能满足人类现在及未来的发展，然而与以上观点最大不同之处在于，穆勒认为生产力的补充可以通过增加人口来解决，从而使人们的科学技术得到发展，相应资源稀缺问题能取得一定的改善。

到 1970 年左右，环境经济学作为经济学的分支才逐渐得到人们的重视，该时期的环境经济学主要研究环境质量与经济发展、价值评估与环境成本、国际贸易与环境保护、全球气候变化及跨境合作、绿色国民经济核算等。环境经济学理论得以研究和运用，是人类经济社会发展进程中的一大进步，该理论不仅为人类提供了解决经济发展与资源环境之间矛盾的新思路，也让人类开始学会敬畏自然、保护环境，使人类社会与生态系统和谐共生、良性发展。

（二）能源经济学理论

能源是最重要的自然资源，通过能源人类可以获得赖以生存的光、电、热和能量。煤炭、天然气、风能、石油、核能、电能等都属于能源。随着经济的发展和对能源的利用，能源科学与经济学的交叉学科——能源经济学便逐渐被人们熟知。与经济学相关的能源经济学，其研究延续经济学对应的方法和理论，对能源的生产过程、分配过程以及消费等过程中出现的问题进行研究。其目的是对能源引起的经济规律和经济关系进行剖析，并对能源供给与需求及其产生的经济问题给出指导与解决方案。在20世纪70年代以前，作为原材料的能源供给一直较为稳定，能源储量丰富，从而能源与经济学之间的关系和问题也没有得到学者们的重视和研究。直到70年代以后石油危机的爆发，严重影响到社会经济的发展，这个时候经济学家们才深刻地认识到，能源不仅仅是原材料，还是一种生产要素，是和资本、劳动力一样的生产要素，也在经济体系中占据重要位置，因此能源经济学的研究便由此展开（李虹，2007）。根据国内外学者对能源经济学的研究，本章从以下四个方面对能源经济学进行阐述。

第一，能源与经济增长之间关系的研究。对于两者之间的关系，学术界存在两种最为主流的看法：一种观点认为两者具有相关性，换言之，对于发展中国家来说，当其能源供给增多时，经济将会不断增长，当能源供给减少时，其经济将会衰退；另一种观点认为能源投入的多少对于经济的增减没有相关性。我国能源经济学专家林伯强教授（2012）指出，随着能源生产成本的上升和能源价格的上涨，中国经济发展的大背景发生了很大的变化，结合环境气候问题，能源和环境约束将会使经济增长受阻。在这种背景之下，发展中国家想要在未来的时间里取得健康、长远的发展，必须正视能源与经济两者之间的关系。

第二，能源与环境污染之间关系的研究。从20世纪以来，随着科学技术的快速发展，人类活动的日益频繁，环境污染问题越来越严重，尤其是对能源的开发利用，这个过程对于环境的影响受到了国内外学者的高度重视。因此，业内人士对能源与环境污染的关系提供了以下几种研究框架：一是将能源开发对环境的影响严重程度进行量化，从而使人们清楚地看到能源开发的代价大小；二是以不超过环境承载力为前提条件，最大限度地、有效地利用各类资源；三是在有效利用各类能源的同时如何使环境受到的影响最小。同时在两者的关系上学者还致力于研究国家政策法规对于能源开发、环境保护的影响。

第三，能源优化配置的研究。对于能源的优化配置可以从宏观、微观两个不同的层次着手。宏观层面主要是从国家或地区入手，通过一些适用性较为广泛的政策法规来实现能源供求相对平衡。微观层面主要从行业或个人入手，通过管理优化、技术提升等手段实现能源生产消费、经济收益的最佳化。目前为止，实现能源配置优化最有成效的措施是在宏观层面上采取能源价格和税收调控。

第四，节能与循环经济的研究。到目前为止，人们生产生活中使用最为广泛的还是石油、煤炭等不可再生资源，这些资源在全球范围内的储量非常有限，而且其再生周期都在数十万年以上。人类的活动离不开能源，然而传统能源毕竟有限。因此，为了能够不影响正常的生产生活，我们必须高度重视节能工作，从而实现经济的可循环、可持续发展。纵观我国各行各业的生产发展，绝大多数都属于高耗能的粗放型产业，因此我国在节能和循环经济这一方面能够做的事情还很多。

（三）低碳经济理论

低碳经济理论是在国家明确可持续发展道路的基础上得以提出，它强调国内的各行各业应该通过创新来降低传统不可再生资源的消耗，从而达到降低二氧化碳等导致温室效应气体向自然环境的排放，实现经济效益最大化与环境保护的双赢局面（熊焰，2011）。"低碳经济"在官方首次被正式提及是在 2003 年，随后很快在国际社会上引起共鸣，加入"低碳经济"行动的国家也越来越多。2007 年，在多个国家对"巴黎路线图"达成共识以后，"低碳经济"在世界各国的发展就被确定为主流趋势。2009 年，哥本哈根气候大会更是将"低碳经济"的发展推向新的高度。

低碳经济理论并不是一门单独的学科，而是经济学理论的一个方向，它主要是通过经济学方面的知识来协调经济发展与温室气体排放两者之间的关系。在对低碳经济进行研究的过程中，学者们主要运用的手段是政府调控以及市场本身存在的价值规律（方大春等，2011）。研究过程采用的方法主要与以下几个方面有关：一是传统经济学的一些研究方法，如结构分析、边际分析、均衡分析等一系列相关实证分析方法；二是参考其他领域、分支学科的研究方法，如成本效益分析、碳足迹分析以及波及性分析等；三是用到制度学分析方法，由于二氧化碳的特殊性，它的大量排放将会对全球的生态系统造成非常严重的影响，这种影响就是经济学强调的外部性，因此它的排放就是一个公共物品问题，换言之，如果一个国家、一个地区向自然环境无节制地排放二氧化碳，那么这些二氧化碳对环境以及生态系统的影响将会扩散到其他国家、地区，而且由于全球气候属于一个有机整体，各地区之间的经济活动对于自然环境的影响必然会向外部延伸，所以毫无疑问，气候就是整个地球村的公共物品。因此，世界各国如何确保该公共物品的品质、如何避免有的高能耗国家"搭便车"，这些问题对于每个国家而言都迫在眉睫，而制度经济学的引入就显得比较重要了。

三、碳排放绩效的测算方法

（一）环境生产技术

在经济系统的生产运作中投入一定的生产要素后，除了得到"好"的产出，即期望产出之外，还会获得"坏"的产出，即非期望产出，非期望产出包括二氧化碳的排放、污水的排放以及固体废弃物等。根据肯福尔特等（Kemfert et al.，2000）以及郑照宁（2004）的研究，假设某一地区的期望产出包括以下三种投入要素：（1）资本；（2）劳动力；（3）能源。测该地区的期望产出为：生产总值，非期望产出为：二氧化碳排放。为了表示方便，本章中用"K"代表资本，用"L"代表劳动力，用"E"代表能源消费，用"Y"代表地区生产总值，用"C"代表二氧化碳排放。即该地区生产总值（Y），和一种非期望产出，即二氧化碳的排放量，则这样的生产过程表述如下：

$$f(K,L,E) = \{(Y,C):(K,L,E,Y,C) \in T\} \tag{6.1}$$

式中，"T"表示一种技术关系，针对某一特定的投入产出过程；表达式"f（K，L，E）"是生产集，代表所有可能产出的集合。上述的生产过程，王群伟（2010）、周等（Zhou et al.，2008）把二氧化碳排放"C"这样的非期望产出也包含进去，因此这种生产技术通常被学者们称为"环境生产技术"。

为了能使生产可能集更科学与合理，式（6.1）中所构造的技术集合应具有如下的特征：（1）闭合；（2）有界；（3）凸性。其中，"闭合"和"有界"说明如果投入是一定量的，那么产出就不可能无限的增加，即产出也是一定量的，是闭合有界的；"凸性"说明了如果给定的投入向量能产生两组产出，那么把这两组产出进行随意的加权平均，所得到的值也在产出范围内，直观地说，即产出集的边界是凸离原点的。一些学者等对环境生产技术有了更进一步的研究，他们认为函数 $f(K,L,E)$ 除了满足强可处置性以外，还应满足下面两个条件：（1）$f(K,L,E)$ 满足非期望产出的弱可处置性，即若 $(Y,C) \in f(K,L,E)$，且 $0 \leqslant \theta \leqslant 1$，则 $(\theta Y, \theta C) \in f(K,L,E)$，弱处置性表示如果想减少系统中非期望产出二氧化碳的排放，必然会引起其他期望产出同比例的减少；（2）$P(K,L,E)$ 满足期望产出和非期望产出的"零结合"性，即若 $(Y,C) \in f(K,L,E)$，且 $C=0$，则 $Y=0$。钟等（Chung et al.，1995）与法勒（Fare，2007）提出"零"结合性表示在生产运作中，只要产生"好"的产出，从而也会出现"坏"的产出，也就是说，如果想要避免二氧化碳的产出，唯一方法就是停止该系统的生产运作。为了便于理解并运用于具体的计算和实证研究中，学者们会利用数据包络分析将环境生产技术的思想模型化，经过模型化可以使得投入要素与产出要素（指期望产出）之间的强可处置性通过具有约束的不等式清楚地表达出来；同时，另一种产出要素（指非期望产出）所具有的弱处置性，以及期望产出和非期望产出之间的"零"结合性也能通过等式的关系来呈现。现有的研究通常采用数据包络分析对环境生产技术进行模型化，并且都能得到较为科学合理的研究结果，因此，数据包络分析越来越受到研究经济、能源、环境以及生产效率领域的学者们的好评（王群伟，2010）。

（二）数据包络分析（DEA 模型）

数据包络分析（data envelopment analysis，DEA）是由著名的学者查恩斯和库珀（Charnes and Cooper）于 1978 年提出来的研究方法，这两位学者都是非常有名的运筹学家，他们受到"相对效率"的启发提出了研究效率评价的 DEA 分析模型。DEA 分析模型的优势在于其不但可以对决策单元的有效性做出评价，同时还可以对那些没有达到相对有效的决策单元进行进一步分析，从而找出这些决策单元没有达到有效的原因甚至是找出改善的办法。因此，数据包络分析在经济管理层面得到广泛的运用。同时，相比其他的研究方法，DEA 的优点还体现在以下两个方面：一方面，运用 DEA 分析时，可以事先不知道生产函数的具体表达式以及各个变量之间的关系，尤其是针对多个投入与多个产出问题，DEA 都能对其直接进行处理；另一方面，关于投入要素的权重问题，DEA 采用了客观的优化算法进行权重的确定，得出的结论更为科学合理。因此，对于复杂的经济效率评价学者们都会采用 DEA 进行处理（仲云云，2012）。

假设存在 n 个决策单元 DMU（decision making unit），每个决策单元的输入类型有 m 种，输出类型有 s 种，其中，"输入"表示对资源的消耗，"输出"表示消耗了资源后能产生的成效。各决策单元的输入和输出数据如图 6.1 所示，DEA 使用数学规划模型对 DMU 进行效率评价，效率值可以把研究结果分为两类：一是效率有效；二是效率无效。同时，DMU 的相对有效性也通过研究结果得出。

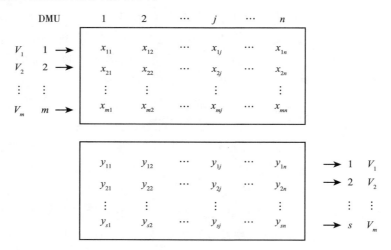

图 6.1　决策单元（DMU）的输入输出数据

1. C^2R – DEA 模型

1978 年，查恩斯等（Charnes et al.，1978）学者提出了 C^2R 模型，C^2R 代表规模报酬不变，即在生产可能集范围内，保持投入不变而尽可能扩大产出，或者保持产出不变尽可能缩小投入。C^2R 模型是 DEA 中的基本模型。

假设 x_{ij} 表示第 j 个 DMU 对第 i 种投入的输入量。同时 x_{ij} 大于 0，那么第 j 个 DMU 的投入可用 $x_j = (x_{1j}, x_{2j}, \cdots, x_{mj})^T$ 表示；y_{ij} 表示第 j 个 DMU 对

第 s 种产出的输入量。同时 y_{ij} 大于 0，那么第 j 个 DMU 的产出可用 $y_j = (y_{1j}, y_{2j}, \cdots, y_{sj})^T$ 表示；

v_i 表示对第 i 种输入的一种度量，且大于等于 0，$v = (v_1, v_2, \cdots, v_m)^T$；

u_s 表示对第 r 种输入的一种度量，且大于等于 0，$u = (u_1, u_2, \cdots, u_s)^T$。

第 k 个决策单元的线性评价，可用如下的线性规划表示：

$$\begin{cases} \max \dfrac{u^T Y_k}{V^T x_k} \\ \text{s. t. } \dfrac{u^T Y_j}{V^T x_j} \leqslant 1, \ j = 1, \cdots, n \\ u \geqslant 0, \ v \geqslant 0 \end{cases} \quad (6.2)$$

式（6.2）的 C^2R 模型可利用 Charnes – Cooper 变换成如下的线性规划形式：

$$\begin{cases} \min \lambda_k \\ \text{s. t. } \displaystyle\sum_{j=1}^{n} Z_j x_j \leqslant \lambda_k x_k \\ \displaystyle\sum_{j=1}^{n} Z_j Y_j \geqslant Y_k \\ Z_j \geqslant 0, \ y = 1, \cdots, n \end{cases} \quad (6.3)$$

式（6.3）是式（6.2）的对偶表达形式，其经济意义目的是研究在产出不变的前提下，投入量能缩减的最大比例。对于 C^2R 模型来说，模型的主旨是在把产出固定的前提下，DMU 的效率就和投入的数量有关，如果产出一定投入越少，那么该决策单元是有效率的，如果产出一定而投入越大，那么该决策单元就无效。同时，C^2R 并没有考虑到规模效应的影响，其前提假设比较严格，即所研究的决策单元都处在了最优的生产规模上，因此为了能更合理地解释实际的经济生产活动，该模型需要进行一定的改进与完善。

2. $BC^2 – DEA$ 模型

1984 年，班克等（Banker et al.，1984）学者提出了 BC^2 模型，BC^2 模型相比 C^2R 模型最大的区别在于，BC^2 模型表示规模报酬可变。BC^2 模型数学表达式如下：

$$
\begin{cases}
\min\theta \\
\text{s. t. } \displaystyle\sum_{j=1}^{n} \lambda_j x_j + S^- \leqslant \theta x_k \\
\displaystyle\sum_{j=1}^{n} \lambda_j Y_j - S^+ \geqslant Y_k \\
\displaystyle\sum_{j=1}^{n} \lambda_j = 1 \\
\lambda_j \geqslant 0, S^- \geqslant 0, \ S^+ \geqslant 0, \ j = 1,2,\cdots,n
\end{cases}
\quad (6.4)
$$

在 BC^2 模型中，假定有 n 个决策单元 DMU，每个决策单元有 m 种输入及 s 种输出，那么投入向量 $X = (x_1, x_2, \cdots, x_m)^T$；产出向量 $Y = (Y_1, Y_2, \cdots, Y_s)^T$；$(x_j, Y_j)$ 对应第 j 个决策单元的投入、产出向量，于是 $x_k = (x_{1k}, x_{2k}, \cdots, x_{mk})$，$Y_k = (Y_{1k}, Y_{2k}, \cdots, Y_{sk})$。$\theta$ 为 DMU 的效率值，满足 $0 \leqslant \theta \leqslant 1$；$\lambda_j$ 为相对于 DMU 重新构造的一个有效 DMU 组合中第 j 个决策单元 DMU 的组合比例；S^-，S^+ 为松弛变量。当某个 DMU 存在最优解 $\theta = 1$ 且 $S^- = S^+ = 0$，则 DMU 有效；若 $\theta < 1$，则 DMU 无效。$(1 - \theta)$ 就是可以减少投入（或浪费）的最大比例，而 θ 越接近 1，说明 DMU 的效率越接近有效。

BC^2 模型更适合用于分析可变规模报酬的碳排放绩效，本章研究物流业碳排放绩效的静态水平，将采用全要素框架下的碳排放效率来测量，可变规模报酬的 BC^2 测度是较为合适的。运用 BC^2 模型本章计算的碳排放绩效用 "CE" 表示，在该模型下，碳排放效率（CE）可以分解为纯技术效率（PTE）和规模效率（SE），则有：$CE = PTE \times SE$。

（三）Malmquist 碳排放绩效指数

1. Malmquist 指数

Malmquist 指数是后人以学者马姆奎斯特（Malmquist）的名字命名的，该指数最早出现于马姆奎斯特在 1953 年发表的论文 *Index number and indifference carves* 当中，随后卡夫（Caves）等学者在测算生产效率变化时采用了 Malmquist 指数，然而这个理论在当时并没有得到人们的重视，一直到了 1994 年，学者们尝试把数据包络分析与 Malmquist 指数相结合来研究生产效率时，Malmquist 指数才得以全面应用。基于数据包络分析模型的 Malmquist 指数，计算投入产出效率时采用的是距离函数比率。用以下的公式来说明 Malmquist 指数的原理：

以 t 时期技术 T^T 为参照，Malmquist 指数可以表示为：

$$M_i^T = D_i^T(x^{t+1}, y^{t+1}) / D_i^T(x^T, y^T) \qquad (6.5)$$

类似的，以 $t+1$ 时期技术 T^{+1} 为参照，Malmquist 指数可以表示为：

$$M_i^{t+1} = D_i^{t+1}(x^{t+1}, y^{t+1}) / D_i^{t+1}(x^T, y^T) \qquad (6.6)$$

t 期与 $t+1$ 期之间生产率的变化可以用两个测度的 Malmquist 指数的几何平均值来表示：

$$M_i(x^T, y^T, x^{t+1}, y^{t+1}) = [D_i^T(x^{t+1}, y^{t+1}) / D_i^T(x^T, y^T)$$
$$\times D_i^{t+1}(x^{t+1}, y^{t+1}) / D_i^{t+1}(x^T, y^T)]^{\frac{1}{2}} \qquad (6.7)$$

在全要素框架下，Malmquist 指数测算的是从第 t 期到第 $t+1$ 期生产率的动态变化水平。通常分为以下三种情况：（1）Malmquist 指数大于 1，说明全要素生产率从第 t 期到第 $t+1$ 期得到了改善，效率呈上升水平；（2）Malmquist 指数小于 1，说明全要素生产率从第 t 期到第 $t+1$ 期没有得到改善，效率呈下降水平；（3）Malmquist 指数等于 1，说明全要素生产率从第 t 期到第 $t+1$ 期效率没有发生变化。

2. Malmquist 碳排放绩效指数

在本章中，假设选择使用资本（K），劳动（L）和能源（E）作为投入要素，生产出一种"好"产出即行业产值（Y），同时排放出一种"坏"产出即二氧化碳排放（C），则这一生产过程可由式（6.7）进行描述。本章的研究目的是保持投入要素（K，L，E）不变，各州市在实现期望产出增加时非期望产出二氧化碳排放量同比例的减少。根据学者 Fare 等（Fare et al.，2010）的研究，本章将基于二氧化碳导向的距离函数进行如下定义：

$$D_0(K, L, E, Y, C) = inf\{\theta : (K, L, E, Y, C) / \theta \in f(K, L, E)\} \qquad (6.8)$$

式（6.8）中的 θ 表示面向产出的效率指标。根据学者卡夫等（Caves et al.，1982）的研究，相对于单一技术，基于二氧化碳导向的 Malmquist 碳排放绩效指数（Malmquist CO_2 emission performance index，MCPI）可定义为：

$$MCPI_0^T = D_0^T(K^{t+1}, L^{t+1}, E^{t+1}, Y^{t+1}, C^{t+1}) / D_0^T(K^T, L^T, E^T, Y^T, C^T) \qquad (6.9)$$

$$MCPI_0^{t+1} = D_0^{t+1}(K^{t+1}, L^{t+1}, E^{t+1}, Y^{t+1}, C^{t+1}) / D_0^{t+1}(K^T, L^T, E^T, Y^T, C^T)$$
$$(6.10)$$

式（6.9）和式（6.10）中：$(K^T, L^T, E^T, Y^T, C^T)$ 和 $(K^{t+1}, L^{t+1}, E^{t+1}, Y^{t+1}, C^{t+1})$ 分别代表 t 时期和 $t+1$ 时期的投入产出向量；D_0^T 和 D_0^{t+1} 分别表示 t 时期和 $t+1$ 时期的以技术为参照的二氧化碳距离函数。按照曹珂等学

者的研究，将 MCPI 定义为两个时期的几何平均值（曹珂，2014；Fare et al.，1997），如下所示：

$$MCPI_0^{t,t+1} = \left[D_0^T(K^{t+1},L^{t+1},E^{t+1},Y^{t+1},C^{t+1})/D_0^T(K^T,L^T,E^T,Y^T,C^T) \right.$$
$$\left. \times D_0^{t+1}(K^{t+1},L^{t+1},E^{t+1},Y^{t+1},C^{t+1})/D_0^{t+1}(K^T,L^T,E^T,Y^T,C^T) \right]^{\frac{1}{2}}$$

(6.11)

式（6.11）将距离函数重新组合，上式可进一步分解为技术效率指数（effch）和技术进步指数（tech），如下所示：

$$MCPI_0^{t,t+1} = D_0^{t+1}(K^{t+1},L^{t+1},E^{t+1},Y^{t+1},C^{t+1})/D_0^T(K^T,L^T,E^T,Y^T,C^T)$$
$$\times \left[D_0^T(K^{t+1},L^{t+1},E^{t+1},Y^{t+1},C^{t+1})/D_0^{t+1}(K^{t+1},L^{t+1},E^{t+1}, \right.$$
$$Y^{t+1},C^{t+1}) \times D_0^T(K^T,L^T,E^T,Y^T,C^T)/D_0^{t+1}(K^T,L^T,E^T,Y^T,$$
$$\left. C^T) \right]^{\frac{1}{2}} = effch \times tech$$

(6.12)

在式（6.12）中，技术效率指数（effch）度量的是一种追赶效应，表示的是从第 t 期到第 t+1 期决策单元的组合与最优生产前沿面的距离。反映了生产者在这段时间技术效率的变化水平；这个指标可以从侧面反映出管理者做出决策的好坏。技术效率指数的值有以下两种情况：（1）effch > 1，表示技术效率得到改善和提高，说明管理者在研究期内采用了合理有效的管理方式；（2）effch < 1 表示技术效率下降和恶化，说明管理者在研究期内管理方式不合理，效率不佳。同时，另一个重要的指数——技术进步指数（tech）也值得研究，技术进步指数衡量的是在研究期生产边界的移动，表示在技术进步的作用下，生产边界移动的程度。技术进步指数的值也有以下两种情况：（1）tech > 1，表示生产前沿面向外移动，综合效率得到改善；（2）tech < 1，表示生产前沿面向内移动，即朝着原点的方向移动，综合效率下降。

第二节 云南物流业碳排放绩效的测算与分析

一、变量的选择和数据来源

（一）变量的选择

本章构建一个碳排放绩效模型，首先需要确定模型的输入变量和输出变量。即对于一个物流系统而言，需要确定哪些要素是投入要素，哪些要素是产出要素。从目前研究来看，绝大多数学者都基于数据的可得性以及实证研究的需要，从人、财、物三个方面选取物流系统的投入要素。如王群伟（2010）等学者选择了劳动力、资本存量以及能源投入量作为其模型的投入要素；韩晶（2015）等学者选择了劳动力、工业资本存量、能源投入作为其测算工业碳排放绩效的投入要素；张立国（2013）等学者选择了现有从业人员数、物流业资本存量，以及物流业能源投入作为物流业二氧化碳排放绩效的投入要素。关于产出要素，基本都以行业产值以及二氧化碳排放量作为合理产出。因此，在本书的测算过程中，劳动力、物流业资本存量以及物流业能源投入作为投入要素指标，物流业二氧化碳排放及其经济产值作为产出要素指标。

（二）数据的来源

物流业是近年来才取得蓬勃发展的一个新兴产业，目前各国统计产业分类体系中都没有"物流业"，这个统计类别。从 2006 年以来我国出版发行的《中国第三产业统计年鉴》的统计数据看，交通运输、仓储和邮政业占据了物流业 83% 以上的份额，可以很大程度上反映整个物流业的发展状况（张立国，2013）。因此，本书同绝大多数研究一样，采用交通运输业、仓储和邮政业来代表物流业，并基于《云南省统计年鉴》以及《云南能源统计年鉴》，选取云南省 16 个州市 2012～2015 年的数据进行研究。具体数据来源如下。

投入要素：（1）劳动力投入：选取《云南省统计年鉴》中各州市交通运输、仓储和邮政业 2012～2015 年从业人员数。（2）物流业资本存量：选取《云南省统计年鉴》中各州市交通运输、仓储和邮政业 2012～2015 年固定资产投资额。（3）物流业能源投入：数据源于《云南能源统计年鉴》2012～2015 年各州市交通运输、仓储和邮政业的能源消费量。

产出要素：（1）物流业产值：选取《云南省统计年鉴》各地区交通运输、仓储和邮政业 2012～2015 年的产值。（2）物流业二氧化碳排放量：根据 IPCC（2006）的计算方法求出。本章第二节将详细阐述物流业二氧化碳排放的测算过程。

二、二氧化碳排放的测算

物流业对能源消耗量较大，在对化石能源消耗的主要行业中排名前列。目前，我国物流业二氧化碳排放的监测数据还不完善，云南省物流业二氧化碳排放的统计和测算还是空白。因此，本章根据 IPCC（2006）为联合国气候变化框架公约及京都协定书所制定的国家温室气体清单指南第二卷（能源）第六章提供的参考方法，先测算出各种能源消费导致的二氧化碳排放估算量，然后把所得值进行加总求和，具体公式如下：

$$CO_2 = \sum_{i=1}^{n} CO_{2_i} = \sum_{i=1}^{n} E_i \times n\, NCV_i \times CEF_i \times COF_i \times (44/21) \quad (6.13)$$

式（6.13）中，CO_2 为估算的二氧化碳排放量，E_i 是第 i 种能源的消费量，NCV_i 是平均低位发热量（根据 2014 ～ 2015 年《云南能源统计年鉴》整理），CEF_i 是 IPCC 提供的碳排放系数，COF_i 是碳氧化因子［IPCC（2006）将其默认为1］，44 和 21 分别代表二氧化碳和碳的分子量。综合物流业的能源消耗结构，将能源划分为表 6.1 所示的五类。

表 6.1　　　　　　　　　　　　　五种能源相关数据

相关数据	原煤	汽油	煤油	柴油	天然气
平均低位发热量（千焦/千克）	20908	43070	43070	42652	38931
碳排放系数（千克 $CO_2/10^6$ 千焦）	25.8	18.9	19.6	20.2	15.3

本章借鉴 2012 ～ 2015 年《云南能源统计年鉴》，整理云南省各州市交通运输、仓储和邮政业的相关能源消耗数据，计算出 2012 ～ 2015 年云南省各州市物流业二氧化碳排放数据，如表 6.2 所示。

表 6.2　　　　2012 ～ 2015 年云南省各州市物流业二氧化碳排放量　　　单位：万吨

序号	州市	2012 年	2013 年	2014 年	2015 年
1	昆明	286.37	268.49	274.56	298.37
2	曲靖	198.50	192.44	191.34	214.35
3	玉溪	136.45	125.46	126.86	137.89
4	保山	40.04	38.47	41.69	46.11
5	昭通	59.17	56.39	56.63	62.24

续表

序号	州市	2012 年	2013 年	2014 年	2015 年
6	丽江	25.74	24.82	24.22	27.36
7	普洱	34.59	33.23	35.19	39.20
8	临沧	24.11	23.28	25.51	28.97
9	楚雄	55.95	52.12	53.83	58.32
10	红河	135.42	126.85	133.72	146.30
11	文山	50.53	48.39	52.18	58.32
12	西双版纳	17.30	16.81	18.53	20.78
13	大理	74.38	70.16	72.65	79.50
14	德宏	24.11	24.47	24.34	29.10
15	怒江	8.87	9.82	10.49	11.85
16	迪庆	11.52	11.03	12.01	13.50

在本章研究的投入产出模型中，二氧化碳的排放属于"坏"的产出，即非期望产出，并且希望这种产出越小越好。然而在 DEA 模型中，用于评价决策单元效率的投入被希望尽可能地少，产出则被希望尽可能地多。因此需要对非期望产出即二氧化碳排放进行转换处理。在全要素框架下对非期望产出的处理，现有的文献常采用以下三个方法：（1）非期望产出转化为投入处理；（2）采用距离函数进行处理；（3）采用数据转换函数法进行处理。第一种处理方法在一定程度上违背了"物质平衡法"，同时这样产出转投入的处理并不适合碳排放绩效的评价。第二种处理方法和第三种处理方法则较为常用，然而，距离函数法在改进的过程中常常会受到改进方向的影响，方向选择的不同会使效率结果产生很大的差异。因此，在处理碳排放绩效中二氧化碳的排放时，采用数据转换函数处理既能保持产出的本质特征，又不改变模型的内在关系，并且与 $BC^2 - DEA$ 模型能够很好地结合与运用，因此，本章将采用这样的转换函数法对非期望产出进行处理。

因此，设 i 年度 j 地区的碳排放量为 C_{ij}，$\max(C_i)$ 为 i 年度最大的碳排放量，取 $\eta = \max(C_i) + 1$，则转换成的期望产出为 $C_{ij}^* = \eta - C_{ij}$，可知 $C_{ij}^* \geqslant 1$。通过这样的转换，就能把被期望尽可能少的非期望产出转化为被期望尽可能多的期望产出。

三、静态和动态的物流业碳排放绩效结果及分析

（一）输入输出指标的描述性统计

表6.3 输入、输出指标的描述性统计

变量名称		2012 年	2013 年	2014 年	2015 年
劳动力 （万人）	最大值	8.43	10.36	10.66	10.81
	最小值	0.07	0.11	0.12	0.14
	均值	0.85	1.08	1.07	1.07
	方差	3.85	5.81	6.17	6.37
资本存量 （亿元）	最大值	205.49	250.29	206.12	225.32
	最小值	8.36	7.80	13.82	12.49
	均值	36.96	53.34	50.78	64.11
	方差	2064.53	2979.77	2185.52	2755.73
能源 （万吨标准煤）	最大值	250.79	236.42	243.30	252.06
	最小值	7.81	8.66	9.20	10.04
	均值	64.27	61.76	64.01	67.06
	方差	4259.07	3886.63	4041.19	4364.19
物流业产值 （亿元）	最大值	85.12	93.00	82.67	89.06
	最小值	2.80	3.15	1.48	1.59
	均值	21.57	23.71	18.22	19.34
	方差	408.21	486.53	355.70	411.74
二氧化碳排放 （万吨）	最大值	286.37	268.49	274.56	298.37
	最小值	8.87	9.82	10.49	11.85
	均值	73.94	70.14	72.11	79.51
	方差	5671.52	5015.04	5142.61	6130.43

（二）碳排放绩效静态水平研究

本章中研究的碳排放绩效静态水平用碳排放效率指标（CE）来衡量，碳排放效率是指在全要素生产框架下，某一个特定的生产组合与最优生产前沿边界的偏离程度（仲云云，2012；喻葩，2015）。如图6.2所示。

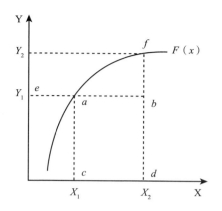

图 6.2　效率与生产前沿

在图 6.2 中，$F(x)$ 表示在效率无损失的前提下可以达到的最佳生产前沿，投入要素用 X 轴来表示，产出要素用 Y 轴来表示。在图中，f 点表示在效率无损失的条件下，投入 X_2 的数量，最优产出为 Y_2，然而在实际生产过程中，由于管理不善和技术滞后等多种原因使得 X_2 的投入最终只产生了 Y_1 的产出。效率的值可以从投入和产出两个方面进行衡量：投入角度的效率值为 X_1/X_2，衡量产出量为 Y_1 时，b 点偏离 a 点的距离与程度（即投入过剩）；产出角度的效率值为 Y_1/Y_2，衡量投入量为 X_2 时，b 点偏离 f 点的距离与程度（即产出不足）。根据碳排放效率上述的概念可知，确定生产前沿边界是测度碳排放效率的重点。本章介绍的数据包络分析方法是目前确定生产前沿边界最常用的方法。因此，选取数据包络分析中的 BC^2 – DEA 模型来研究云南省各州市物流业碳排放绩效的静态水平。

本章基于云南省各州市投入和产出的数据，采用投入导向的 BC^2 – DEA 模型，并运用 DEAP2.1 软件可以得到 2012～2015 年 16 个州市的物流业碳排放效率（CE）。本节先从静态角度衡量物流业碳排放效率（CE），并对其分解项即纯技术效率（PTE）和规模效率（SE）进行分析，测算结果如表 6.4 所示。

表 6.4　　　**2012～2015 年云南省各州市物流业碳排放效率及其分解**

州市	2012 年			2013 年			2014 年			2015 年		
	CE	PTE	SE	CE	PTE	SE	CE	PTE	SE	CE	PTE	SE
昆明	0.527	1.000	0.527	0.563	1.000	0.563	0.649	1.000	0.649	0.778	1.000	0.778
曲靖	1.000	1.000	1.000	0.762	1.000	0.762	0.835	1.000	0.835	0.854	1.000	0.854

续表

州市	2012 年			2013 年			2014 年			2015 年		
	CE	PTE	SE	CE	PTE	SE	CE	PTE	SE	CE	PTE	SE
玉溪	1.000	1.000	1.000	1.000	1.000	1.000	0.751	0.846	0.888	0.816	0.844	0.967
保山	1.000	1.000	1.000	1.000	1.000	1.000	0.733	0.779	0.942	0.836	0.845	0.989
昭通	0.642	0.643	0.998	0.682	0.684	0.997	0.602	0.638	0.944	0.734	0.750	0.979
丽江	0.650	0.674	0.964	0.568	0.585	0.970	1.000	1.000	1.000	1.000	1.000	1.000
普洱	0.584	0.624	0.937	0.584	0.604	0.996	0.661	0.684	0.967	0.731	0.742	0.986
临沧	0.561	0.563	0.996	0.559	0.564	0.992	0.577	0.597	0.966	0.649	0.663	0.978
楚雄	0.901	0.982	0.917	0.828	0.884	0.936	0.814	1.000	0.814	0.985	1.000	0.985
红河	0.378	0.381	0.992	0.383	0.392	0.978	0.559	0.636	0.879	0.558	0.564	0.990
文山	0.741	0.741	0.999	0.797	0.894	0.891	0.467	0.500	0.934	0.433	0.479	0.904
西双版纳	1.000	1.000	1.000	1.000	1.000	1.000	1.000	1.000	1.000	0.800	0.856	0.934
大理	1.000	1.000	1.000	0.939	1.000	0.939	1.000	1.000	1.000	1.000	1.000	1.000
德宏	0.791	0.823	0.961	1.000	1.000	1.000	1.000	1.000	1.000	1.000	1.000	1.000
怒江	1.000	1.000	1.000	1.000	1.000	1.000	1.000	1.000	1.000	1.000	1.000	1.000
迪庆	1.000	1.000	1.000	1.000	1.000	1.000	1.000	1.000	1.000	1.000	1.000	1.000

根据 16 个州市 2012～2015 年物流业碳排放效率值 CE，可以看出怒江和迪庆两个地区的物流业碳排放效率一直处于相对最优水平，效率有效；大理、德宏和西双版纳有超过 2/3 的年份效率有效，平均效率接近 1。曲靖、玉溪、保山、丽江、楚雄的物流业在样本期内也表现出良好的碳排放效率水平，然而昆明、昭通、普洱、临沧、红河以及文山物流业的碳排放效率相对较低。从变化趋势看，16 个州市物流业的碳排放绩效在 2012～2015 年变化差异明显。昆明、丽江、普洱、临沧、德宏的碳排放效率呈现出明显上升的趋势，昆明物流业碳排放绩效的提高主要在于规模效率（SE）的提高，其他州市碳排放绩效的提高，其技术效率（PTE）和规模效率（SE）都有贡献；然而，玉溪、曲靖、文山和西双版纳的物流业碳排放绩效呈现明显下降的趋势，文山碳排放绩效的下降主要归因于技术效率（PTE）的下降，其他州市的碳排放绩效下降都受到技术效率（PTE）和规模效率（SE）下降共同作用的影响。

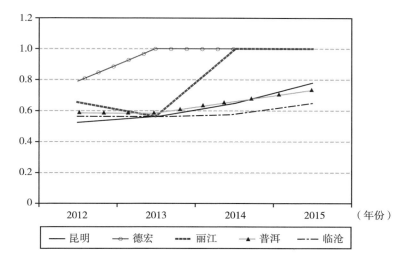

图 6.3　物流业碳排放效率明显上升的州市

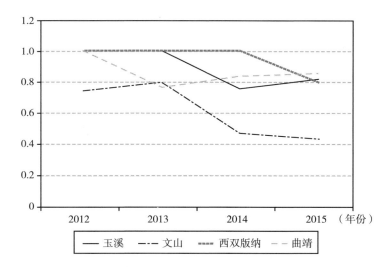

图 6.4　物流业碳排放效率明显下降的州市

根据表6.4测算出的云南省各州市2012～2015年的静态碳排放效率的结果，求出各州市效率平均值，结果如图6.5所示。

从图6.5中可以看出，平均碳排放效率最高的是怒江和迪庆，均处在最优生产边界上，可以作为标杆来对其他州市的物流业静态碳排放效率水平进行评价。曲靖、玉溪、保山、丽江、楚雄、西双版纳、大理以及德宏属于第二梯队，年均绩效值在0.8～1；昆明、昭通、普

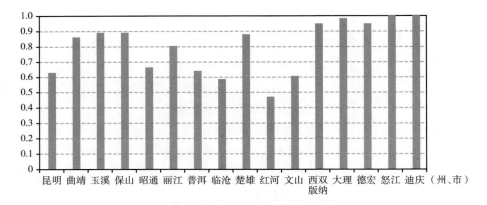

图6.5　各州市四年平均物流业碳排放效率

洱以及文山属于第三梯队，年均绩效值在 0.6 ~ 0.8；红河和临沧的绩
效值最低，属于第四梯队，年均绩效值在 0.6 以下。如果以达到生产
前沿边界的怒江和迪庆作为参照，红河和临沧的二氧化碳排放量至少
还可以减少 40%。

　　从各州市四年平均物流业碳排放效率水平可以看出，第一梯队的怒
江和迪庆平均物流业碳排放效率最高，位于生产前沿面上。怒江是中国
唯一的傈僳族自治州，位于云南省西北部，是中缅滇藏的结合部；迪庆
位于云南省西北边境，是云南、西藏和四川的交界处，也是云南省唯一
的藏族自治州。这两个州具有的相似特点就是均位于云南边境、人口相
对稀少、自然资源丰富，由于其经济体量较小同时也是云南省经济发展
增速最快的州市。因此，怒江和迪庆物流业碳排放效率最高的原因可能
是源于其优良的生态环境和较少的物流业二氧化碳排放。然而物流业碳
排放绩效最低的是红河，红河是云南省重要的重化工业基地，何强等学
者（2013）研究了红河工业企业的碳排放量，红河工业企业主要是资源
型企业，比例较大的重化工企业形成了耗能高、污染大的局面。作为工
业运作中辅助行业的物流业，红河在研究期的物流业能源消耗从 2012 ~
2015 年依次为 118.58 万吨、111.71 万吨、118.56 万吨、123.54 万吨
（标准煤），仅次于昆明、曲靖和玉溪，能源消耗排第四位。因此，高耗
能、高投入、低产出的粗放型增长方式很大可能是造成红河物流业碳排
放效率较低的原因。

（三）　碳排放绩效动态变化研究

根据全要素生产率的内涵，全要素生产率的增加是指全部投入要素（如资本、劳动力等）的投入量都保持不变时，产出量仍能增加的部分。技术效率和技术进步可以作为除投入要素以外而使得产出量增加的因子。因此，在研究期内技术效率和技术进步的变化使得生产效率随之发生变化。上一节用碳排放效率（CE）衡量了物流业碳排放绩效，测度的是2012～2015年每个特定年度各个州市生产效率与最优生产前沿的相对关系，这些数据属于截面数据，属于静态分析的范畴。本节将把2012～2015年的数据看作一个整体系统用以研究，这些集合起来的数据称为面板数据。然后运用Malmquist碳排放绩效指数对这四年来云南省各州市的物流业碳排放绩效进行动态分析，主要分析的是相对于最优生产边界而言，各个州市生产组合的相对位置变化以及生产边界的内外移动。

本章用云南省16个州市的2012～2015年的投入产出数据，运用Malmquist碳排放绩效指数和DEAP2.1软件可以得出2012～2015年各个州市 $t+1$ 期相对于 t 期的碳排放绩效的变化。表6.5中Effch代表技术效率指数，Tech代表技术进步指数，pech代表纯技术效率变动指数，Sech代表规模效率变动指数。其中，Malmquist碳排放绩效指数（MCPI）等于技术效率指数（effch）与技术进步指数（tech）的乘积；技术效率指数（effch）等于纯技术效率变动指数（pech）与规模效率变动指数（sech）的乘积。

2012～2015年云南省各州市年均Malmquist绩效值及其分解如表6.5所示。

表6.5　　　2012～2015年云南省各州市年均Malmquist绩效值及其分解

州市	effch	tech	pech	sech	MCPI	排名
昆明	1.139	0.904	1.000	1.139	1.029	1
曲靖	0.949	0.762	1.000	0.949	0.723	14
玉溪	0.934	0.688	0.945	0.989	0.643	16
保山	0.942	0.912	0.945	0.996	0.859	12
昭通	1.046	0.885	1.052	0.994	0.926	8
丽江	1.155	0.876	1.140	1.012	1.011	3
普洱	1.078	0.914	1.060	1.017	0.985	4
临沧	1.050	0.937	1.056	0.994	0.984	5

续表

州市	effch	tech	pech	sech	MCPI	排名
楚雄	1.030	0.924	1.006	1.024	0.952	7
红河	1.139	0.838	1.140	0.999	0.954	6
文山	0.836	0.862	0.865	0.967	0.721	15
西双版纳	0.928	0.845	0.950	0.978	0.784	13
大理	1.000	0.879	1.000	1.000	0.879	11
德宏	1.081	0.938	1.067	1.013	1.014	2
怒江	1.000	0.896	1.000	1.000	0.896	10
迪庆	1.000	0.920	1.000	1.000	0.920	9
全省平均	1.016	0.871	1.012	1.004	0.885	—

如表 6.5 所示，16 个州市中 Malmquist 碳排放绩效指数（MCPI）大于 1，也就是说物流业碳排放绩效得到改善的有 3 个，分别是昆明、丽江和德宏，改善主要来源于技术效率（effch）的提高。其他州市的 Malmquist 碳排放绩效指数（MCPI）都小于 1，说明其 Malmquist 碳排放绩效指数处于下降水平。为了深入分析，下面将 Malmquist 碳排放绩效指数、技术效率指数（effch）和技术进步指数（tech）按梯队划分，进行对比分析。将各个指数数值大于 1 的划分为第一梯队，0.8~1 的划分为第二梯队，0.8 以下的划分为第三梯队，如表 6.6 至表 6.8 所示。

表 6.6　　　　各州市 Malmquist 碳排放绩效指数（MCPI）梯队

梯队	州市
第一梯队（>1）	昆明、丽江、德宏
第二梯队（0.8~1）	普洱、临沧、红河、楚雄、昭通、迪庆、怒江、大理、保山
第三梯队（<0.8）	文山、曲靖、玉溪、西双版纳

表 6.7　　　　各州市技术效率指数（Effch）梯队

梯队	州市
第一梯队（>1）	昆明、丽江、昭通、普洱、临沧、红河、楚雄、德宏、迪庆、怒江、大理
第二梯队（0.8~1）	曲靖、玉溪、保山、西双版纳、文山
第三梯队（<0.8）	无

表6.8	各州市技术进步指数（Tech）梯队
梯队	州市
第一梯队（＞1）	无
第二梯队（0.8～1）	昆明、保山、普洱、临沧、楚雄、德宏、迪庆、昭通、丽江、红河、文山、大理、怒江、西双版纳
第三梯队（＜0.8）	曲靖、玉溪

　　如表6.6所示，昆明、丽江和德宏的MCPI指数和Effch指数都大于1，物流业碳排放绩效得到改善，属于第一梯队。从表6.7可以看出，昆明是具有较好的MCPI最多是来源于技术效率（effch）中规模效率（sech）的贡献。昆明是云南省的省会城市，各大物流企业都集聚于此，具有代表性的物流企业有云南能投物流有限公司、云南建投物流有限公司、云南宝象物流集团有限公司、昆明铁路局等。各大物流企业和物流园区的发展壮大促进了昆明物流产业的发展。同时，为建设经济繁荣、生态良好和美丽宜居的低碳昆明，昆明市政府也采取了各项实施方案，其中，2011～2015年是低碳昆明的全面推进期。因此，昆明物流企业的规模效益以及低碳环保理念在一定程度使得昆明的Malmquist碳排放绩效指数得到改善。丽江虽然没有昆明这样数量众多的物流企业，但是丽江市政府从保护环境入手，在"十二五"期间，树立了"像保护文化遗产一样保护生态环境和青山绿水"的理念，大力推进生态文明建设和环境保护，强制管控煤炭石油等化石燃料的燃烧，因此其碳排放效率不断提升，Malmquist碳排放绩效指数也得到改善。位于中缅边境的德宏拥有多个重量级口岸（其中有2个国家一类口岸），是中国陆地走向南亚、东南亚最便捷通道，也是云南辐射中心建设的重点。同时德宏一直在加强物流基础设施以及通道建设的力度。德宏大通道建设主要包括1个机场、1条铁路、3条公路、4个口岸，即"1134"，其中，"1个机场"是指芒市机场的升级建设；"1条铁路"指泛亚铁路西线的建设；"3条公路"是指杭瑞高速，以及芒市至腾冲两条高等级公路建设；"4个口岸"是指完善两个一类口岸的建设，提升两个二类口岸的等级。基于这样的建设背景，德宏的Malmquist碳排放绩效在研究期也得到了改善。

　　除了昆明、丽江和德宏，其他的13个州市Malmquist碳排放绩效都没有得到改善。云南省绝大部分州市的物流业还处在初级发展阶段，依然属于高耗能高排放、高投入低产出的粗放型增长产业。在 16 个州市中，玉溪物流业的 Malmquist 碳排放绩效值最低，为 0.643，查阅原始数据可以发现，在样本期间内玉溪物流基础设施投入使用的情况明显落后于昆明、曲靖、红河等地区，同时玉溪技术进步指数为 0.688，位于第三梯队，也是全省最低，一定程度上也拉低了玉溪的 Malmquist 碳排放绩效。因此，物流业基础设施的投入不足，在环境保护问题上相关技术进步程度不够很可能是其动态绩效较差的原因。从全省来看，虽然技术效率指数以及其分解成的纯技术效率变动指数和规模效率变动指数都得到改善，但是技术进步指数处于较低水平，从技术进步指数梯队的第一梯队为零可以看出，较低的技术进步水平使云南省 Malmquist 碳排放绩效指数较差为 0.885，导致云南省动态碳排放绩效处于下降水平。

➡ 第三节　云南物流业碳排放绩效的影响因素分析

一、宏观影响因素分析

云南省的物流业正处在发展初期，受经济水平、资源禀赋、技术条件、产业结构等多种因素的影响，物流业的经济增长具有一定的高排放特征，从而使得物流业成为继工业领域之后节能减排工作的重点。上一节已对云南省物流业碳排放绩效状况进行了测度与分析，那么主要有哪些因素影响到云南省物流业碳排放绩效？这些因素对物流业碳排放绩效会产生何种影响？影响程度如何？研究和回答这些问题对于转变云南省物流业增长方式、实现云南省物流业节能减排具有重要的现实与理论指导意义。根据已有研究并结合云南省经济发展特点，兼顾数据的可得性，本章选取的宏观影响因素有如下五类。

一是经济水平。随着气候变化问题以及减排压力的增加，国内外一批环境经济学者将注意力聚焦于二氧化碳的排放，关于经济增长与二氧化碳排放之间存在的关系也得到学者们的研究与重视（林伯强，2012；Riti et al.，2017；邹庆等，2014）。尽管不同学者的研究结论不同，但都认为经济水平在碳排放以及碳排放绩效的研究中占据重要地位。一方面，经济发展水平的提高伴随而来的是先进的知识和管理经验等，因而会提高碳排放效率；

另一方面，随着经济增长方式从粗放式向集约式转变，高能耗基础建设项目的大量进行提高了经济发展水平的同时，也会降低碳排放效率。此外，经济发展水平影响着一个地区物流的发展水平与发展规模，体现了推动物流发展的内在需求动力，对物流业规模及性质有着决定性的影响作用。因此，本节借鉴王群伟（2010）、仲云云（2012）、韩晶（2015）等学者的研究，选取各个州市的人均 GDP 来衡量该地区的经济发展水平。

二是能源结构。不同的能源类型具有不同的碳排放系数，IPCC（2006）提供了不同能源的碳排放因子，其中焦炭、煤炭、原油及其产品（如汽油、煤油、柴油、燃料油）以及天然气等燃料的二氧化碳排放因子从大到小的排列顺序如下：煤炭和焦炭 > 原油及其产品 > 天然气。单位热量燃煤产生的碳排放比石油高出 30% 左右，比天然气高出 60% 左右。而新型能源，如太阳能、风能、核能的二氧化碳排放量几乎为零。如果保持其他条件不变的情况下，燃料结构中焦炭和煤炭的比例减少，那么对应的二氧化碳排放量则相应减少；反之，如果燃料结构中焦炭和煤炭的比例增加，那么二氧化碳的排放量也会增加。因此，关于能源结构变量的定义，本节参照学者林伯强和蒋竺均（2009）的研究，用物流业在运作的过程中煤炭消费量占能源消费总量的比重来表示物流业的能源结构。

三是基础设施。网络型结构是物流具有的特征，在这样的结构中，基础设施的建设显得尤为重要。铁路、公路、机场、港口、码头、管道、货运场站、物流园区、中转分拨中心、快件处理中心等都是基础设施。物流基础设施的优化可以推进物流基础设施互联互通和社会协同，可以形成既有规模又规划合理、既安全有效又功能强大的物流基础设施网络，在这样的网络中运行，物流业碳排放绩效也能得以优化。本节基于数据的可得性以及云南省物流基础设施的特点，借鉴刘勇（2014）的研究，将路网密度作为衡量物流业基础设施的一个指标，路网密度为该区域公路里程除以该地区区域面积。

四是技术进步。物流业的碳排放绩效与技术进步也存在很大的关联。具有较高水平的技术，可以使物流业提高运营效率，减少二氧化碳的排放，从而使物流业碳排放绩效得以提升。需要说明的是，关于用来衡量技术水平的指标，不同的学者有不同的见解，由于目前少有文献研究物流业碳排放绩效的影响因素，同时物流业相关数据获取较为困难，因此本节借鉴学者查建平对工业碳排放绩效影响因素研究时选取的专利授予数来反映各地所拥有和掌握的技术水平（查建平，2013）。

五是要素禀赋。在全要素框架下，投入要素如资本、劳动力和能源之间相互依存、相互影响，本节将要素禀赋描述为两种生产要素的比例，即资本与劳动力的比例。因此，要素禀赋的变化会通过一定的机制作用于能源消费量，从而对碳排放绩效产生影响，因此，本节借鉴学者王兵等的研究，将要素禀赋定义为资本与劳动力的相对比值。用于分析碳排放绩效的影响因素（王兵等，2010）。若一个地方是资本密集型，那么其要素禀赋将比较高；若一个地方是劳动密集型，那么它的要素禀赋值就比较低。

二、回归模型构建及分析

（一）Tobit 模型简介

Tobit 模型也叫作托宾模型，是当因变量的取值受到某种约束时采用的回归模型。其概念最早是由诺贝尔经济学奖获得者 James Tobin 在分析家庭耐用品的支出情况时对 Probit 回归进行的一种推广（因此 "Tobit" 一词源自 Tobin's Probit），随后在许多经济学家们的不断努力下，Tobit 模型得以发展和完善。标准的 Tobit 回归模型如下：

$$Y = \begin{cases} Y^* = \beta X + \mu & Y^* > 0 \\ 0 & Y^* \leq 0 \end{cases} \tag{6.14}$$

式（6.14）中，Y^* 为截断因变量向量；Y 为绩效值向量；X 为自变量向量；β 为回归参数向量；μ 为误差项，且 $\mu \sim (0, \sigma^2)$。

本章研究的静态物流业碳排放绩效，其取值在 0 和 1 之间，而动态物流业碳排放绩效，其取值不小于 0，均符合托宾模型因变量受到限制的要求，因此，本章采用 Tobit 模型来检验云南省物流业静态和动态的碳排放绩效。

（二）数据来源说明

在本章中，经济水平用各州市的人均 GDP 来表示，数据源于《云南省统计年鉴》（2013 ~ 2016 年）；能源结构用交通运输邮电业领域煤炭消费占能源消费总量的比重，数据源于《云南能源统计年鉴》（2013 ~ 2016 年）；基础设施用路网密度来表示，数据源于《云南省统计年鉴》（2013 ~ 2016 年）

与云南省统计局官网；技术进步用各个州市的专利授予数来表示，数据源于《云南省统计年鉴》(2013～2016 年)；要素禀赋用交通运输邮电业的就业人数与其资本存量之比，数据来源于《云南省统计年鉴》(2013～2016年)。相关变量的描述性统计如表 6.9 所示。

表 6.9   **影响因素变量的描述性统计**

变量	简称	观察值	最大值	最小值	平均值
经济水平（万元）	pergdp	64	5.969	1.049	2.469
能源结构（%）	energy	64	0.414	0.013	0.276
基础设施（%）	infras	64	1.130	0.227	0.591
技术进步（件）	techni	64	2798	0	179
要素禀赋（万元/人）	endow	64	331.286	14.717	102.514

三、模型构建及回归分析

以第五章中云南省物流业的静态碳排放绩效（CE）和动态碳排放绩效（MCPI）为被解释变量，以经济水平（pergdp）、能源结构（energy）、基础设施（infras）、技术进步（techni）以及要素禀赋（endow）五个影响因素为解释变量，由于碳排放绩效都大于 0，为受限值，因此本章运用受限因变量模型即 Tobit 模型进行如下的回归分析：

$$CE_{ij} = \alpha_0 + \alpha_1\, pergdp_{ij} + \alpha_2\, energy_{ij} + \alpha_3\, infras_{ij} + \alpha_4\, techni_{ij} + \alpha_5\, endow_{ij}$$

$$MCPI_{ij} = \beta_0 + \beta_1\, pergdp_{ij} + \beta_2\, energy_{ij} + \beta_3\, infras_{ij} + \beta_4\, techni_{ij} + \beta_5\, endow_{ij}$$

上式中，i 表示州市，j 表示时间，$\alpha_1 \sim \alpha_5$，$\beta_1 \sim \beta_5$ 为回归系数，α_0 和 β_0 为常数项，本章回归区间为 2012～2015 年，用 EViews9.0 软件回归结果如图 6.6 所示。

Dependent Variable: CE
Method: ML - Censored Normal (TOBIT) (Newton-Raphson / Marquardt steps)
Date: 02/03/18 Time: 20:17
Sample: 1 64
Included observations: 64
Left censoring (value) at zero
Convergence achieved after 4 iterations
Coefficient covariance computed using observed Hessian

Variable	Coefficient	Std. Error	z-Statistic	Prob.
C	0.894261	0.132902	6.728747	0.0000
PERGDP	0.025147	0.022313	1.126994	0.2597
ENERGY	-0.058220	0.024255	-2.400331	0.0164
INFRAS	-0.092105	0.139724	-0.659195	0.5098
TECHNI	0.003575	0.018009	0.198507	0.8426
ENDOW	0.020869	0.035992	0.579814	0.5620

Dependent Variable: MCPI
Method: ML - Censored Normal (TOBIT) (Newton-Raphson / Marquardt steps)
Date: 02/03/18 Time: 20:11
Sample: 1 64
Included observations: 64
Left censoring (value) at zero
Convergence achieved after 4 iterations
Coefficient covariance computed using observed Hessian

Variable	Coefficient	Std. Error	z-Statistic	Prob.
C	0.900895	0.056807	15.85879	0.0000
PERGDP	-0.019646	0.009537	-2.059927	0.0394
ENERGY	-0.057369	0.010367	-5.533628	0.0000
INFRAS	0.196631	0.059723	3.292394	0.0010
TECHNI	0.015824	0.007698	2.055674	0.0398
ENDOW	-0.017266	0.015384	-1.122290	0.2617

图 6.6   CE、MCPI 回归结果

根据物流业静态碳排放绩效（CE）以及物流业动态碳排放绩效（MCPI）的 EViews 回归结果，整理归纳如表 6.10 所示。

表 6.10   **Tobit 模型回归分析**

因变量 自变量	CE			MCPI		
	系数	Z	P > |Z|	系数	Z	P > |Z|
经济水平（pergdp）	0.025	1.127	0.260	− 0.020 **	− 2.060	0.039
能源结构（energy）	− 0.058 ***	− 2.400	0.016	− 0.057 ***	− 5.534	0.000
基础设施（infras）	− 0.092	− 0.659	0.510	0.197 ***	3.292	0.001
技术进步（techni）	0.004	0.199	0.843	0.016 **	2.056	0.040
要素禀赋（endow）	0.021	0.580	0.562	− 0.017	− 1.122	0.262
常数项	0.894 ***	6.729	0.000	0.901 ***	15.859	0.000

注：***、**、* 分别表示显著水平为 1%、5%、10%。

第一，从回归结果看，人均 GDP 对 CE 影响为正，但并不显著；人均 GDP 对 MCPI 的影响为负，显著水平接近 5%，这说明区域经济发展对动态物流业碳排放绩效有一定的抑制作用，也就是说区域经济发展速度的增加并没有带来该地区物流业碳排放绩效的提高。可以认为如果一个地区过分追求经济发展的速度而不顾环境保护和资源的利用，往往会出现因为地方经济利益导致物流资源浪费、重复建设严重、碳排放显著等现象，从而使得碳排放绩效下降。

第二，能源结构对 CE 和 MCPI 表现均为显著的负影响，显著水平都在 1% 左右。在物流业的能源结构中，煤炭在能源消费总量中的比重每增加 1%，物流业碳排放绩效就会降低大约 5%，这是因为煤炭的碳排放系数较高，物流业在能源消耗的时候煤炭所占比例较高，因此二氧化碳排放的强度就会增大，进而对碳排放绩效产生不利影响，回归结果与事实相符。

第三，基础设施对 CE 的影响为负，但不显著；对 MCPI 的影响为正，显著水平小于 1%。可以认为基础设施对物流业静态的碳排放绩效影响不大，然而对于动态的碳排放绩效具有一定的促进作用，说明物流业基础设施水平的上升能提高动态碳排放绩效，主要是作为网络型产业之一，随着基础设施水平的不断加强，密度和规模经济在物流业运作过程中就能更好地得以体现，从而使物流业的碳排放绩效提升（刘勇，2014）。这与学者朱德进的研究相符，在他的研究中，中国西部地区的基础设施对碳排放绩效的影响系数显著为正，是由于处在中国西部如云南省的交通运输较为落后，其基础设施的提高能带动地区经济的发展，从而进一步提升该地区的碳排放绩效（朱德进，2013）。

第四，技术水平对 CE 的影响为正，但不显著；对 MCPI 的影响为显著的正向影响，显著水平在 5% 左右。说明技术水平的上升对物流业动态碳排放绩效的提高具有促进作用。需要说明的是，由于暂时还无法得到有关代表物流业技术水平的数据，本章以专利授予数代表各地区的技术水平还值得继续探讨与分析，因为专利授予数这个指标在衡量技术水平的过程中具有一定的局限性。例如，忽略了人力资本的流动和知识技术外流的影响，也没有针对性地将某一项节能减排技术包括在内，因此，目前对物流业技术水平的衡量还存在一定的难度。但是，专利授予数作为技术水平的代表指标之一，它的增加能对 MCPI 产生积极的影响也可以间接代表技术水平对 MCPI 具有一定的促进作用（查建平，2013）。

第五，要素禀赋对 CE 和 MCPI 的影响均不显著，说明资本和劳动力比在云南省物流业碳排放绩效的作用并不明显。可能是由于云南省各个州市的要素禀赋差异较大，要素禀赋值较高的州市环境污染相对严重一些，因此碳排放绩效就会下降；反之，要素禀赋值较小的州市碳排放绩效值表现会较好。

➡️ 第四节　对策建议

根据以上实证分析的结果，本章提出以下针对云南省物流业碳排放绩效的对策和建议。

第一，推进低碳经济发展。"绿水青山、金山银山"的关系从不同角度诠释了经济发展与环境保护之间的辩证统一关系。云南省各州市经济发展水平差异较大，因此不同的州市二氧化碳排放情况也不尽相同。对于环境问题较为严峻的州市，应该优化能源消费结构，构建低碳产业支撑体系，同时搭建完备的财税政策制度，以市场化促进低碳经济发展；对于生态环境较好的州市，以其良好的自然风光和独特的民族风情，进一步壮大生态特色旅游，推行绿色出行、低碳消费，从而推进云南省低碳经济的发展。

第二，优化物流业能源结构。推行和倡导环保低耗能的运输工具以及新能源的研发和使用。公路运输一直是云南省最重要的交通运输方式，但公路运输具有高能耗、高排放且运量小、成本高等特点，因此，降低公路运输碳排放对环境造成的危害关键在于大力推进环保低耗能的运输工具的使用。同时，从上面的研究结果得知，能源结构对 CE 和 MCPI 的影响均显著为负，因此，为了减少煤炭在物流业能源中消费的比例，云南省应大力支持新能源汽车的研发与应用，着力研究交通运输工具的节能环保技术。另外，继续开展天然气、电动或混合动力等节能能源运输工具与新能源汽车推广示范，严格控制交通运输车辆燃料消耗量和二氧化碳排放量。

第三，加强物流业基础设施建设。基础设施建设是物流现代化的基础，云南省应根据各州市物流业的发展情况、设施状况以及供求水平等客观条件，依托昆明、瑞丽、河口等国家公路运输枢纽，促进各种运输方式的衔接和配套，有针对性地建设和布局集生产、货运、加工、贸易等功能为一体的现代综合物流园区。处于边境的州市应加大口岸建设的力度，加快建设联系境内外物流的大通道，以构建云南"大物流"为理念，建设专业化、社会化和综合化的物流业基础设施。同时，由于云南省物流基础设施网点布局过于分散，导致配送路线过长、公路铁路货物运输量增大，从而造成交通堵塞环境污染等问题。因此，在物流业基础设施建设的过程中，应有效地整合集中各地区的物流资源，合理配置，统筹规划，既能起到节约成本的作用又能更大程度地保护环境。

第四，促进物流技术与装备现代化。物流业的技术水平对物流业碳排放绩效具有显著的正向影响。其中，物流信息网络建设是促进云南物流技术现代化的基础。通过物流信息资源的整合，建立城市干线运输与市内共同配送的信息系统，促进物流的信息交换，条码、智能卡与远程通信等技术在物流服务信息系统中的应用和普及，实现物流信息通畅，提高物流运作效率同时还能减少空载率和重复运输。关于装备现代化方面，建议以大型优质物流企业为龙头，联合云南大学、昆明理工大学、云南财经大学等高等学校以及云南物流学会等行业协会，打造云南物流技术支撑体系，并对有利于减少二氧化碳排放、促进环境改善的技术给予支持与奖励，从而不断改善云南省物流业的碳排放绩效。

第五，完善相关数据统计工作。统计数据在研究中有举足轻重的作用。在物流业方面，建议完善云南省及各州市物流企业、物流园区的数量和规模，以及云南省及各州市物流业务的基本情况等统计数据；在能源方面，建议尽量完善云南省及各州市各个年份包括物流业在内各行业的能源统计数据；在二氧化碳排放方面，建议定期编制云南省及各州市二氧化碳排放清单，规范清单编制的方法和数据来源，同时建立健全云南省二氧化碳排放数据信息系统，从而完善对包括二氧化碳在内的温室气体排放监测和计量体系。

物流行业运作篇

第七章 云南医药药品供应链管理研究

近年来，供应链管理（supply chain management，SCM）日益受到人们的关注，许多企业也开始探索这种新的管理理念在库存管理中的应用。所谓供应链管理，就是围绕核心企业建立的供应链优化体系，能以最低的成本使供应链从采购开始，到满足最终顾客需求的所有过程，包括工作流、实物流、资金流和信息流，均能有效地操作，把合适的产品以合理的价格及时送到消费者手中。

在供应链管理环境下，传统的库存控制方法（企业各自为政的库存控制模式）与供应链管理理念显得格格不入。因为在传统的供应链上，基于交易关系的各个环节的企业都是自己管理自己的库存，每个企业都有自己的库存控制目标（以本企业的最大利益为中心）和相应的库存控制策略，而且彼此之间缺乏信息沟通，因而不可避免地会产生需求信息的扭曲和时间上的滞后，往往使得库存需求信息在从供应链下游向上游传递的过程中被逐级放大，从而大大增加了供应链的整体库存水平，在很大程度上削弱了供应链的整体竞争实力。而供应链管理的目标是通过合作伙伴的密切合作，以最小的成本提供最大的客户价值（包括产品和服务），这就要求供应链上各环节企业的活动应该是同步进行的，库存管理职能也应当进行必要的整合，而不是分散开来。显然，传统的库存控制方法已无法满足供应链管理的需要。作为最能体现供应链集成化管理思想的供应商管理库存（vendor managed inventory，VMI）模式，则有助于打破传统上企业各自为政的库存管理模式，使整个供应链库存管理的最优化目标得以实现。

通过调研，发现云南省医药有限公司现有的库存控制模式存在以下问题：云南省医药有限公司库存量过高，大量资金被占用，且公司存在某些药品库存紧张，药品货位信息不准确，运作效率低等问题。本章根据存在的问题，基于 VMI 的供应链管理思想对云南省医药有限公司的供应链进行分析。此外，通过对基于 VMI 的供应链收益模型的分析与验证，为云南省医药有限公司有效实施基于 VMI 的医药药品供应链管理提供理论依据。

第一节　VMI 相关理论

VMI 是一种供应链集成化运作的决策代理模式，以双方都获得最低成本为目标，在一个共同的框架协议下把用户的库存决策权代理给供应商，由供应商代理分销商行使库存决策的权力，并通过对该框架协议经常性的监督和修正，使库存管理得到持续的改进。

VMI 是一种合作伙伴式的管理理念。为了快速响应下游企业降低库存的要求，上下游企业间通过建立合作伙伴关系，主动提高向下游企业交货的频率，使上游企业从过去单纯执行用户的采购订单变为主动为用户分担补充库存的责任。在加快上游企业响应下游企业需求速度的同时，也使下游企业减少了库存量。这时的库存管理不再是供应商、生产商的个人管理模式，而是合作伙伴共同参与库存管理模式，这样他们就会对库存管理提出并实施一套共同的架构，随后各节点企业就会基于此架构达成一致的原则，并在此基础上实现供应链的共同管理。理想的 VMI 是一种基于合作伙伴关系基础上的，强调信息共享、利益共享、风险分担的库存管理模式。

VMI 作为建立供应链管理的一种有效方式，形成了物流、资金流、信息流的集成应用，为科学管理供应链上的库存设计了一套合理的解决方案。

第二节　基于 VMI 供应链系统运作模式及组织结构

一、基于 VMI 供应链系统运作模式

云南省医药有限公司现有的库存控制模式是企业各自为政的库存控制

模式，供应链上的各节点企业都是自己管理自己的库存。因此，供应商和云南省医药有限公司应对市场需求变动留有的安全库存比较高，产生了局部牛鞭效应，并且这种效应会向供应链上游企业不断呈现放大现象。对于云南省医药有限公司而言，物流中心库存量过高，资金流迟缓，不仅会无形当中损失货币的时间价值，也损失了货币时间价值所带来的投资价值和机遇价值。这样的负面效应也就伴随着药品货位不准，运作效率低等情况产生（如图7.1所示）。

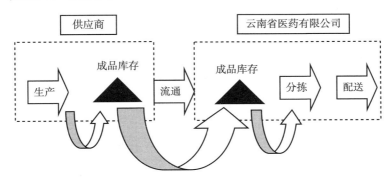

**图7.1　云南省医药有限公司现有库存控制模式下
药品从产出点到需求点的途径**

在 VMI 库存管理下，云南省医药有限公司可以取消部分药品库存，而将库存直接设置在供应商的产品仓库中。图7.2 中给出了云南省医药有限公司在供应链系统中实施 VMI 的两种运作模式。

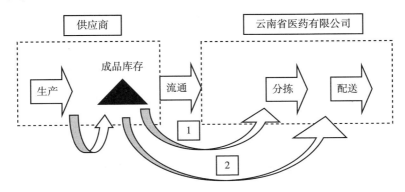

图7.2　VMI 库存控制下药品从产出点到需求点的途径

第一种模式：云南省医药有限公司可以将能及时补货的、需要多品种小批量配送的部分药品库存取消，转为供应商管理库存。云南省医药有限公司与各供应商分享各种产品的市场需求量，并且云南省医药有限公司选择统一的第三方物流，使得各供应商的产品能通过第三方物流集中向云南省医药有限公司补货，形成批量经济。云南省医药有限公司收到产品后，及时分拣，向各销售网络配送（如图7.2 弧状箭头1 所示）。在这种模式下，云南省医药有限公司在减少物流环节、降低物流成本的同时，提高了供应链的整体工作效率；云南省医药有限公司减少了库存量和相应的仓储作业费，从而降低了供应链系统的库存费用；供应商能更好地为市场需求做出快速反应，同时使自己的生产计划更加精确。

第二种模式：第二种模式近似于第一种模式，所不同的是，在第二种模式中几乎不需要分拣，只需要配货；市场需求的产品品种较少、数量较多（如图7.2 弧状箭头2 所示）。

以上两种情况均属于供应商能保证及时供应的供应链模式。对于这两种情况，云南省医药有限公司控制的重点在于供应商和第三方物流及时、准确的供货系统，只有通过高效的信息分享机制和协调机制才能满足这样的供应链模式。

除以上两种模式外，还要考虑到一些药品的需求不稳定、供应商补货不及时等特殊情况。因此，我们考虑了第三种模式：基于药品需求的不稳定性，云南省医药有限公司应该设有少量的库存，保证2~4天的供应。同时，将云南省医药有限公司的库存信息分享给供应商，供应商根据云南省医药有限公司设定的安全库存为云南省医药有限公司及时供货（如图7.3所示）。

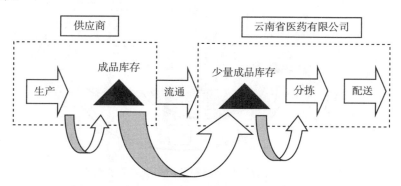

图7.3　特殊库存控制下药品从产出点到需求点的途径

二、基于 VMI 供应链系统组织结构

现行的云南省医药有限公司的供应链系统组织结构（如图7.4所示）主要以劳动分工和职能化为基础，各节点企业内部划分精细，是一种各自为政的结构模式。在这种模式下，供应商和云南省医药有限公司都设立采购部门、仓储管理部门和营销部门，并且供应链中各节点企业缺乏信任、协调和信息共享，导致供应链中的牛鞭效应，供应链运作成本较高、供应链竞争力弱等问题。

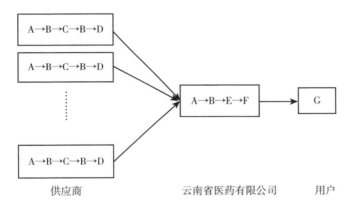

图7.4 现行的云南省医药有限公司的供应链系统组织结构模式

注：A：采购；B：库存；C：生产；D：销售；E：分拣；F：配送；G：用户。

云南省医药有限公司实施基于 VMI 的供应链管理模式可以完全摒弃传统库存控制模式各自为政的弊端，缓解供应链中的牛鞭效应，有效保证供应链高效协作的集成化运作。从而供应链中各节点企业间可以通过业务整合作为一个整体去参与市场竞争。因此，根据 VMI 模式，按照合理配置资源、精干核心业务、协作运行的原则，通过业务流程重组对基于云南省医药有限公司的 VMI 供应链系统进行组织结构优化。

在基于云南省医药有限公司的 VMI 供应链系统组织结构优化中，云南省医药有限公司的采购业务与供应商的销售业务合并，以云南省医药有限公司的销售信息和库存信息与供应商共享为基础，供应商和第三方物流保证对云南省医药有限公司的产品供应，从而提高供应链运作效率（如图7.5所示）。

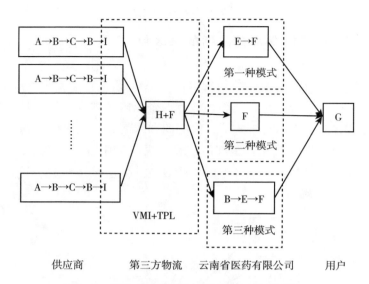

图 7.5 基于 VMI 的供应链系统组织结构模式

注：A：采购；B：库存；C：生产；E：分拣；F：配送；G：用户；H：运输；I：供应。

第三节 基于 VMI 收益模型

VMI 实质上是通过供应链各节点企业的库存业务的整合，从而获得供应链集成管理效益，这里通过引入模型来分析实行 VMI 的收益。

一、模型假设

假设一：供应链上仅有一个供应商和云南省医药有限公司，且云南省医药有限公司和供应商在供应链上充分共享信息。

假设二：供应商愿意提供给云南省医药有限公司的药品数量取决于购销合同价格下，供应商利益最大化的结果。

假设三：云南省医药有限公司最终药品的销售数量等于其从供应商购买的数量，云南省医药有限公司不允许缺货，确定采购提前期，采用经济批量（EOQ）订货策略。

二、参数定义

x：药品的年市场需求量；

$f(x)$：药品市场价格，且 $f'(x) < 0$；

$g(x)$：供应商除库存以外的其他成本，且 $g'(x) > 0$，$g''(x) > 0$；

A：云南省医药有限公司和供应商在实施 VMI 前签订的购销合同价格；

B：云南省医药有限公司和供应商在实施 VMI 后签订的购销合同价格；

C：云南省医药有限公司单位库存持有成本；

D：云南省医药有限公司一次订货成本；

E：供应商单位库存持有成本；

F：供应商处理一次云南省医药有限公司订单的成本。

三、模型描述

在实施 VMI 系统前，由假设三和 EOQ 订货模式 [经济批量（EOQ）= $\sqrt{\dfrac{2Dx}{C}}$，总库存成本（T）= $\sqrt{2CDx}$] 得：

云南省医药有限公司每次的订货量（Q_1）：

$$Q_1 = EO\,Q_1 = \sqrt{\frac{2Dx}{C}}$$

云南省医药有限公司的库存总成本（T_1）：

$$T_1 = \sqrt{2CDx} \tag{7.1}$$

故云南省医药有限公司的利润函数为：

$$P_1 = xf(x) - Ax - \left(D \cdot \frac{x}{Q_1} + C \cdot \frac{Q_1}{2} \right) = xf(x) - Ax - \sqrt{2CDx} \tag{7.2}$$

由于供应商只能接受云南省医药有限公司的订货数量（Q_1），则供应商的库存成本（T_2）为：

$$T_2 = F \cdot \frac{x}{Q_1} + E \cdot \frac{Q_1}{2} = \sqrt{\frac{CDx}{2}} \cdot \left(\frac{F}{D} + \frac{E}{C} \right) \tag{7.3}$$

故供应商的利润函数为：

$$P_2 = Ax - g(x) - \sqrt{\frac{CDx}{2}} \cdot \left(\frac{F}{D} + \frac{E}{C} \right) \tag{7.4}$$

对于任意给定的价格 A，供应商可以选择合适的 x 使其利润最大化，令式（7.4）的一阶偏导：$\frac{\partial P_2}{\partial x} = 0$，得：

$$A = g'(x) + \frac{1}{2} \sqrt{\frac{CD}{2x}} \cdot \left(\frac{F}{D} + \frac{E}{C} \right) \tag{7.5}$$

式（7.5）反映了供应商愿意提供给云南省医药有限公司的商品数量与购销合同之间的关系。将式（7.5）代入式（7.2），得：

$$P_1 = xf(x) - xg'(x) - \frac{1}{2} \sqrt{\frac{CDx}{2}} \cdot \left(\frac{F}{D} + \frac{E}{C} \right) - \sqrt{2CDx}$$

由 $\frac{\partial P_1}{\partial x} = 0$，求得 x_1^*：

$$\frac{\partial P_1}{\partial x} = f(x_1^*) + x_1^* f'(x_1^*) - g'(x_1^*) - x_1^* g''(x_1^*)$$

$$- \frac{1}{4} \sqrt{\frac{CD}{2x_1^*}} \cdot \left(\frac{F}{D} + \frac{E}{C} \right) - \frac{1}{2} \cdot \sqrt{\frac{2CD}{x_1^*}} = 0 \tag{7.6}$$

在实施 VMI 后，云南省医药有限公司将库存交供应商管理，负责决定库存水平、订货量、订货提前期等。故：供应商单位库存持有成本为：$(C + E)$，每次订货成本为：$(D + F)$，则供应商库存成本为：

$$T_3 = \sqrt{2(C+E)(D+F)x} = \sqrt{2CDx} \cdot \sqrt{\left(1 + \frac{F}{D} \right) \left(1 + \frac{E}{C} \right)} \tag{7.7}$$

故供应商的利润函数为：

$$P_3 = Bx - g(x) - \sqrt{2(C+E)(D+F)x} \tag{7.8}$$

对于给定的价格 B，供应商可以选择合适的 x 使其利润最大化，令式（7.8）的一阶偏导 $\frac{\partial P_3}{\partial x} = 0$，得：

$$B = g'(x) + \frac{1}{2} \cdot \sqrt{\frac{2(C+E)(D+F)}{x}} \tag{7.9}$$

式（7.9）中 B 表示供应商和云南省医药有限公司实施 VMI 后新的合

同购销价格，它体现了云南省医药有限公司通过调整价格促使供应商管理云南省医药有限公司的库存。

且云南省医药有限公司的利润函数为：

$$P_4 = xf(x) - Bx \qquad (7.10)$$

将式（7.9）代入式（7.10）得：

$$P_4 = xf(x) - xg'(x) - \frac{1}{2} \cdot \sqrt{2(C+E)(D+F)x}$$

由 $\frac{\partial P_4}{\partial x} = 0$，求得 x_2^*：

$$\frac{\partial P_4}{\partial x} = x_2^* f'(x_2^*) + f(x_2^*) - x_2^* g''(x_2^*) - g'(x_2^*)$$

$$- \frac{1}{4} \cdot \sqrt{\frac{2(C+E)(D+F)}{x_2^*}} = 0 \qquad (7.11)$$

四、基于 VMI 供应链管理的短期收益分析

实施短期 VMI 时，由于市场需求变化小，所以药品的采购数量和销售数量不会有大的变动。在评价短期 VMI 收益时，可以认为实施 VMI 前的药品年需求量和实施 VMI 后的药品年需求量相同，但是云南省医药有限公司和供应商的购销合同价格会随着 VMI 的实施而改变。

命题 1： 云南省医药有限公司实施短期 VMI 后，降低了库存成本，提高了利润水平。

证明：

实施短期 VMI 后，云南省医药有限公司的大量库存成本转嫁给供应商，云南省医药有限公司库存成本明显下降；云南省医药有限公司的利润水平为：

$$P_4 - P_1 = \left[xf(x) - Bx \right] - \left[xf(x) - Ax - \sqrt{2CDx} \right] = Ax - Bx + \sqrt{2CDx}$$

$$= xg'(x) + \frac{1}{2} \cdot \sqrt{\frac{CDx}{2}} \left(\frac{F}{D} + \frac{E}{C} \right) - xg'(x) - \frac{1}{2} \cdot \sqrt{2(C+E)(D+F)x} + \sqrt{2CDx}$$

$$= \frac{\sqrt{2CDx}}{2} \cdot \left[\left(\sqrt{\frac{D+F}{2D}} - \sqrt{\frac{C+E}{2C}} \right)^2 + 1 \right] > 0$$

故：$P_4 > P_1$，云南省医药有限公司实施短期 VMI 可提高其利润水平。

命题 2：实施短期 VMI 后，供应商只有在满足一定情况下才能降低库存成本和提高利润水平。

证明：

实施短期 VMI 前后，供应商的库存成本分别为：T_2 与 T_3，利润水平分别为：P_2 与 P_3，欲使 $T_2 \geq T_3$，由式（7.3）式（7.7）得：

$$T_2 - T_3 = \sqrt{\frac{CDx}{2}}\left(\frac{F}{D} + \frac{E}{C}\right) - \sqrt{2CDx} \cdot \sqrt{\left(1 + \frac{F}{D}\right)\left(1 + \frac{E}{C}\right)}$$

$$= \sqrt{\frac{CDx}{2}}\left[\left(\sqrt{1 + \frac{E}{C}} - \sqrt{1 + \frac{F}{D}}\right)^2 - 2\right] \geq 0$$

欲使 $P_2 \leq P_3$，由式（7.4）和式（7.8）得：

$$P_2 - P_3 = \left[Ax - g(x) - \frac{\sqrt{CDx}}{2}\left(\frac{F}{D} + \frac{E}{C}\right)\right] - \left[Bx - g(x) - \sqrt{2(C+E)(D+F)x}\right]$$

$$= (A - B)x + \sqrt{\frac{CDx}{2}} \cdot \left[2 - \left(\sqrt{1 + \frac{E}{C}} - \sqrt{1 + \frac{F}{D}}\right)^2\right] \leq 0$$

故：

$$\left(\sqrt{1 + \frac{E}{C}} - \sqrt{1 + \frac{F}{D}}\right)^2 \geq 2 \ \text{且} \left(\sqrt{1 + \frac{E}{C}} - \sqrt{1 + \frac{F}{D}}\right)^2 \geq 2 - \frac{2(B - A)x}{\sqrt{2CDx}}$$

又因为 $B > A$，则：当 $\left(\sqrt{1 + \frac{E}{C}} - \sqrt{1 + \frac{F}{D}}\right)^2 \geq 2$ 时，供应商实施短期 VMI 可以降低其库存成本，提高其利润水平。

命题 3：实施短期 VMI 后，使得整个供应链系统的库存成本降低了，利润水平提高了。

证明：

实施短期 VMI 前，供应链系统中的库存总成本（T_4）是云南省医药有限公司和供应商的库存成本之和，由式（7.1）和式（7.2）得：

$$T_4 = T_1 + T_2 = \sqrt{2CDx} + \sqrt{\frac{CDx}{2}}\left(\frac{F}{D} + \frac{E}{C}\right) = \frac{1}{2} \cdot \sqrt{2CDx}\left(2 + \frac{F}{D} + \frac{E}{C}\right)$$

实施短期 VMI 后，供应链系统中的库存总成本（T_5）即是供应商库存成本，由式（7.7）得：

$$T_5 = T_3 = \sqrt{2CDx} \cdot \sqrt{\left(1 + \frac{F}{D}\right)\left(1 + \frac{E}{C}\right)}$$

故，供应链系统中的库存总成本变化为：

$$T_4 - T_5 = \frac{1}{2} \cdot \sqrt{2CDx}\left(\sqrt{1+\frac{F}{D}} - \sqrt{1+\frac{E}{C}}\right)^2 \geqslant 0$$

供应链系统中的利润变化为：

$$(P_4 + P_3) - (P_1 + P_2)$$

$$= (P_4 - P_1) + (P_3 - P_2)$$

$$= Ax - Bx + \sqrt{2CDx} - (A-B)x - \sqrt{\frac{CDx}{2}} \cdot \left[2 - \left(\sqrt{1+\frac{E}{C}} - \sqrt{1+\frac{F}{D}}\right)^2\right]$$

$$= \sqrt{\frac{CDx}{2}}\left(\sqrt{1+\frac{F}{D}} - \sqrt{1+\frac{E}{C}}\right)^2 \geqslant 0$$

五、基于 VMI 供应链管理的长期分析

命题 4：在整个供应链系统中，长期 VMI 增加了药品的年需求量，供应链系统长期利润大于等于短期利润，短期利润大于等于实施 VMI 前的利润。

证明：

$$x_1^* f'(x_1^*) + f(x_1^*) - x_1^* g''(x_1^*) - g'(x_1^*) - \frac{1}{4} \cdot \sqrt{\frac{2(C+E)(D+F)}{x_1^*}}$$

$$\geqslant f(x_1^*) + x_1^* f'(x_1^*) - g'(x_1^*) - x_1^* g''(x_1^*) - \frac{1}{4}\sqrt{\frac{CD}{2x_1^*}} \cdot \left(\frac{F}{D} + \frac{E}{C}\right) - \frac{1}{2} \cdot \sqrt{\frac{2CD}{x_1^*}} = 0$$

当式（7.6）和式（7.11）条件成立时就意味着上面不等式是 x 的递减函数，又因为 x_2^* 在式（7.11）中 $\frac{\partial P_4}{\partial x} = 0$，得：$x_2^* \geqslant x_1^*$

根据式（7.8）和式（7.10）得，供应链系统的长期利润为：

$$P_4 + P_3 = xf(x) - g(x) - \sqrt{2(C+E)(D+F)x}$$

$$\frac{\partial(P_4 + P_3)}{\partial x} = xf'(x) + f(x) - g'(x) - \frac{1}{2} \cdot \sqrt{\frac{2(C+E)(D+F)}{x}}$$

根据式（7.9）得

$$g''(x) + \frac{1}{4} \cdot \sqrt{2(C+E)(D+F)x} \cdot x^{-\frac{3}{2}} < 0$$

结合式（7.11）得：

$$\frac{\partial(P_4 + P_3)}{\partial x} \geqslant 0$$

因为 $x_2^* \geqslant x_1^*$，同时结合结论 3 有：

$$P_4(x_2^*) + P_3(x_2^*) \geqslant P_4(x_1^*) + P_3(x_1^*) \geqslant P_1(x_1^*) + P_2(x_1^*)$$

命题 5：实施长期 VMI 后，云南省医药有限公司提高了其利润水平。

证明：

由式（7.11）知，在 x_2^* 处云南省医药有限公司的长期利润实现最大化，即：$P_4(x_2^*) \geqslant P_4(x_1^*)$，且由结论 1 得：

$$P_4(x_2^*) - P_1(x_1^*) \geqslant P_4(x_1^*) - P_1(x_1^*) > 0$$

第四节　对策建议

根据前面的研究分析可知，云南省医药有限公司实施基于 VMI 的医药药品供应链管理应做到以下四点。

第一，云南省医药有限公司与各供应商、第三方物流建立合作伙伴关系，以保证药品及时、准确、高质量的供应。此外，云南省医药有限公司还应与各供应商、第三方物流协商制定采购价格和相关费用，并制作相关的管理方案和操作流程方案，重点协商采购价格、交接方式与付款方式。

第二，云南省医药有限公司应建立供应商评价体系，对各供应商进行定期考核，根据考核结果对各供应商进行筛选与调整，不断提高供应链运作效率和供应链运作质量。

第三，云南省医药有限公司应加强对终端市场的需求分析和需求预测，以有效控制各种药品的仓储容量、提高仓库利用率、降低成本、减少资金占用。

第四，云南省医药有限公司可以针对自身的核心市场建立快速、准确、高品质的配送体系，以保证核心客户的优质服务。而非核心市场则可以委托第三方物流为云南省医药有限公司配送。此外，云南省医药有限公司也可以根据实际需要，灵活协调自营配送与委托配送。

除了以上四点对策，笔者通过对云南省医药有限公司未来的展望延伸出了以下三点建议。

第一，针对药房的赠品管理，云南省医药有限公司可以完全取消赠品采购，与各大超市、便利店合作，为顾客提供礼券。由顾客领取礼券自行到就近的超市和便利店选购商品。这样，云南省医药有限公司可以集中优势做好医药药品的供应链管理，放弃自身不擅长的业务模块。

第二，云南省医药有限公司可以利用其"云南白药"的品牌知名度，努力打造"云南白药物流"这一品牌，为以后的市场扩张做铺垫。

第三，云南省医药有限公司通过实施 VMI 可以拥有大量的流动资金，这些资金可以用于市场扩张的投资、多元化战略的投资和金融市场的运作等。

边疆民族地区生鲜农产品
供应链管理研究

生鲜农产品是人们日常生活中购买频率最高的一类商品，中国是生鲜农产品生产和消费大国，农业伴随着生鲜农产品的发展而发展，而生鲜农产品的发展又需要强大的、完善的农产品流通体系作为支撑。

地处中国边疆民族地区的西南地区，因为得天独厚的气候优势、无可比拟的生态环境和不可复制的生物资源，每一年都可以种植生产出任何季节的新鲜农产品。加之植被良好、污染较少、水源清洁，是中国绿色、有机农产品的重要生产基地。改革开放以来，这些地区农业结构调整成果显著，区域和品种布局日益优化，农产品流通呈现出大规模、长距离、反季节的特点，再加上生鲜农产品市场的流通过程复杂烦琐，使得生鲜农产品市场呈现农民卖出低、消费者买进高的特点，这对农产品物流服务规模和效率以及供应链管理提出了更高的要求。

➡️ 第一节　边疆民族地区生鲜农产品流通现状与问题

一、边疆民族地区生鲜农产品流通现状

（一）边疆民族地区生鲜农产品现存主要物流模式

边疆民族地区生鲜农产品物流运作模式主要有两大类：一是基于传统推式经营体系，主要为"批发商＋批发市场＋零售物流组织"模式；二是基于拉式经营体系，有"流通型企业＋农产品生产者物流组织"模式、第

三方物流模式，基于信息共享的生鲜农产品物流供应链管理模式等。

在边疆民族地区，以家庭组织为主体自主生产的生鲜农产品，首先汇聚到产地市场，产地市场经运销批发流通到销地市场，销地市场再经过分销物流流通到消费者，是一种典型的批发市场模式。

这种模式的主导者是农产品批发市场，参与者是农产品生产商、批发商、经销商和零售商。农产品批发中心是在农村集贸市场基础上建立和发展起来的。自开放农产品市场流通以来，农产品批发市场经过多年的发展，已经在各方面取得了很大的进步，露天的马路市场和简易市场逐渐被具有固定场所和设施的规范农贸市场取代。边疆民族地区传统的生鲜农产品供应链流程如图 8.1 所示。

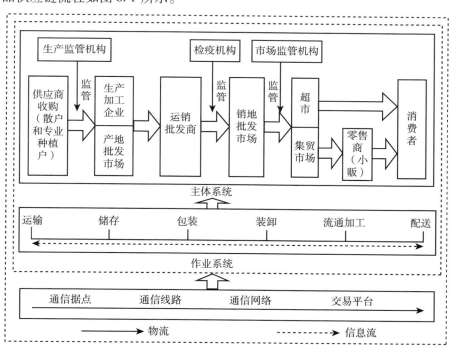

图 8.1　边疆民族地区传统生鲜农产品供应链流程

这种模式下农产品通常从生产者流通到产地的批发市场，经过运销批发商，接着到达销地批发市场，然后进入超市或者农贸市场，农贸市场中途也可能流到小摊小贩的手中，最后才到达最终消费者，当然，中间并不是每一个环节都是必经的。在整个供应链链条上由于未经加工的生鲜农产品占了绝大部分，而这样多环节的流通链条，无论是时间和流通效率上，还是现有的保鲜手段都无法适应农产品的鲜销形式，因此相当一部分生鲜产品由于价格、运输能力、交通状况、基础设备和产品保鲜技术原因而形成巨大的损失，当生鲜农产品集中上市时，物流、信息流通不畅通、加工能力不足、产销脱节严重等使农产品损耗情况更为突出。

（二）边疆民族地区生鲜农产品的主要价格形成

边疆民族地区传统批发模式的生鲜农产品价格形成需要经过批发市场和零售市场的层层价差，然后才到达最终消费者手中形成最终价格。综合批发价格形成如图8.2所示。

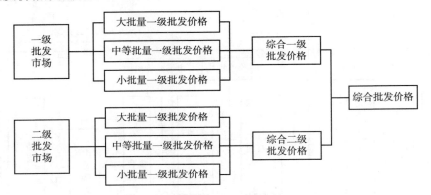

图8.2　边疆民族地区农产品批发价格构成图综合

零售价格的形成过程如图8.3所示。

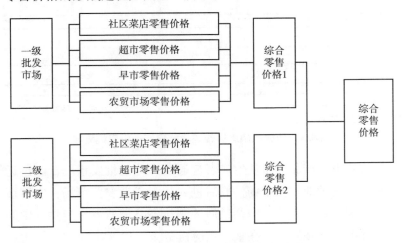

图8.3　边疆民族地区生鲜农产品零售价格构成

这里流通环节中发生的费用主要有菜商寻找代理公司的代理费、运输收菜费用，收购蔬菜后，工人需要对蔬菜进行简单的加工整理，费用包括分类包装起来的包装费用、包装材料费、装卸搬运费用、摊位费、电话费、食宿等费用。

从图8.3可以看出：在这种批发模式下，边疆民族地区生鲜农产品需要经过层层批发，再经过多个零售渠道才到达最终消费者的手中。流通环节的烦琐，导致了生鲜农产品价格的高涨，这也就是农民卖菜价格低，消费者买菜价格高的原因。

二、边疆民族地区生鲜农产品供应链存在问题

一是目前中国冷鲜产品流通中的腐损率严重，显著落后于发达国家水平。我们认为，中国冷鲜产品过低的冷链流通率是造成这一结果的主要原因。中国冷链物流体系特别是边疆民族地区冷链物流体系落后主要体现在两个方面：基础设施和配套设施不足；各物流环节间缺乏系统化、规范化、连贯性的运作。

二是边疆民族地区农产品冷链物流处于初级阶段，严重落后于国内平均水平。尽管这些年在边疆民族地区根据特色农产品的需要，建立了一定数量的冷库，尽管有商家开始考虑建设区域冷链物流中心。但是，边疆民族地区冷链流通率远远低于全国水平，生鲜农产品基本没有自己的品牌，冷链物流基础设施严重不足，冷藏运输车辆稀缺，这些都是影响边疆民族地区现代农业发展的根本要素。

三是农产品冷链物流缺乏上下游的整体规划和整合。由于边疆民族地区农业产业化程度和产供销一体化水平不高，尽管总体产销量很大，但在初级农产品和生鲜农产品供应链上缺乏上下游之间的整体规划与协调，在一些局部发展中存在严重的失衡和无法配套的现象，整体发展规划的欠缺，影响了生鲜农产品冷链的资源整合以及行业的推动。因此，从物流需求、物流成本、食品物流安全、农产品品质等角度分析，生鲜农产品物流实施冷链管理显得尤为必要，应当构建适合边疆民族地区的生鲜农产品冷链物流体系，以保证食品品质，降低物流成本，保障物流安全，实现生鲜农产品的快速稳定的流通。

四是层层批发的农产品流通环节多、时间长、效率低，生鲜农产品冷

链物流过程中的损耗巨大。生鲜农产品物流渠道环节众多，运作主体多样，在整个多环节多主体的物流链条上，流通效率低下，经常出现物流不畅，产销脱节现象。

五是流通运作主体多，组织化程度低，物流管理水平低。在现行的农产品物流运作系统中，只有少量资金实力相对雄厚的农场、产地批发商、销地批发商、初级加工企业、大型连锁零售商，大部分为力量非常单薄而分散的农户、个体运输商、小商店及个体摊贩。虽然从事生鲜农产品物流运作主体绝对数量大，但众多的参与个体规模小、层次低、离散性强，使得物流活动作业分散，专业化程度不高，组织管理效率低下，缺乏竞争力，难以获得物流系统的规模效益。

六是没有供应链网点布局，设施现代化程度低，集散能力薄弱。边疆民族地区本位主义严重，条块分割，缺乏对批发市场建设的全盘规划，重复建设严重，且批发市场的建设一般只注重基础设施的建设，而对物流过程所必需的储存、包装、分拣、搬运、冷藏等物流设施与设备的投入却很少，致使批发市场设施现代化程度普遍较低，以传统的粗放型物流（散装、散卸、散存、散运）作业为主，农产品批发市场物流集散能力非常薄弱，难以发挥物流节点的作用。

➡ 第二节　第三方物流供应商动态配送网络模型研究

近年来，第三方物流作为企业建立高效物流系统的"第三利润源泉"而迅速的发展。但是，随着技术和产品的不断变化，第三方物流供应商不仅需要能保证企业的正向物流运作，而且在逆向物流方面也扮演着越来越重要的角色。例如，UPS 供应链解决方案（UPS – SCS）是 UPS 的一个子公司，他们不仅管理着 Sprint PCS 的正向的物流运作，同时也管理着全国返修中心，包括来自消费者返修的电话机及配件，B2B 分销商以及 Sprint PCS 的门店。并且，由于第三方物流提供商的客户往往具有动态性，产品的需求以及产品的回收在一定时间范围内会不断变化。例如这些顾客都有一定的合约期限，如一个月、半年、一年等。而在同一时期内会有一些顾客毁约，而同时另一些顾客开始新的合约。因此，第三方物流提供商迫切需要能根据客户需求和市场的变化来调整自己的配送网络，以保证配送网络以及整合正向和逆向物流的高效运作。

在第三方物流配送网络上，国内外学者们也进行了大量的研究。例如巴里吉尔等（Başligil et al.，2011）提出一个两阶段的模型来求解第三方物流的网络设计问题。第一阶段通过混合整数规划来对网络进行初步安排，第二阶段在第一阶段研究的基础上利用遗传算法得出最优解。苏亚巴塔扎等（Suyabatmaza et al.，2014）提出了一种混合模拟模型的方法来解决第三方物流的网络设计问题，这种方法同时包含了混合整数规划、随机规划等方法，可以有效地提高网络设计的优化程度。切娜等（Chena et al.，2009）采用一种混合非线性数据的方法，并考虑货物生产时间和车辆路径来对第三方物流的网络进行优化。李等（Li et al.，2009）则用基于启发式的拉格朗日松弛法并考虑动态的车辆路径方案来进行物流配送网络的设计。但是，可以看出，国外对于第三方物流配送网络的研究还没有同时考虑到正向和逆向物流同时存在的情况。

国内对于第三方物流配送网络的研究较少，且现有的研究往往只关注在具体算法上面，而忽视了第三方物流配送网络的具体情况。如李志威和张旭梅（2006）在对动态扫描和蚂蚁算法研究的基础上，针对物流配送网络优化问题中的不足，利用动态扫描方法在区域选择方面的实用性和蚂蚁算法在局部优化方面的优点，提出综合两种方法的混合算法。叶彩鸿等在对物流配送过程进行分析时，将完全垄断企业物流配送量优化问题看作一个带"有向边"的网络，然后提出一种基于 SPE 的物流配送量优化模型，并利用求解变分不等式的预测—校正方法的思想，对所得的模型进行动态化求解。王雪峰等针对连锁经营企业的配送网络设计问题，在综合考虑运输成本和配送中心选址成本的基础上，建立了以系统总成本最小为目标的配送系统总成本优化模型，并采用遗传算法求解该优化模型，再得到最优配送网络设计方案。张岐山等（2013）认为供应链配送网络中含有许多灰色不确定信息，因此提出一种灰色需求下供应链配送网络的灰色优化模型来解决现有问题。

综合国内外研究，可以发现目前关于第三方物流配送网络的研究还有以下三点不足：一是还没有研究关注到第三方也具有逆向物流的职能，而在模型中同时考虑到正向和逆向物流的情况；二是大部分的研究所考虑到的客户特征等是静态的，但是由于第三方物流的客户往往是动态的，因此，现有的模型不能很好地反映实际情况；三是国内对于第三方物流配送网络的研究还比较落后，鲜有研究从第三方物流的实际运营情况来出发进行模型的设计，而往往陷入"算法"的研究中去。

因此，基于以上分析，本章整合了正向和逆向物流的视角，并且基于客户具有动态性的情况建立了第三方物流供应商动态配送网络的模型，并利用混合遗传—启发式算法给出了模型的求解算法，并通过算例证明了模型的有效性。

一、问题描述

本章提出的整合正向与逆向物流的第三方物流供应商的动态配送网络模型方法，属于多时期、两层级、多品种、有容量限制的选址模型分类。相比于已有的选址模型，本章提出的模型最主要的区别在于针对第三方物流供应商能够为大量不同客户提供不同要求的物流服务，能够同时处理正向以及逆向流的情况。模型的网络结构如图8.4所示。

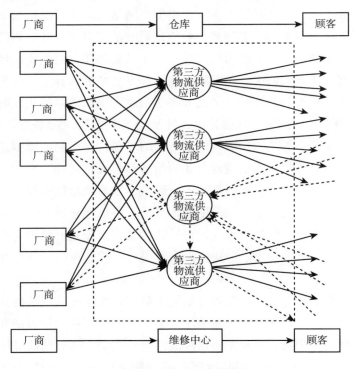

图8.4　整合网络结构

在正向流中，产品在工厂生产出来后，被第三方物流存储到仓库中，再从仓库持续地向顾客运送。在逆向流中，我们考虑的是维修中心，在维修中心实施检查和分离，然后收集的产品被直接运送至制造商。

除此之外，我们再考虑建设一个将仓储功能和维修功能集成在一起的大型设施，即仓库和维修中心都在这个设施中。第三方物流企业需要决策何时开启仓库、开启维修中心；何时关闭仓库、关闭维修中心；以及当业务量过多时如何对该设施进行扩建，从而优化整个物流网络以满足各个顾客的需求。

二、模型建立

（一）模型参数与变量定义

第三方物流供应商的顾客通常需要运输及仓储服务。这些顾客都有一定的合约期限，如一个月、半年、一年等。因此，在同一时期内会有一些顾客毁约，而同时另一些顾客开始一个新的合约。在本章中我们考虑假设客户设施的选址和客户市场，以及将被运送的产品都是可以预见的，但产品的需求以及产品的回收会在一定时间范围内变化。

我们假设：

$T = \{1, \cdots, NT\}$，时间段集合；

$S = I \cap J$，使用集成化仓库——维修中心设施的可能集合；

$L = \{1, \cdots, NL\}$，已存在的修理设备和潜在设备的集合；

$I = \{1, \cdots, NI\}$，顾客设施选址集合；

$P = \{1, \cdots, NP\}$，顾客产品类型集合；

$K = \{1, \cdots, NK\}$，固定顾客选址集合；

$J = \{1, \cdots, NJ\}$，已存在仓库和潜在地点集合。

在第一时段，已存在一个网络结构，由顾客设备选址集合以及仓库/维修中心选址集合组成。为应对顾客对仓储及维修需求的变化，需重新设计一个网络结构，考虑恰当的仓库/维修中心设施的开启时间、关闭时间以及当业务量过多时设施的扩建策略。

（1）如果在已使用设备上有任何的扩建决策，设施将在计划的时间范围内保持使用状态；

（2）在计划范围内扩建能发生的次数有上限；

（3）仓储/加工设备的扩建有量的限制；

（4）使用集成化的仓储/加工设备能够节省成本。

假设参数为：

q = 在计划范围内允许进行扩建的最大次数；

r_{pkt} = 在时间段 t 内从顾客 k 手中回收的产品 p 的数量；$p \in P$，$k \in K$，$t \in T$；

d_{pkt} = 顾客 k 在 t 时间段对产品 p 的需求；$p \in P$，$k \in K$，$t \in T$；

β_p = 每一单元存储容量所储存的产品 p；$p \in P$；

M_{lt} = 维修设备 l 的最大容量；$l \in L$，$t \in T$；

M_{jt} = 仓库 j 的最大容量；$j \in J$，$t \in T$；

Y_{pit} = 1 如果设备 i 在时间段 t 内生产产品 p；否则为 0；$p \in P$，$i \in I$，$t \in T$；

M_i = 顾客设备 i 最大产品容量；$i \in I$；

ub_j = 仓库 j 的最大可扩建容量；$j \in J$；

ub_l = 维修设备 l 的最大可扩建容量；$l \in L$；

接下来，我们假设一个成本结构，包含产品的运输成本以及维修成本，如下所示：

wr_{st} = 使用集成化仓储/加工设施所节省的成本；$s \in S$，$t \in T$；

vr_{lt} = 扩建维修中心 l 的可变成本；$l \in L$，$t \in T$；

er_{lt} = 扩建维修中心 l 的固定成本；$l \in L$，$t \in T$；

sr_{lt} = 建设维修中心 l 的安装成本；$l \in L$，$t \in T$；

fr_{lt} = 维修中心 l 的固定操作成本；$l \in L$，$t \in T$；

c^f_{pijkt} = 在时间段 t 内，从设备 i 满足顾客 k 对产品 p 的需求所引起的单位可变成本，包含运输和加工成本；$p \in P$，$i \in I$，$j \in J$，$k \in K$，$t \in T$；

c^r_{pijkt} = 在时间段 t 内，通过维修中心 l 到设备 i 的从顾客 k 手中回收的产品 p 的单位可变成本；$p \in P$，$i \in I$，$l \in L$，$k \in K$，$t \in T$；

vw_{jt} = 仓库 j 扩建时每一扩建单元的可变成本；$j \in J$，$t \in T$；

ew_{jt} = 扩建仓库 j 容量的固定成本；$j \in J$，$t \in T$；

sw_{jt} = 安装仓库 j 的安装成本；$j \in J$，$t \in T$；

fw_{jt} = 仓库 j 的固定操作成本；$j \in J$，$t \in T$；

这一问题的决策变量如下所示：

V_{jt} = 在时间段 t 内，在仓库 j 已安装的前提下扩建仓库的容量；$j \in J$，$t \in T$；

W_{lt} = 在时间段 t 内，在维修中心 l 已安装的前提下扩建维修中心的容量；$l \in L$，$t \in T$；

X^f_{pijkt} = 正向流：在时间段 t 内，通过设备 i 以及仓库 j，顾客 k 对产品 p 的需求总量；$p \in P$，$i \in I$，$j \in J$，$k \in K$，$t \in T$；

X^r_{pijkt} = 逆向流：在时间段 t 内，通过维修中心 l 到设备 i 的从顾客 k 手中回收的产品 p 的总量；$p \in P$，$i \in I$，$l \in L$，$k \in K$，$t \in T$；

$$Z_{jt} = \begin{pmatrix} 1，如果仓库 j 在时段 t 开启；j \in J \\ 0，否则为 0 \end{pmatrix}$$

$$A_{jt} = \begin{pmatrix} 1，如果仓库 j 在时段 t 扩展；j \in J \\ 0，否则为 0 \end{pmatrix}$$

$$G_{lt} = \begin{pmatrix} 1，如果维修中心 j 在时段 t 开启；l \in L \\ 0，否则为 0 \end{pmatrix}$$

$$B_{lt} = \begin{pmatrix} 1，如果维修中心 j 在时段 t 扩展；l \in L \\ 0，否则为 0 \end{pmatrix}$$

（二）模型建立

在描述了问题，解释了模型的参数和变量以后，可建立如下的数学模型：

$$\min \sum_{t \in T} \Bigg[\sum_{j \in J} (ew_{jt}A_{jt} + vw_{jt}V_{jt}) + \sum_{l \in L} (er_{lt}B_{lt} + vr_{lt}W_{lt})$$
$$+ \sum_{l \in L} fr_{lt}G_{lt} + \sum_{l \in L, t \geq 2} sr_{lt}G_{lt}(1 - G_{lt-1})$$
$$+ \sum_{p \in P} \sum_{i \in I} \sum_{j \in J} \sum_{k \in K} c^f_{pijkt}X^f_{pijkt} + \sum_{p \in P} \sum_{k \in K} \sum_{l \in L} \sum_{i \in I} c^r_{pklit}X^r_{pklit}$$
$$+ \sum_{j \in J} fw_{jt}Z_{jt} + \sum_{j \in J, t \geq 2} sw_{jt}Z_{jt}(1 - Z_{jt-1}) - \sum_{s \in S} wr_{st}Z_sG_s \Bigg] \tag{8.1}$$

其中，约束条件为：

$$\sum_{p \in P} \sum_{i \in I} \beta_p X^f_{pijk} \leq M_{jt}Z_{jt} + \sum_{m=1}^{t} V_{jm}, \forall j \in J, k \in K, t \in T \tag{8.2}$$

$$\sum_{j \in J} \sum_{k \in K} X^f_{pijkt} \leq M_i Y_{pit}, \forall i \in I, p \in P, t \in T \tag{8.3}$$

$$\sum_{i \in I} \sum_{j \in J} X^f_{pijkt} \leq d_{pkt}, \forall p \in P, k \in K, t \in T \tag{8.4}$$

$$V_{jt} \leq ub_j A_{jt}, \forall j \in J, t \in T \tag{8.5}$$

$$\sum_{l \in L} \sum_{i \in I} X^r_{pklit} = r_{pkt}, \forall k \in K, p \in P, t \in T \tag{8.6}$$

$$\sum_{l \in L} \sum_{k \in K} X^r_{pklit} \leq M_i Y_{plt}, \forall i \in I, p \in P, t \in T \tag{8.7}$$

$$(NT - t + 1)A_{jt} \leq \sum_{m=t}^{NT} Z_{jm}, \forall j \in J, t \in T \tag{8.8}$$

$$\sum_{p \in P} \sum_{i \in I_0} X^r_{pklit} \leq M_{lt} G_{lt} + \sum_{m=1}^{t} W_{lm}, \forall k \in K, \forall l \in L, t \in T \tag{8.9}$$

$$W_{lt} \leq ub_l B_{lt}, \forall l \in L, t \in T \tag{8.10}$$

$$(NT - t + 1)B_{lt} \leq \sum_{m=t}^{NT} G_{lt}, \forall l \in L, t \in T \tag{8.11}$$

$$Z_{jt}, G_{lt}, A_{jt}, B_{lt} \in (0,1), \forall i \in I, \forall j \in J, \forall l \in L, t \in T \tag{8.12}$$

$$\sum_{t=1}^{t} A_{jt} \leq q, \forall j \in J, t \in T \tag{8.13}$$

$$\sum_{t=1}^{t} B_{lt} \leq q, \forall l \in J, t \in T \tag{8.14}$$

$$0 \leq X^f_{pklit}, p \in P, \forall i \in I, \forall j \in J, \forall l \in L, t \in T \tag{8.15}$$

$$0 \leq V_{jt} \leq ub_j, 0 \leq W_{lt} \leq ub_l, \forall j \in J, \forall l \in L, t \in T \tag{8.16}$$

该模型的目标函数是最小化总成本模型,总成本包含以下几个方面:操作的固定成本,启动成本设施的扩建成本,运输成本,以及使用集成化仓储/加工设施所节省的成本和正向、逆向物流中扩建所涉及的成本。以上约束条件所包含的意思为:式 (8.2):安装仓库的容量限制操作;式 (8.3):必须确保满足产品容量限制;式 (8.4):必须确保市场顾客需求得到满足;式 (8.5):只有在仓库和设施已安装实施的前提下才能进行扩建活动;式 (8.6):确保可回收产品能够运送到市场顾客;式 (8.7):避免在未使用的设备上进行逆向物流;式 (8.8):当需要对任一设备进行扩建时,设备必须是投入使用的;式 (8.9):维修中心的容量受限;式 (8.10):当需要对维修中心进行扩建时,维修中心必须是投入使用的;式 (8.11):确保只在投入使用的设备上进行扩建;式 (8.12):确保决策变量为整数;式 (8.13)、式 (8.14):限制扩建可进行的次数;式 (8.15)、式 (8.16):确保决策变量非负。

三、基于遗传算法的模型求解方法

(一) 遗传算法概述

为了解决第三方物流供应商的网络问题,我们提出一种遗传启发式算法。遗传算法的概念于 1975 年由霍兰（Holland）第一次提出，基于类似生态学的理念，仿照自然选择和自然遗传学所得来。遗传算法在物流与供应链管理的研究领域里得到了很多的应用和发展，在诸多文献中都可以看到。

与常规的搜索算法相比，遗传算法借用了生物学中的术语："个体（individual）""种群（population）""染色体（chromosome）"。种群的规模取决于待处理问题的规模以及复杂程度，每一个解决方案被称作一对染色体。通过交叉以及变异来生成子代染色体，以实现进化。然后这些解决方案（染色体）经过适应度函数来考察优劣，适应度较差的染色体将会被更为优秀的代替。交叉、选择、评价是一个重复的过程，通过这样预定次数的重复生成不同的代。遗传算法最根本的机制是每一代的生成主要包含三个操作：（1）复制，根据染色体的适应度进行有选择的复制；（2）交叉，染色体之间的部分交换；（3）变异，染色体的随机的变化。由以上这三个操作生成新的染色体，就是所谓的子辈或子孙。这一过程经过既定次数的循环反复，这一次数通常是使系统生成能够改进种族的表现较好的染色体为止。

（二）染色体描述

对某一具体问题使用遗传算法的第一步是设计一个适当的染色体。这一步对于成功的运用遗传算法至关重要，因为它对每一对染色体都使用概率转换法则，以此来创造一个种群，提供被选方案。每个染色体的研究都是基于 $N \times M$ 维数组，N 是总的时间段数，M 是备选设备的决策变量的个数。决策变量包含开启、扩建以及每一个备选仓库和维修中心的扩建总量，因此 M 的值三倍于仓库和维修中心总数。

例如，图 8.5 中给出了染色体运用的例子。解决方案（染色体）有两个仓库和两个维修中心，以及两个时间段。因此，每个染色体表示为一个 2×12 的数组。每一个设备具有三位基因：第一位基因代表着设备的开启（=1）/关闭（=0），用二进制字符串表示；第二位基因代表着设施的扩建（=1）/不扩建（=0），用二进制字符串表示；第三位基因代表着扩建的规模，值等于第三位基因的值（整数值）乘以一个预先确定的最小扩建规模。

	仓库						维修中心					
	1		2				1		2			
T = 1	1	1	5	0	0	0	1	0	0	0	0	0
T = 2	1	1	6	1	0	0	0	0	0	1	1	4

图 8.5　染色体的遗传算法

我们假设当扩建决策做出的时候，存在着最小的扩建规模，而扩建总量不是持续的变化。具体来说，如果最小扩建规模是 5，那么仓库 1 在 T = 1 的时间段仓库的总扩建量等于 T = 1 的时间段第三位基因的值（= 5）乘以最小扩建规模 5，因此总扩建规模为 25（= 5 × 5）。

（三）遗传操作

1. 复制

复制能够保存最好的解决方案。在这个算法里面，20% 最好的染色体将会被复制，以此形成新的种群。

2. 亲代选择算子

亲代选择算子是一个非常重要的操作，它能够引导一个遗传算法搜索在搜索空间内满足假设的前提。选择操作能够在某一种群中选择双亲，为种群中的双亲分配生殖机会。现有研究存在着集中选择的方法，如轮盘选择方式、竞争选择法、排序选择法、精英选择法、随机选择法等。在此研究中，我们使用轮盘选择法根据概率分布和适应度来选择双亲。较好的染色体被选上的概率较大。

3. 交叉算子

交叉操作通过双亲染色体的结合生成新的后代"children"，因此新的染色体具有部分双亲的染色体成分。交叉操作能够显示染色体交叉的频繁度，交叉操作具有以下几个类别：单点交叉、多点交叉、均匀交叉等，在研究中我们运用的是两点交叉，其中一个点是仓库而另外一个点是维修中心。即使这个操作很简单，但也几乎不可能生成一个和双亲相同的孩子。这个操作产生了两个交叉点，然后通过双亲的部分字符串交换后生成两个孩子。

4. 变异算子

染色体重组后，一些子染色体会发生变异。对二进制个体而言，变异是染色体的某些位发生了翻转，通常翻转发生的概率都比较小（0 ~ 10%）。这为染色体的繁殖过程提供了一些小范围的随机性，防止解决方案局限于局部最优。变异的变量类型和交叉一样，取决于编码方式。在本研究中，通过随机选择备选设备，然后随机改变决策变量，如开启、扩建以及扩建规模来发生变异。

（四）适配度函数

对染色体的解码就会产生备选解决方案，备选方案的适应度取决于适应度函数的值。适应度值是一个遵循原目标函数很好的解决办法，能够衡量可行性与不可行性。适应度函数等于原目标函数加上补偿函数，具体来说，原目标函数由开启成本、操作成本、扩建成本，使用集成化仓库所节省的成本，以及正向和逆向流的运输成本，这些成本当中，其中一部分与设备有关的成本可由染色体直接计算得到，如开启成本、操作成本、扩建成本，以及使用集成化仓库的节省成本。正向和逆向物流的运输成本可以由决定网络最优物流的子算法得到。

具体来说，我们首先通过运用遗传算法操作从染色体生成开启、关闭、扩建决策变量的集合，并且进行评价。接下来，基于一些变量集，问题便简化为正向和逆向物流的转运。每一种流向的转运问题如下所示：

1. 正向流

$$\text{求 } \min \sum_{t \in T} \sum_{p \in P} \sum_{i \in I} \sum_{j \in J} \sum_{k \in K} c^f_{pijkt} X^f_{pijkt}$$

其中：

$$\sum_{i \in I} \sum_{j \in J} X^f_{pijkt} \geqslant d_{pkt}, \forall p \in P, k \in K, t \in T$$

$$\sum_{i \in I} \sum_{j \in J} X^f_{pijkt} \geqslant d_{pkt}, \forall p \in P, k \in K, t \in T$$

$$0 \leqslant X^f_{pijkt}, p \in P, \forall i \in I, \forall j \in J, \forall l \in L, t \in T$$

2. 逆向流

$$\min \sum_{t \in T} \sum_{p \in P} \sum_{k \in K} \sum_{l \in L} \sum_{i \in I} c^r_{pklit} X^r_{pklit}$$

$$\sum_{l \in L} \sum_{i \in I} X^r_{pklit} = r_{pkt}, \forall p \in P, \forall k \in K, t \in T$$

$$\sum_{p \in P} \sum_{i \in I_0} X^r_{pklit} \leqslant M_{lt} G_{lt} + \sum_{m=1}^{t} W_{lm}, \forall k \in K, \forall l \in L, t \in T$$

$$0 \leqslant X^r_{pklit}, p \in P, \forall i \in I, \forall j \in J, \forall l \in L, t \in T$$

为了解决转运问题，在增加虚拟货源和虚拟目的地之后，将问题转化为平衡运输问题。

最后，当种群中一些备选方案不具备可行性时，需要一个补偿函数来使之可行，突破仓库或维修中心的容量限制。无论何时，一个设备突破了容量限制，就会产生一个补偿值随后加到原目标值上。补偿函数如下表示：

$$补偿函数 = \sum_{j \in J} \sum_{t \in T} pv \times f(x_{pijkt}^{f}, M_{jt}, Z_{jt}, V_{jt}) + \sum_{l \in L} \sum_{t \in T} pv \times f(X_{pklit}^{r}, M_{lt}, G_{lt}, W_{lt})$$

其中，$pv = $ 补偿值。

$$f(X_{pijk}^{f}, M_{jt}, Z_{jt}, V_{jt}) = 1；如果 \sum_{p \in P} \sum_{i \in I} X_{pijk}^{f} > M_{jt} Z_{jt} + \sum_{m=1}^{t} V_{jm}；否则为 0$$

$$f(X_{pklit}^{r}, M_{lt}, G_{lt}, W_{lt}) = 1；如果 \sum_{p \in P} \sum_{i \in I_0} X_{pklit}^{r} > M_{lt} G_{lt} + \sum_{m=1}^{t} W_{lm}；否则为 0$$

对于相应的种群，补偿值比任何可能的目标值都要大很多。

（五）基于启发式遗传算法的计算步骤

在选择合适的编码方式后，基于启发式算法的遗传算法可以如下描述：（1）读取所需数据形成原始种群，其中每一个染色体是一个二维数组，代表着仓库和维修中心的决策变量。在每一个染色体中，首先开启（=1）／关闭（=0），这一时期的任何决策变量都是随机决定的。其次如果一个设备开启，扩建（=1），扩建量则随机分配。如果设备关闭，决策变量为0。（2）将被评估的这一辈染色体编号设为0，并评估种群中染色体的适应度函数。适应度函数是原目标函数与补偿函数的和。目标函数由染色体本身和子算法计算得到。通过检查是否突破容量限制来得到补偿函数。（3）通过重复遗传操作来得到新一代的种群（复制、亲代选址、交叉、变异）直到新的种群生成。结合轮盘赌选择方式与精英选择方式来进行亲代选择。两点交叉以及随机变异也被用来生成新的染色体。（4）新的种群替代旧种群。（5）如果最终条件被满足，则停止重复遗传操作，否则继续操作生成下一种群。

四、算例分析

（一）问题描述

在这个例子中，涉及的是一个提供仓储和运输服务的第三方物流供应商，提供正向和逆向物流。这个例子对比了 Excel Premium Solver 平台运用结果和基于启发式算法的遗传算法结果。

该例中包含 2 个顾客、2 个时间段、6 个市场，目的是为第三方物流供应商找到最佳的网络规划。具体的网络要求数据如下：（1）将要建立的正向以及逆向物流设施的数量；（2）这些设备的选址；（3）设施之间的物流总量。

第三方物流供应商目前与顾客 C_1 签订了一个合同，顾客 C_1 需要此物流供应商为它提供产品 1 的 6 个月的正向和逆向物流服务。C_1 有三个处于不同位置的市场，分别是 M_1、M_2、M_3。6 个月后，此第三方物流供应商有另一个潜在客户 C_2，C_2 需要此物流供应商为它提供产品 2 的正向和逆向物流服务，C_2 有 3 个位置不同的市场：M_4、M_5、M_6。表 8.1 和表 8.2 列出了这些顾客的数据和市场。

表 8.1　　　　　　　　　　　顾客位置分布

顾客	市场位置坐标		容量
	X	Y	
C_1	50	52	1000
C_2	71	50	1000

表 8.2　　　　　　　　　　　市场位置分布

市场	市场位置坐标		需求	回收
	X	Y		
M_1	52	9	5	2
M_2	42	86	5	2
M_3	93	33	5	2
M_4	62	78	50	6
M_5	90	60	50	6
M_6	70	30	50	6

另外，仓库 W_1、W_2 和维修中心 R_1、R_2 有两个备选位置。且维修中心与仓库位于同一位置，因为这样集成化的仓储/维修共用固定资产可以节省成本，节省的成本假定为 1000 元。这些设施的详细信息如表 8.3 和表 8.4 所示。

表8.3   仓库参数

仓库	容量	操作的固定成本（元）	安装成本（元）	扩建的固定成本（元）	扩建的可变成本（元）
W_1	15	300	100000	500	100
W_2	100	900	300000	500	100

表8.4   维修中心参数

维修中心	容量	操作的固定成本（元）	安装成本（元）	扩建的固定成本（元）	扩建的可变成本（元）
R_1	10	100	5000	200	50
R_2	20	200	10000	200	50

（二）模型设定

指标集合是来定义决策变量的：

$p = \{1,2\}$，不同种类产品集合；1 = 从 C_1 而来的产品，2 = 从 C_2 而来的产品。

$I = \{1,2\}$，与第三方物流供应商签约提供服务的客户工厂所在地的集合；1 = C1，2 = C2。

$J = \{1,2\}$，可能的仓库所在地集合，1 = W_1，2 = W_2。

$L = \{1,2\}$，可能的维修中心所在地的集合，1 = R_1，2 = R_2。

$L = \{1,2,3,4,5,6\}$，消费者市场的集合，1 = M_1，2 = M_2，3 = M_3，4 = M_4，5 = M_5，6 = M_6。

$I = \{1,2\}$，时间段的集合；1 = 开始的6个月，2 = 随后的6个月。

$V_{jt} =$ 在 t 时间段内对 J 仓库进行扩容，前提是 J 仓库已经开设；$j \in J$，$t \in T$；$\{V_{11}, V_{12}, V_{22}\}$

$W_{lt} =$ 在 t 时间段内对 l 维修中心进行扩容，前提是 l 维修中心已经开设；$\{W_{L1}, W_{L2}, W_{L3}\}$

$Z_{jt} = \begin{pmatrix} 1，如果仓库 j 在 t 时段时间内开设；j \in J \\ 0，如未开设 \end{pmatrix}$；$\{Z_{11}, Z_{12}, Z_{22}\}$

$A_{jt} = \begin{pmatrix} 1，如果 j 仓库在 t 时间段内扩容；j \in J \\ 0，反之 \end{pmatrix}$；$\{A_{11}, A_{12}, A_{22}\}$

$$G_{lt} = \begin{pmatrix} 1, \text{如果维修中心 1 在 t 时间段内开设；} l \in L; \\ 0, \text{如未开设} \end{pmatrix} \quad \{G_{11}, G_{12}, G_{22}\}$$

$$B_{lt} = \begin{pmatrix} 1, \text{如果维修中心 1 在 t 时间段内扩容；} l \in L; \\ 0, \text{反之} \end{pmatrix} \quad \{B_{11}, B_{12}, B_{22}\}$$

X^f_{pijkt} = 在 t 时间段内，k 消费者所需的由 i 工厂和 j 仓库满足的产品数量；$p \in P$，$i \in I$，$j \in J$，$k \in K$，$t \in T$；$\{X^f_{11111}, X^f_{11121}, X^f_{11131}, X^f_{11112}, X^f_{11122},$ $X^f_{11132}, X^f_{22142}, X^f_{22152}, X^f_{22162}, X^f_{11212}, X^f_{11222}, X^f_{11232}, X^f_{22242}, X^f_{22252}, X^f_{22262}\}$

X^r_{pklit} = 在 t 时间段内，k 消费者通过 l 维修中心返回的产品数量 p；$p \in P$，$l \in L$，$i \in I_0$，$k \in K$，$t \in T$；$\{X^r_{11111}, X^r_{12111}, X^r_{13111}, X^r_{11112}, X^r_{121112}, X^r_{13112},$ $X^r_{24122}, X^r_{25122}, X^r_{26122}, X^r_{11212}, X^r_{12212}, X^r_{13212}, X^r_{24222}, X^r_{25222}, X^r_{26222}\}$

此计算所希望达到的目标是使仓库和维修中心的固定成本、运营成本和扩容费用，以及运输费用降到最低，并尽可能节约综合设施的费用以及正向和逆向物流扩容而导致的费用。典型情况下，我们假设每个仓储单位的空间等于 1，此外，为简明起见，设施之间的运输费用等于欧几里得几何学中的距离。此综合物流模型可用以下公式所表述：

$$\min [\, 300Z_{11} + 300Z_{12} + 900Z_{22}$$
$$+ 100000Z_{11} + 100000Z_{12}(1 - Z_{11}) + 300000Z_{22}$$
$$+ 100G_{11} + 100G_{12} + 200_{22}$$
$$+ 5000G_{11} + 5000G_{12}(1 - G_{11}) + 10000G_{22}$$
$$+ (500A_{11} + 100V_{11}) + (500A_{12} + 100V_{12}) + (500A_{22} + 100V_{22})$$
$$+ (200B_{11} + 50W_{11}) + (200B_{11} + 50W_{12}) + (200B_{22} + 50W_{22})$$
$$+ 83.83X^f_{11111} + 75.72X^f_{11121} + 87.80X^f_{11131} + 83.83X^f_{11112} + 75.72X^f_{11122}$$
$$+ 87.80X^f_{11132} + 69.42X^f_{22142} + 81.58X^f_{22152} + 70.52X^f_{22162} + 107.00X^f_{11212}$$
$$+ 108.04X^f_{11222} + 89.61X^f_{11232} + 60.73X^f_{22242} + 52.79X^f_{22252} + 51.34X^f_{22262}$$
$$+ 83.83X^r_{11111} + 75.72X^r_{12111} + 87.80X^r_{13111} + 83.83X^r_{11112} + 75.72X^r_{12112}$$
$$+ 87.80X^r_{13112} + 69.67X^r_{24122} + 81.82X^r_{25122} + 70.76X^r_{26122} + 107.00X^r_{11212}$$
$$+ 108.00X^r_{12212} + 89.61X^r_{13212} + 60.73X^r_{24222} + 52.79X^r_{25222} + 51.34X^r_{26222}$$
$$- 1000Z_{11}G_{11} - 1000Z_{12}G_{12} - 1000Z_{22}G_{22} \,]$$

约束条件为：

$$X^f_{11111} + X^f_{11121} + X^f_{11131} \leqslant 1000$$
$$X^f_{11112} + X^f_{11122} + X^f_{11132} + X^f_{11212} + X^f_{11222} + X^f_{11232} \leqslant 1000$$

$$X^f_{22142} + X^f_{22152} + X^f_{22162} + X^f_{22242} + X^f_{22252} + X^f_{22262} \leqslant 1000$$

$$X^f_{11111} \geqslant 5 ; X^f_{11121} \geqslant 5 ; X^f_{11131} \geqslant 5$$

$$X^f_{11112} + X^f_{11212} \geqslant 5 ; X^f_{11122} + X^f_{11222} \geqslant 5 ; X^f_{11132} + X^f_{11232} \geqslant 5$$

$$X^f_{22142} + X^f_{22242} \geqslant 50 ; X^f_{12152} + X^f_{22252} \geqslant 50 ; X^f_{22162} + X^f_{22262} \geqslant 50$$

$$X^f_{11111} + X^f_{11121} + X^f_{11131} \leqslant 15 Z_{11}$$

$$X^f_{11112} + X^f_{11122} + X^f_{11132} + X^f_{22142} + X^f_{22152} + X^f_{22162} \leqslant 15 Z_{12} + V_{11} + V_{12}$$

$$X^f_{11212} + X^f_{11122} + X^f_{11232} + X^f_{22242} + X^f_{22252} + X^f_{22262} \leqslant 100 Z_{22} + V_{22}$$

$$V_{lt} \leqslant 165 A_{11} ; V_{12} \leqslant 165 A_{12} ; V_{22} \leqslant 165 A_{22}$$

$$2A_{11} \leqslant Z_{11} + Z_{12}$$

$$A_{12} \leqslant Z_{12}$$

$$A_{22} \leqslant Z_{22}$$

$$X^r_{11111} + X^r_{12111} + X^r_{13111} \leqslant 1000$$

$$X^r_{11112} + X^r_{12112} + X^r_{13112} + X^r_{11212} + X^r_{12212} + X^r_{13212} \leqslant 1000$$

$$X^r_{24122} + X^r_{25122} + X^r_{26122} + X^r_{24222} + X^r_{25222} + X^r_{26222} \leqslant 1000$$

$$X^r_{11111} \geqslant 2 ; X^r_{12111} \geqslant 2 ; X^r_{13111} \geqslant 2$$

$$X^r_{11112} + X^r_{11212} \geqslant 2 ; X^r_{12112} + X^r_{12212} \geqslant 2 ; X^r_{13112} + X^r_{13212} \geqslant 2$$

$$X^r_{24122} + X^r_{24222} \geqslant 6 ; X^r_{25122} + X^r_{25222} \geqslant 6 ; X^r_{26122} + X^r_{26222} \geqslant 6$$

$$X^r_{11112} + X^r_{12111} X^r_{13111} \leqslant 10 G_{11} + W_{11}$$

$$X^r_{11112} + X^r_{12112} + X^r_{13112} + X^r_{24122} + X^r_{25122} + X^r_{26122} \leqslant 10 G_{12} + W_{11} + W_{12}$$

$$X^r_{11212} + X^r_{12212} + X^r_{13112} + X^r_{24222} + X^r_{25222} + X^r_{25222} + X^r_{25222} \leqslant 20 G_{22} + W_{22} W_{11} \leqslant 24 B_{11} ;$$

$$W_{12} \leqslant 24 B_{12} ; W_{22} \leqslant 24 B_{22}$$

$$2B_{11} \leqslant G_{11} + G_{12}$$

$$B_{12} \leqslant G_{12}$$

$$B_{22} \leqslant G_{22}$$

$$0 \leqslant X^f_{pijkt}, X^r_{pklit}, p \in P, \forall i \in I, \forall j \in J, \forall l \in L, t \in T$$

$$0 \leqslant V_{jt} \leqslant 165, 0 \leqslant W_{lt} \leqslant 24, \forall j \in J, \forall l \in L, t \in T$$

$$Z_{jt}, G_{lt}, A_{jt}, B_{lt} \in (0,1)$$

$$Z_{jt}, G_{lt}, A_{jt}, B_{lt} \in (0,1), \forall i \in I, \forall j \in J, \forall l \in L, t \in T$$

（三）计算结果及分析

此数学模型有 36 个连续变量，12 个二进制变量和 73 个定量。此问题可通过使用 Excel 高级求解平台得解，因为此模型的目标函数中不涉及线性因素。此问题同样可由本章中已经提出的遗传启发式算法得到解决。

由 Excel 求解平台所提供的最优方案显示，正向物流的最佳方案是在第一阶段开设 W_1，并在第二阶段扩大 W_1 的处理能力以使所有消费者都能够获得 W_1 所提供的服务。至于逆向物流方面，在第一阶段开设 R_1，并在之后扩大他的处理能力以使所有消费者都能获得 R_1 所提供的服务。此决策可使费用因开设综合处理设施而降低，目标值是 136110 元。表 8.5 表示了在计划周期内所得出的最佳方案。

表 8.5　　　　　　　　　应用 Excel 求解得到的最好解决方案

	W_1			W_2			R_1			R_2		
	Z	A	V	Z	A	V	G	B	W	G	B	W
1	1	0	0	0	0	0	1	0	0	0	0	0
2	1	1	150	0	0	0	1	1	14	0	0	0

接下来，运用本章中已提出的遗传启发式算法能够解决同样的问题。此问题被翻译成计算机程序语言并在电脑中进行运算。通过广泛的实验，恰当的参数确定如下：种群数量 = 100，总代数 = 100，交叉数 = 0.8，变异 = 0.2。100 代以内的组合所能达到的目标值的最佳值是 136110 元。

两个运用了不同工具的实验结果是，处理程序和 Excel 求解平台得出了同样的解决方案。表 8.6、表 8.7 分别表示了产品的分销量和计划的处理能力。由此我们可以得出结论，遗传启发式算法能够在多阶段网络设计中得出良好的解决方案。

表 8.6　　　　　　　　　各个设施所分配到的客户市场

仓库/时期	W_1	R_1
1	M_1，M_2，M_3	M_1，M_2，M_3
2	M_1，M_2，M_3，M_5，M_6	M_1，M_2，M_3，M_4，M_6

表 8.7　　　　　　　　　　　设施的处理能力计划

时期/决策变量	W_1		W_2		R_1		R_2	
	Z	C	Z	C	Z	C	Z	C
1	1	15	0	0	1	10	0	0
2	1	165	0	0	1	28	0	0

注：Z = 开启/关闭决定，C = 总容量（单位）。

　　该小节在充分考虑了正向及逆向物流影响因素的基础上，针对动态整合第三方物流供应商的配送网络提出了"多时段、两层级、多产品、限量"，并且客户是动态情况下的网络设计问题的最优模型，采用了混合遗传—启发式算法对模型进行了求解，算例分析证明了其有效性。相比现有文献，本章具有以下两个创新：一是针对同时具有正向和逆向物流运作，根据顾客具有动态性的第三方物流供应商的实际情况建立了相关的动态配送网络设施模型，整合了正向与逆向物流，填补了第三方物流供应商网络设施模型研究中逆向物流研究的空白，基于此提出的动态整合配送网络的混合整数模型，在本领域具有一定的创新性；二是提出了一种结合了基因演算法和解决转运问题的单体算法的启发式算法对模型进行求解；如开设/关闭、扩大机器与增加设施有关的变量通过基因演算法得到确定，正向、逆向最佳流量有关的决策则通过单纯型算法得到确定。该算法能有效地解决类似问题。未来的研究应关注客户需求是随机变量还是模糊变量的情况，将随机规划和模糊规划等理论应用到本研究中，以扩大研究的适用性。

■➡ 第三节　边疆民族地区生鲜农产品供应链发展对策

　　信息是农产品物流的神经系统，从农产品产前的采购、产中的流通加工和存储运输到产后的配送与销售，每一个环节都需要对物流信息做出及时的处理，才能游刃有余地应对市场变化。笔者在分析边疆民族地区生鲜农产品供应链发展现状与存在问题的基础上，提出基于信息网络平台的农产品物流供应链管理模式，构筑起生鲜农产品物流信息网络管理系统，广泛采用信息网络技术，加快了现代物流与电子商务的融合。基于电子商务平台的生鲜农产品供应链物流管理模式如图 8.6 所示。

　　生鲜农产品电子商务平台的供应链管理模式是将农产品的生产（加工）、流通、消费等环节有机地结合起来，生鲜农产品形成产销一体化，各个环节之间实现无缝衔接。农产品的生产监管机构、检疫机构、市场监管机构等也可以通过信息平台对农产品的生产加工、市场准入、质量安全直接进行监管，同时在信息平台上发布农产品最新的国际、国内标准来指导生产，消费者则可以通过信息平台的网络终端对所购买的农产品的质量

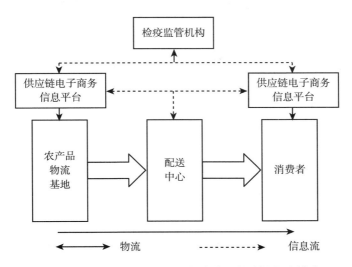

图 8.6　电子商务平台下的生鲜农产品供应链物流模式

安全进行查询，并可追溯产地，让消费者权益得到切实保证，同时也有利于农产品品牌的创建和保护。农产品供应商根据电子商务信息平台上消费者提供的需求信息，向生鲜农产品基地发送生产信息，管控人员根据指令告知农产品生产基地采摘生鲜农产品，这样减少了农场主采摘的盲目性，同时也实现了真正的 MTO（make to order）和生鲜农产品的零库存，而且有利于促进农业生产的产业化。一条完整的供应链应包含采购、运输、存储、流通加工、配送、信息处理等各个环节，其中配送和信息处理两个重要环节必须加以重视。

一、农产品基地

农产品基地由自有基地和外源合作、联合基地组成，分温室设施生产和大田生产两大类型。自有基地和外源的设施生产基地主要生产优质高档的品种，大田种植生产基地主要集中在优良品种、特色品种上。采取自有基地与外源基地结合，温室生产与大田种植结合，扩大无公害优质农产品的原料供给量，保障配送中心采后处理、加工配送的作业量，保障市场销售量。

这种基地专为"生鲜农产品电子商务企业"服务，农场里不仅种植新鲜的蔬菜、水果，还饲养鸡、鸭、鱼、猪等动物。农产品电子商务企业最大的优势之一就是产品新鲜、有机绿色。

农产品电子商务企业在收到客户订单之后直接在农场基地采摘，故其配送中心一般建立在生产基地附近，从而保证及时采摘，及时运送至配送中心进行清洗、加工等程序，最后及时把新鲜的农产品送至客户处。这类农场基地，不仅可以种植农作物、养殖家畜等，还可以提供旅游参观服务，进一步增加农场收入。

二、电子商务平台

这里的电子商务平台就是把农产品基地的蔬菜、水果都放到网站上去卖，顾客可以在网站上进行选购，从这里订购的农产品最大的优势是新鲜、低价，可谓物美价廉。同样，企业在这里进行的不仅仅是线上生鲜农产品交易，同时也是在给自己的企业进行营销，打造可靠的、高质量的、绿色的、深入人心的农产品品牌。

第四节 案例分析：云南花卉物流"最前一公里"问题

云南省花卉品种众多，花卉产业发展迅速，已成为省内经济五大支柱产业之一，其中鲜切花发展尤为出众。据云南省花卉产业联合会统计，云南鲜切花产量大约占全国的80%，花卉种植面积达57.4万亩，总产值176亿元人民币，鲜切花产量52.9亿枝，连续15年保持全国第一。然而，目前我国花费大量的精力研究花卉中间物流与"最后一公里"物流，而忽视了花卉冷链物流"最前一公里"的优化，即花卉从农户到当地批发商或拍卖中心的物流环节。花卉中的最前一公里冷链物流中存在集约化程度低、缺乏整体规划等问题，这些问题制约着花卉冷链物流的发展。本章基于以上问题，对云南省花卉物流的"最前一公里"进行研究，以期为今后云南花卉物流，特别是冷链物流的发展计划提供决策参考依据。

一、云南省花卉物流现状分析

国内对花卉物流的研究比较少。通过文献研究可得，集中于对花卉配送的路径优化及产量预测这两方面。张娣杰等（2003）认为我国花卉市场营销方式相对落后，提出我国需进一步完善各种花卉组织和协会的功能建设，加快交易方式的现代化，加快产前、产后及物流建设，完善社会化服务体系。李晓刚（2010）分析了鲜切花物流运输包装的现状，提出了鲜切花的含水保鲜包装技术和蜂窝状隔离防护包装方法，最后对我国鲜花物流配送系统的发展给出了一些建议和措施。王丽娟（2010）在介绍国内外花卉物流发展现状及趋势，并对云南花卉市场进行调查的基础上，以昆明花卉为研究重点，进行昆花产区特征分析，并用灰色系统预测法进行产量预测。谷雨哲（2014）针对现行花卉航空运输物流流程中存在的主要问题，提出了相应的流程优化策略。宋志兰（2015）等研究发现未来五年云南花卉对物流的需求将持续增长，提出现有的物流特别是冷链物流要加快发展步伐，才能满足日益扩大的需求。

目前学术界关于花卉物流的研究还不多，主要是对花卉物流配送现状、路径优化等物流"最后一公里"的问题进行研究，针对物流"最前一公里"的研究较少。因此，对花卉冷链物流进行研究，分析并解决物流"最前一公里"的问题，对促进云南省花卉物流的发展具有重要意义。

目前，从云南省花卉产业联合会获悉，云南每年大约有20多万吨的鲜切花销售到国内70多个城市，并且出口到40多个国家和地区，日发货量500~700吨，云南目前有52家注册的花卉类物流企业，仅有12家拥有冷藏车、冷藏库等基础设施。虽然昆明花卉物流业发展快速，科技水平和设施装备较之前都有较大幅度的提升，但是，昆明花卉物流的发展仍然有不少的问题，花卉物流中"最前一公里"成了制约云南省花卉产业发展的一大"瓶颈"。

如图8.7所示，花卉物流"最前一公里"指的是主产地花农到花卉企业、产地批发市场以及花卉拍卖中心的流通环节。由于云南花卉产地分布范围较广、物流的半径及所耗时间、运输工具多样等客观因素，冷链物流发展的实际情况并不乐观，从花农到企业、政府，对于冷链物流行业"最前一公里"当前发展存在的问题还没有清醒和全面的认识。

（一）花卉冷链"断链"

目前，云南鲜切花在产地采集、短途运输、中途运输过程中冷链保护基本缺失，导致花卉到达目标市场的品质严重下降；物流集散区域分散，

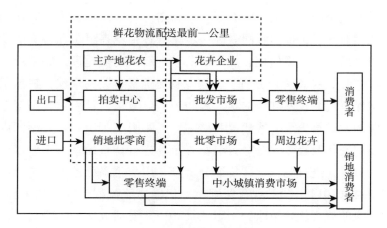

图 8.7　鲜花物流供应链

缺少专业物流公司从事花卉物流；花卉的整个流通过程极少采用专业的保鲜措施，如缺乏专业的运输工具，使鲜切花常常与其他货物一起挤在客运机舱内，没有专业的保鲜设备为其提供保鲜环境。

（二）花卉生产规模小而分散，合作经济组织发展滞后

目前，我国花卉的生产经营方式仍然以分散的花农为主，公司、合作社等组织化主体为辅。据了解，2017 年昆明鲜切花主要还是由花农生产，企业种植较少。无论小农散户还是租种户其花卉种植方式都较为简单，主要依靠气候条件以传统方式进行露天或大棚种植为主，基础设施和栽培设施薄弱，规模化、标准化、专业化程度都不高。规模小而分散的花农很难与流通企业全面对接，再加之不具备投资冷链设施的能力和效率，导致花卉采后的品质受到影响，合作经济组织并没有得到相应的发展。

（三）供求信息不对称

花农对市场供求信息的获取渠道单一，花卉经营各环节存在着严重的信息滞后现象，花农在花卉的种植方面缺乏统一管理，普遍存在"价优则种，价廉则弃之或少种"的态度，因此很难形成自己的特色优势花卉品牌，专业化程度低，市场的认可度也很低。由于花卉冷链物流"最前一公里"发展滞后，服务网络和信息系统不够健全，大大影响了花卉物流在途质量、准确性和及时性。冷藏冷冻运输车与花卉生产户信息无法对接，导致冷藏车耗费增加，而种植户花卉外运困难。

（四）鲜切花包装技术落后

目前云南省普遍使用的鲜切花包装技术相对落后，鲜切花的运输包装主要采用泡沫塑料箱或瓦楞纸箱以及塑料薄膜。由于鲜切花运输以件数论运价，因此为了提高鲜切花的运输量，降低运输成本，绝大部分花商将成扎的鲜切花横放着塞入箱内，塞得越多越好，最终导致鲜切花断头、断枝的压伤损毁现象严重；同时，由于鲜切花在运输过程中没有采用保鲜方法或者采用的方法不当，再加上物流周转环节繁杂、技术落后、时间过长，使得鲜切花花朵和叶片枯萎变烂，损耗率高达30%以上。

二、云南省花卉物流发展建议

（一）建立云南花卉冷链物流体系的整体规划

从云南花卉生产格局来看，根据不同种类花卉的生产地域，构建完整的冷链物流网络，覆盖各个主要生产区，力求在采后处理、运输、销售各个流通环节实现无缝冷链支持，使有形和无形损耗降到最低。

第一，预冷处理。首先，对鲜切花进行采后保鲜预冷处理。在各生产区域建立一些小规模的预冷仓库，让农户将零星产品集中到一个地方做保鲜预冷处理，保证鲜切花的品质。同时，对花卉中转环境进行基础设施的更新改造，包括拍卖市场、鲜花交易市场以及机场等。

第二，以台车为核心的物流平台建设。台车是花卉包装的最小单位，台车可反复使用，用台车进行花卉运输后，不再使用纸箱包装，一方面可降低能耗、利于环保，长远看可节约成本；另一方面，整车装卸，可以将装车损耗降至最低，同时也可大大提高装卸车效率。另外，使用台车后，鲜切花也可以带水运输，同时可以做展示货架使用。

第三，发展本土独立的专业化花卉物流公司。专业化的花卉物流公司能针对花卉本身提供专业化服务，让花卉的生产、运输、储存等各个环节紧密衔接，减少花卉物流的费用，降低花卉的损耗，提升花卉产业结构和效率。

（二）建立有组织、有规模的全套鲜花生产销售体系

大力发展合作经济组织。通过合作经济组织，把千千万万的花农组织起来，使分散的小生产变成规模化的大生产，有利于解决一家一户完成不了的采后分级加工、包装、运输、冷藏等问题，提高花农的组织性和市场竞争能力；另外，通过合作经济组织，加强花农与政府、销售商、物流服务商等的沟通能力，完善花卉冷链物流发展的基础条件，使生产与市场协调互动，缩短物流行程和时间。

加强政府、协会和企业之间的协同管理。各级政府主管部门要切实做好宏观调控、组织、协调、监督工作，政府扶持应由重点扶持企业向重点扶持产业转变。协会等行业主管部门要明确工作职责，切实做好宏观管理工作，强化服务意识，提高服务水平，引导产业有序发展，促进公平竞争。龙头花卉企业具有强大的生产能力，科技创新能力，销售能力和市场开拓能力，在花卉产业的发展中不仅起核心作用，而且起带头作用，昆明花卉产业的发展必须重视发挥大企业的示范带头作用。

强化行业自律。根据昆明市花卉行业存在的问题，应从以下三方面进行加强：一要大力倡导依法经营。每个花卉企业或花卉从业者都应该遵纪守法，依法合法经营。二要强化行业管理。要充分发挥协会在行业管理、引导会员单位和相关从业人员自觉遵守法律法规、监督管理花卉市场等方面的职能，保护花卉行业的利益和花农的利益，促进昆明花卉产业健康有序发展。三是组建产业集团，通过兼并、联合、重组等多种方式联合起来组建产业集团，并通过政府主导或帮助吸引社会多元投资，推动花卉企业进行战略重组，走规模化发展之路，才能提高昆明花卉产业的规模效应和整体竞争力。

加大政府扶持力度。首先，加强制度建设，出台或完善有利于花卉产业发展的相关政策措施；其次，加大现有政策的执行力度，健全对不法行为的监督和处罚机制，确保从源头上杜绝花卉生产投机取巧等不法行为，严厉打击不正当竞争和违法经营活动，对花卉消费者、经营者和生产者的合法权益进行保护；再次，加大政府资金投入力度，并通过信贷投放等有效措施对重点企业或发展潜力较大的花卉企业进行重点支持，帮助其做大做强；最后，加强优势产区配套基础设施建设，积极推动昆明斗南鲜切花交易中心市场、各花卉产业园区、空港经济区花卉物流加工中心区等花卉产业链重点建设项目的推进工作。

（三）构建具有云南特色的 "O2O" 花卉物流发展模式

云南省优越的地理位置，为电子商务的发展提供了良好的环境。尤其是在 "一带一路" 的大背景下，云南将逐渐发展成为面向东南亚、南亚的辐射中心。这将为发展有云南特色的 "O2O" 花卉物流模式带来极为有利的条件。

我国的鲜花冷链物流系统相对于荷兰、美国、日本等国家来说，还处于比较落后的水平，他们的鲜花物流基本上实现了一体化的门到门服务。花卉产业朝着电子商务方向发展已经逐渐成为各国普遍接受的方式，就电子商务本身来说，目前也呈现出良好的发展趋势，昆花的发展正好可以借此趋势大力发展。

O2O 模式即 Online To Offline，是指通过线上选购、在线支付、线下消费、消费反馈四个核心流程把线上的消费者带到现实的商店中去，在线支付购买线下的商品和服务，再到线下享受服务。如图 8.8 所示。

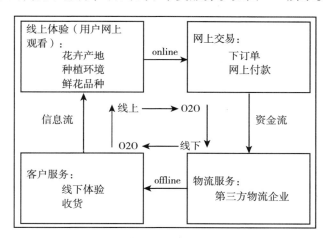

图 8.8　云南特色的鲜花 O2O 模式框架

线上业务（online）：云南鲜花电子商务初具规模，中国网库与昆明高新区共同搭建了中国鲜花交易网。有了这个平台，各鲜花种植户不论是个人、协会还是企业，都可以根据种植花卉的品种和规模，选择自己的 "商铺"。这种方式类似于淘宝平台可以为需要网上 "商铺" 的店家提供 "场地" 一样，只需要交付一定的 "场地" 使用费。鲜花如果能通过这个平台进行交易，能大大拓展鲜花市场，因为有了互联网这个平台，鲜花交易将不仅仅只限于国内，而且交易成功的可能性也将大大增加。各鲜花卖家可将自家的鲜花种植基地、花卉养殖状况、各花卉品种和数量如实通过照片的形式公布到网上。来自全国各地的鲜花需求用户，可根据需要进行选购，并通过支付宝、网银或财付通等方式进行网上交易。

线下业务（offline）：网上交易一旦完成，即可委托专门的第三方物流公司进行送货作业，保证在最短的时间内能以最好的质量将鲜花送到客户的手中。客户收货以后，可以对鲜花质量、物流，以及服务态度等进行评价，将信息反馈给"店家"，以便能更好地改进店家服务。

将昆花的 O2O 模式与花卉冷链物流的"最前一公里"进行有机的结合。针对云南鲜花物流目前存在的物流系统落后、信息渠道狭小、客源不稳定以及信息资源整合难等问题，推行有云南特色的 O2O 模式，必将极大地促进云南省花卉产业的发展。

（四）使用新型的包装技术

一是含水保鲜包装。这种包装技术可以保证鲜切花在运输过程中始终处于"含水"状态，保鲜时间长而且可以随时补给水分或养分，而且这样包装的各组成部分可根据不同品种鲜切花的要求进行灵活选择和搭配。"含水保鲜包装"主要由瓦楞纸箱、塑料薄膜、含水箱组成。泡沫塑料箱中有一块吸水海绵，运输时将干净的水或含有保鲜剂的营养水倒入吸水海绵中，成束鲜切花通过箱盖上的孔插入吸水海绵中，可以使鲜切花时刻与水或保鲜剂接触，从而保持新鲜和湿润。更重要的是水和保鲜剂可以通过连接手提孔和泡沫塑料箱盖孔的软管随时补给，鲜切花不会因为较长时间的运输而失鲜。由于吸水海绵的毛细作用，可以大大减少水或保鲜剂的用量，从而减轻了整个瓦楞纸箱包装的重量。

二是隔离防护包装。采用含水保鲜包装方法，鲜切花在运输过程中处于竖立状态，因此这种包装方法降低了鲜切花受压损毁的概率，但为了保证一定的运输量，箱内的鲜切花不可避免地要挤压在一起，因此可以采用隔离包装保护套的方式，将鲜切花花朵套住并隔离开，避免互相摩擦而造成损毁。此隔离包装保护套的材料可以采用珍珠棉或聚乙烯薄膜，这种防压伤保护套的优势是将批量的鲜切花形成一个整体单元，提高了单元内花朵的稳固性，减少了摩擦损伤，同时这种保护套亦可重复使用，降低了材料的用量，节约了成本。

第九章

昆明市粮食供应链整合优化研究

据中国古代典籍记载，粮食又称为"五谷"，对五谷的解释不同的书籍表述各不相同，普遍认为"五谷"是指稻、黍、稷、麦、菽。联合国粮农组织对粮食定义就是指谷物，包括麦类、豆类、粗粮类和稻谷类等。麦类包括：小麦、大麦、青稞、黑麦、燕麦等；豆类包括：大豆、红豆、绿豆等；稻类包括：粳稻、籼稻、糯稻等；粗粮类包括：玉米、高粱、荞麦、粟（谷子、小米）、黍（糜子）等；另外，还有作为补充主食用的粮食作物：木薯、番薯（红薯、白薯）、马铃薯（土豆）。

粮食供应链是指围绕粮食核心企业，通过对产业的物流、信息流和资金流的控制，将粮食及其产品生产和流通中涉及的农户、粮食收储中心、粮食加工企业、粮食配送中心、粮食出口商、零售商以及消费者连成一体的功能网络结构模式。

➡第一节　昆明市粮食供需现状分析

一、我国粮食供需概况

（一）我国粮食生产供给状况

截至"十二五"期末即 2015 年，我国粮食总产量达到 6.21 亿吨，粮食总产量持续"十二连增"，从长远来看，我国粮食消费需求虽然有波动起伏，但是整体呈现平稳增长态势，各主要粮食品种的消费量逐年上涨。

自 2005 年以来的十多年间，我国粮食的自给率基本保持在 95% 左右，还有约 5% 的粮食需要从国外进口。

"十一五""十二五"期间我国粮食产量连年增长，生产结构总体稳定，主要粮食产量逐年增加。2015 年，我国粮食的总产量为 6.21 亿吨，对比上年增加 0.14 亿吨，增产 2.4%。2016 年与 2017 年则略有下降，2016 年我国全年粮食产量 61624 万吨，比 2015 年减少 520 万吨，减产 0.8%。2017 年全年粮食产量 61791 万吨，比 2016 年增加 166 万吨，增产 0.3%。从主要粮食品种来看，2005 ~ 2015 年，稻谷年产量从 1.805 亿吨增长到 2.0825 亿吨，年均增长 2.59%；小麦年产量从 0.974 亿吨增长到 1.3019 亿吨，年均增长 1.37%；玉米年产量从 1.393 亿吨增长到 2.2458 亿吨，年均增长 5.15%。2016 年，稻谷产量 20693 万吨，减产 0.6%；小麦产量 12885 万吨，减产 1.0%；玉米产量 21955 万吨，减产 2.3%。2017 年，稻谷产量 20856 万吨，增产 0.7%；小麦产量 12977 万吨，增产 0.7%；玉米产量 21589 万吨，减产 1.7%。总体上，2005 ~ 2017 年我国粮食总产量基本都呈逐年增长态势，如表 9.1 所示。

表 9.1　　　　　　　2005 ~ 2017 年粮食产量及其增长率变化

年份	粮食		稻谷		小麦		玉米	
	产量（亿吨）	增长率（%）	产量（亿吨）	增长率（%）	产量（亿吨）	增长率（%）	产量（亿吨）	增长率（%）
2005	4.840219	3.1	1.80588	0.84	0.97445	5.97	1.3937	6.97
2006	4.980423	2.9	1.81718	0.63	1.08466	11.31	1.5160	8.78
2007	5.016028	0.71	1.86034	2.37	1.09298	0.77	1.5230	0.46
2008	5.287092	5.4	1.91896	3.15	1.12464	2.9	1.6591	8.94
2009	5.308208	0.4	1.95103	1.67	1.15115	2.36	1.6396	-1.17
2010	5.464771	2.95	1.95761	0.34	1.15181	0.06	1.7725	8.09
2011	5.712085	4.53	2.01001	2.68	1.17401	1.93	1.9278	8.77
2012	5.895797	3.22	2.04236	1.61	1.21023	3.09	2.0561	6.66
2013	6.019384	2.1	2.03612	-0.31	1.21926	0.75	2.1849	6.26
2014	6.07099	0.85	2.06427	1.38	1.26171	3.48	2.1567	-1.29
2015	6.2144	2.4	2.0825	0.8	1.3019	3.2	2.2458	4.1
2016	6.1624	-0.8	2.0693	-0.6	1.2885	-1.0	2.1955	-2.3
2017	6.1791	0.3	2.0856	0.7	1.2977	0.7	2.1589	-1.7

资料来源：根据国家统计局数据中心数据整理得出。

（二）我国粮食消费需求状况

总体上我国粮食及其主要品种消费需求呈长期平稳增长态势。截至 2014 年，我国主要粮食品种（含稻谷、玉米、小麦和大豆）的消费总量为 6.028 亿吨，比上年增加 0.136 亿吨，同比增长 2.31%。其中，稻谷消费量为 2.027 亿吨，比上年增加 0.042 亿吨，同比增长 2.12%；小麦消费量为 1.316 亿吨，比上年增加 0.024 亿吨，同比增长 1.86%；玉米消费量约 1.89 亿吨，比上年增加 0.07 亿吨，同比增长 3.86%；大豆消费量为 0.795 亿吨，比上年增加 0.342 亿吨，同比增长 0.03%，如表 9.2 所示。

表 9.2　　　　　2005～2014 年我国主要粮食品种消费量及其增长率

年份	稻谷		小麦		玉米		大豆		合计	
	消费量（亿吨）	增长率（%）	消费量（亿吨）	增长率（%）	消费量（亿吨）	增长率（%）	消费量（亿吨）	增长率（%）	消费总量（亿吨）	增长率（%）
2005	1.775	—	1.001	—	1.384	—	0.447	—	4.608	—
2006	1.797	1.23	1.02	1.88	1.444	4.33	0.435	-2.7	4.697	1.92
2007	1.808	0.59	1.052	3.12	1.537	6.41	0.474	8.97	4.871	3.71
2008	1.832	1.32	1.044	-0.78	1.553	1.09	0.512	7.94	4.941	1.44
2009	1.887	3.01	1.105	5.85	1.707	9.9	0.597	16.58	5.296	7.18
2010	1.94	2.81	1.123	1.63	1.78	4.28	0.652	9.13	5.494	3.75
2011	1.984	2.27	1.336	18.97	1.874	5.25	0.709	8.83	5.902	7.43
2012	2.015	1.56	1.348	0.91	1.834	-2.14	0.745	5.08	5.942	0.66
2013	1.986	-1.46	1.292	-4.15	1.82	-0.75	0.795	6.68	5.892	-0.83
2014	2.028	2.12	1.316	1.86	1.89	3.86	0.795	0.03	6.029	2.31

资料来源：根据国家粮油信息中心数据整理得出。

二、云南省粮食供需概况

云南省粮食产量总体上与全国保持一致，实现连续 11 年增产，粮食播种面积在全国排名第 11 位，粮食产量连续 9 年位居全国第 14 位，截至 2014 年，云南省粮食供应需求总量为 2763 万吨，对比本省粮食产量，供需缺口约为 490 万吨。但全省粮食产能不足，粮食产销缺口还在逐年扩大。目前全省已建成日处理稻谷 150 吨以上的大米加工企业 11 家，截至 2013

年末，全省粮食加工企业共计 356 户。

由于云南的耕地资源较少、农业科技水平比较低、农业基础设施较为落后、种粮经济效益不高等诸多因素，导致云南省粮食产能不高，全省粮食产销缺口逐年扩大。以 2013 年为例，云南省粮食总的供给量为 2316.54 万吨（其中总产量 1824 万吨，省外购进 457.34 万吨，进口 35.2 万吨），而总需求则达到 2525.37 万吨（其中总消费 2269.55 万吨，铁路销往省外 190.67 万吨），供需仍然相差 208.83 万吨。近几年，云南省粮食自给率逐年下降，产销缺口不断增大，除了以薯类为主的其他粮食作物能够满足消费以外，其余品种都需要从外省调入。以稻谷为主的口粮最为短缺，2013 年云南省稻谷产量为 679 万吨，可用于口粮消费的稻谷只有 567.9 万吨，约合大米 397.5 万吨，人均仅为 84.82 公斤，远低于全国的平均水平 130.73 公斤[①]。

三、昆明市粮食供需情况介绍

2014 年，昆明市年均粮食消费总量约 384 万吨，自产量 190.20 万吨，净调入量约 193.80 万吨。随着昆明市城市的快速发展，人口将进一步增加，同时工业用粮和饲料用粮也进一步增加。从中长期来看，昆明市粮食需求仍呈刚性增加的趋势，短缺的状况仍将持续不断扩大。预计到 2020 年，云南省城镇化率将提高到 50% 左右，城镇人口数量将超过 2000 万人。全省城镇人口一半以上将生活在滇中地区的昆明、楚雄、玉溪，通过昆明进入云南的粮食数量必然逐年增长。根据国家发展和改革委员会预测，2020 年我国人均粮食消费量将达到 395 千克。按 2020 年昆明市人口为 1000 万人计算，预计届时昆明市粮食消费总量为 395 万吨左右，粮食供需缺口达 280 万吨左右，粮食自给率水平约 28%，供需缺口呈现逐渐增大的趋势。

（一）昆明市粮食供需结构分析

2013 年昆明市的粮食播种面积为 27.5 万公顷，单产为 4.5 吨，粮食

---

① 云南日报. 云南粮食持续增产 11 年但产销缺口逐渐扩大，http：//yn. yunnan. cn/html/2014 -07/27/content_3301211. htm,2014 -07 -27/2016 -08 -04.

总产量为 123.6 万吨。近三年，昆明市粮食平均单产为 4.4 吨，总产量稳中有增，如表 9.3 所示。

表 9.3　　　　　　　**2011～2013 年昆明市粮食生产情况**

项目	2011 年	2012 年	2013 年
播种面积（万公顷）	25.2	28.0	27.5
单产（吨）	4.4	4.3	4.5
总产量（万吨）	110.2	120.7	123.6

资料来源：根据 2013 年度昆明市粮食流通统计和社会粮油供需平衡调查报告整理。

2013 年昆明市粮食总产量为 124 万吨，粮食总消费量为 388 万吨，自给率 31.9%，粮食贸易依存度达到了 68.1%。粮食安全问题不容乐观。数据表明，在昆明市的粮食品种中，玉米的消费量所占比重是最大的，占到总消费量的 47.9%，其次是稻谷，占到总消费量的 33.7%。从粮食消费的结构分类来看，昆明市的饲料用粮比重最大，占到 58.7%，城镇消费口粮的比重占到了 21.6%，如表 9.4 所示。

表 9.4　　　　　　　**2013 年昆明市粮食消费情况**　　　　　单位：万吨

品种	总消费量	城镇口粮	农村口粮	饲料用粮	工业用粮	种子用粮
合计	388	84	47	228	13	6
小麦	32	12	1	12	8	1
稻谷	114	62	42	—	3	—
玉米	162	—	1	155	1	—
其他	80	10	3	61	1	5

资料来源：根据 2013 年度昆明市粮食流通统计和社会粮油供需平衡调查报告整理。

（二）昆明市粮食供需特点

1. 粮食贸易依存度高

2013 年昆明市粮食总产量为 124 万吨，粮食总消费量为 388 万吨，自给率为 31.9%，粮食贸易依存度达到了 68.1%。属于完全不能自给，粮食安全水平较低，如表 9.5 所示。

表9.5   **2013 年昆明市粮食贸易依存度情况**

品种	产量（吨）	消费量（吨）	缺口（吨）	贸易依存度（%）
合计	1235503	3876889	2641386	68.1
小麦	59275	314732	255475	81.2
稻谷	227684	1144439	916755	80.1
玉米	591393	1617542	1026149	63.4
其他	357151	780176	423025	54.2

资料来源：根据 2013 年度昆明市粮食流通统计和社会粮油供需平衡调查报告。

2. 饲料用粮比重较大

根据近年来昆明市粮食流通统计和社会粮油供需平衡调查报告的数据显示（如表 9.6 所示），昆明市饲料用粮比重较大，已接近粮食总消费量的 1/3。

表9.6   **昆明市饲料用粮消费情况**

年份	总消费量（万吨）	饲料用粮（万吨）	饲料用粮占比（%）
2010	304.9	185.2	60.1
2011	331.1	195.1	58.9
2012	379.4	226.1	59.6
2013	387.9	228.2	58.8

资料来源：根据 2013 年度昆明市粮食流通统计和社会粮油供需平衡调查报告整理。

3. 种子和工业用粮需求增加

粮食种子用粮与粮食播种面积密切相关，尽管由于城市扩张、环境保护等原因使耕地面积面临巨大压力，但由于国家出台了一系列相关政策保护耕地，未来耕地面积与目前相比可能不会有太大变化，粮食播种面积也将基本稳定，但由于耕地质量下降，预计种子需求将有所增加。工业用粮一般包括制糖、浆纱、医药、制革、制酱醋等所需的粮食，随着科技的发展，一些发达国家开始尝试用粮食转化为新能源，我国也在探索，因此估计工业用粮需求在未来也将增加。

4. 粮食产需缺口持续扩大

近年来，随着昆明市城市化进程的不断加快，又受到国家退耕还林、农业结构调整等政策因素的影响，耕地数量正在逐年减少，粮食产量大幅提高的可能性越来越小。若昆明市粮食产量保持在 120 万吨左右，至 2020 年，粮食缺口为 207.4 万吨，自给率仅为 36.7%，如表 9.7 所示。

表 9.7　　　　　　　　　　昆明市粮食供需平衡预测

项目	2016 年	2017 年	2018 年	2019 年	2020 年
需求总量（万吨）	317.1	319.6	322.2	324.8	327.4
粮食产量（万吨）	120	120	120	120	120
产需缺口（万吨）	197.1	199.6	202.2	204.8	207.4
自给率（％）	37.8	37.5	37.2	36.9	36.7

资料来源：根据 2013 年度昆明市粮食流通统计和社会粮油供需平衡调查报告数据整理。

第二节　昆明市粮食供应链现状分析

一、我国粮食供应链的发展现状及趋势

我国是世界的人口大国，粮食问题一直是影响我国经济发展和人民生活水平的重要因素，农业是我国国民经济的基础，粮食生产问题是农业的基础。目前我国粮食物流生产取得了一定的成效。在国家政策的大力支持下，我国粮食物流产业获得了大力发展；在加入 WTO 后，我国对粮食行业进行了一系列的改革，使我国的粮食经济在稳定中快速发展。

我国粮食供应发展的主要趋势是北粮南运，主要分以下几种模式：一是散粮海运，粮食从锦州、大连装船，运到上海、广东、福建、广西等省（市、区），每年全国海运的散粮数量在 2000 万～2400 万吨。二是包粮入关，通过铁路网络将玉米运输到上海、江西、浙江、四川、云南、广西、湖南、湖北等省（市、区）。根据国家铁路总公司的数据，哈尔滨、沈阳铁路局每年包粮发运量在 2000 万吨左右。三是汽车发运，直接通过货车运输的方式入关，主要发往山东省及其周边的城市。发运量约为 200 万吨。四是集装箱发运，特别是在近年发展迅速，也是今后我国粮食运输的主要发展方向。目前每年的发运量在 600 万～800 万吨水平，呈逐年递增之势。

二、云南省粮食供应链的发展现状及趋势

由于山多地少，农业基础设施不足，生产方式较为落后，导致了云南

省粮食长期短缺，云南省发展农业生产的首要目标一直是实现粮食自求平衡。2015年，云南粮食的总产量为1876.4万吨，实现了自2003年以来的"十三连增"，粮食由长期需要大量外调转变为基本实现自求平衡。但是，云南省在粮食供应上还存在许多的困难与问题，主要体现在几个方面：一是粮食流通体系不健全。全省加工能力200吨以下的小型企业占91.3%，粮食加工转化率仅为25%，目前云南省地方储备粮以储存原粮为主，如遇突发事件或自然灾害，应急处理能力较弱，难以保障应急需要。二是供应网点数量不足，全省仅有542个，与国家的要求相差较远。三是流通基础不牢，目前云南省的仓库存储量为431万吨，而符合国家标准的仓库仅为83万吨。流通产业不强，存在"小、弱、散"的状况，加上缺乏科学储粮知识和专业人才，粮食流通过程中的损耗严重。四是受边贸粮冲击较大。近几年来，由于边贸粮价远低于境内粮食价格，越南、缅甸大米通过边境贸易大量涌入，影响到云南省种粮农民利益，使得粮食企业亏损严重[1]。

为保障云南粮食安全与流通发展，云南省人民政府于2014年6月提出规划建设昆明黄龙山、金马、晋宁3个省级粮食产业园区。到2017年底，全省粮食流通产业总产值突破1000亿元，实现国有粮食企业省内市场占有率达50%以上；维修改造粮库225万吨，国有粮食仓库达标仓容达到60%以上，计划新建123万吨粮仓；到2017年，在原有542个平价粮油销售点的基础上，全省再增加1500个粮油平价销售点，总数达到2100个左右。支持粮油产业的重点企业发展，加快粮油企业整合。同时开展与粮食主产省区的战略合作，先后与吉林、湖南、黑龙江省签订了粮食动态储备合作协议，如果粮食市场出现供应紧缺状况，三省将按市场价格优先调供10亿公斤以上粮食给云南[2]。

三、昆明市粮食供应链的发展现状

昆明市作为云南省的省会城市及全省的中心城市，承担着整个云南省粮食生产、仓储、周转、加工的重要任务。以2014年为例，昆明市的粮食总购进量为329万吨，总销售量331万吨，比上年同期分别增加了5%和

---

① 云南日报. 粮食生产"十二连增"的背后［EB/OL］, http://www.agri.cn/V20/ZX/qgxxlb_1/qg/201504/t20150409_4496592.htm,2015－04－09/2016－08－04.

② 2013年6月云南省人民政府《关于加快发展现代粮食流通产业的意见》。

8%；全市重点粮企实现营业收入 32.5 亿元，与粮食流通相关的 18 个重点项目共完成投资 2.05 亿元人民币。在"十二五"期间，昆明市启动了昆明金马粮食物流迁建项目、昆明国家粮食储备有限公司主食产业化项目等粮食流通项目建设，以实际行动保障了粮食安全。2016 年，昆明市规划在全市范围内新增 41 个粮食应急供应网点，做到全市主城区每 3 万人至少有一个粮食应急供应点，每个乡镇、街道（社区）至少有一个粮食应急供应点①。

（一）昆明市粮食供应链主要商业主体概况

根据前期对昆明市粮食批发市场的走访调研，目前昆明市具有一定规模的粮油批发市场共 7 个，其中，市区 3 个、县区 4 个。近几年昆明市区较大的 6 个粮食交易批发市场的市场规模和功能情况如表 9.8、表 9.9 所示。

表 9.8　　　　　　　　**昆明市粮食交易批发市场规模**

市场名称	占地规模（平方米）	商户数量（户）	经营模式	经营情况	空置率（％）	交通可达性
凉亭粮食批发市场	1.9 万	280	批发、零售	好	24	好
昆明骏骐干菜批发市场	13.3 万	1800	批发、零售	好	—	差
云南省粮食批发市场（原五里多）	1.5 万	84	零售	差	57	极佳
东盟联丰粮食批发市场	1.9 万	290	零售	差	83	差
永兴干菜批发市场	6.2 万	142	批发、零售	一般	18	差
小石坝新世纪粮油干菜副食批发市场	—	—	—	—	—	—

资料来源：根据研究组调研整理。

表 9.9　　　　　　　　**昆明市粮食交易批发市场功能介绍**

市场名称	功能及配套组成						
	仓储	加工	配送	办公	商业	居住	交易
凉亭粮食批发市场	√	√	√	—	—	—	√
昆明骏骐干菜批发市场	√	√		√		√	√
云南省粮食批发市场（原五里多）	√						√

---

① 昆明日报. 昆明市将新增 41 个粮食应急供应点，http：//yn. yunnan. cn/html/2015 – 03/14/content_3643730. htm,2015 – 03 – 14/2016 – 08 – 04.

续表

市场名称	功能及配套组成						
	仓储	加工	配送	办公	商业	居住	交易
东盟联丰粮食批发市场	—	—	—	—	—	—	√
永兴干菜批发市场	—	—	—	—	—	—	√
小石坝新世纪粮油干菜副食批发市场	—	—	—	—	—	—	√

资料来源：根据课题组调研整理。

以上市场除凉亭粮食批发市场待搬迁外，其余均为已搬迁改造后建立的新市场。

昆明市凉亭粮食交易批发市场是云南省最大的粮食现货流通交易市场。年均粮食交易量达 80 万吨，交易额 30 亿元以上，所销售的粮食占昆明市场供应量的 70% 以上，占全省市场供应量的 60% 以上，市内销售网点达 5000 个左右，覆盖了昆明市各类大型零售卖场和中小型超市、农贸市场粮油店和上万家餐饮酒店和企事业单位以及学校食堂等共计 2 万余家。发展至今已由过去简单的粮食现货批发交易市场发展成了具备城市粮食配送功能的流通商贸市场。

昆明凉亭粮食转运站和昆明市粮食批发交易市场占地面积为 19000 多平方米，拥有两条共 532 米长铁路专用线，19 栋站台仓库，总面积约为 7700 平方米，经营门市共计 36 间，经营面积 1500 平方米，运输货场及粮食保障专用停车场共计 12209 平方米。分市场位于主市场旁，占地 82.31 亩，现有仓库 24 栋，面积 11567 平方米，商铺 196 间，面积 8791 平方米，大米加工厂 3 家，占地 15596 平方米，停车场 5260 平方米，设置配电房 2 间，过磅房 1 间，综合商住楼 1 栋。目前市场内现有全国各地的粮食商户共计 300 余家。

因昆明市城市发展需要，昆明市粮食批发交易市场已规划进行搬迁，目前项目选址于昆明经济技术开发区高坡村火车站旁，规划占地 431.40 亩，其中净用地 322.05 亩。

（二）昆明市粮食供应链流通渠道分析

昆明市作为全省粮食主销区，每年需从省外调入 70% 的粮食才能保证市场需求。昆明市主要食用东北大米，市内各大超市销售的大米均为东北大米，大米的产地主要是黑龙江省和吉林省。昆明现有的粮食批发市场，粮食的来源地主要是：辽宁、吉林、黑龙江、山东、新疆、内蒙古、江苏、安徽、湖南、湖北等主产粮区，品类主要有大米、面粉、大豆、玉米等。

昆明市从事粮食流通的企业中，昆明市凉亭粮食交易批发市场最具代表性。每年在市场内中转交易的粮食量达 80 万吨以上，交易金额达 30 亿元以上，销售到了省内 15 个地州和县市区，以及四川、贵州和云南交界的部分地区。目前，每年从市场销售出的粮食约有 70% 供应昆明市城区，10% 供应昆明市各郊县区，20% 供应省内的其他地州市区。

➡第三节　昆明市粮食供应链存在的问题

经过对昆明市内主要粮食交易市场的实地调研，进行归纳总结，目前昆明市粮食供应链主要存在以下几个问题：

一、粮食流通加工的能力较弱

（一）粮食调运能力不足

昆明市凉亭粮食批发交易市场作为云南省内仅有的一个粮食现货交易量最大的粮食专业市场，所销售的粮食占昆明市市场供应量的 70% 以上，占全省市场供应量的 60% 以上。但目前仅有两条共 532 米长铁路专用线和 19 栋站台仓库，年均粮食中转交易量为 80 万吨左右。其中，铁路运输中转交易量近年来呈逐年递减趋势。如表 9.10 所示，以 2015 年为例，仅占粮食总中转交易量的 47.5%，其余均通过汽车运输完成，而汽车运输则存在运输量小的问题。昆明市全市的粮食流通情况亦是如此。粮食铁路运输中转交易量低，主要是受到铁路运输价格的影响，普通铁路运输的价格多年来未调整。根据国家发展和改革委员会的预测，预计到 2020 年，仅昆明市的粮食缺口就将达到 280 万吨左右。目前，昆明市的粮食调运能力远远不能满足昆明市城市发展的需要。

表 9. 10　　　　2011~2015 年昆明市凉亭粮食批发交易市场铁路中转交易量

年份	车皮数量（辆）	中转交易量（万吨）
2011	7309	44
2012	8684	52
2013	8194	49
2014	7567	45
2015	6250	38

资料来源：根据课题组调研整理。

（二）粮食流通效率低，成本高

以凉亭粮食批发交易市场为例，目前市场粮食主要来源是东北地区、江浙地区以及两湖地区，其中 80% 以上为东北大米，主要以 50 千克、20 千克包装为主。目前粮食的中间流通环节十分复杂，在原产地上游生产加工企业需要用麻袋将粮食装运到基层粮库，经过检验、过秤、拆包等一系列的流程后储存在仓库中，当昆明商户订购粮食后，通过人工或机械灌包、称量、装车运到车站，经过火车运输、汽车运输到达凉亭粮食批发交易市场后，经过人工装卸、搬运、入库、出库发到云南省各州市。在流通过程中，物资材料耗费数量大，中间环节多，流通效率低。

（三）中转设施老旧，机械化程度低

昆明市的粮食中转仓库大多建于 20 世纪五六十年代。由于年代较为久远，现已破损严重，较为先进的装卸设备无法进站使用，装卸搬运基本上还是依靠人工进行操作，效率较低。

二、信息化程度低

目前，昆明市粮食行业信息化系统尚未建立，涉及粮食安全的食品质量检测信息系统、粮食市场供给安全的应急处理系统和市场预警信息系统还有待完善。昆明市目前的粮食批发市场主要还是低端自发形成的市场，商户自由交易，没有一个统一的粮食信息交易平台，粮食仓储信息无法进

行全面统计；交易结算方式还在以较为传统的方式进行。造成政府主管部门对粮食市场的监管十分困难。

三、城市配送效率低

昆明市交通拥堵情况在全国来说属于比较严重的，城市物流配送难的问题相对其他城市而言更为突出。为了避免城市交通拥堵情况加剧，昆明市实行了货车限行政策，并不断延长限行时间及扩大限制通行区域，城市物流配送车辆的通行显得更为艰难。而配送车辆停靠、装卸点设置一直缺乏相关的规划或政策通盘考虑，基本上是由商业网点随机设置，在严厉的通行和道路管制的背景下，配送车辆停靠难，装卸时间长的现象非常突出。

以凉亭粮食批发交易市场为例，目前，凉亭粮食批发交易市场的粮食销售量占到了昆明市的70%以上，市区内有5000余个销售网点覆盖了全市各类机关企事业单位，但是目前只有3辆车拥有全时段入城通行证，其余车辆仅有特定时段入城通行证。由于多数客户有固定的上下班时间，而在上班时间内，3辆车根本无法及时满足全市客户的需求，导致配送时间较长。为维护客户资源，很多时候企业不得不接受交警部门罚款，使用未取得全时段入城通行证的车辆进行配送，这也大大增加了配送成本。同时，在主城区内，很多地方停车困难，无形中增加了装卸搬运的时间。

四、粮食企业融资成本高

按照城市建设和昆明市人民政府的规划要求，凉亭片区的凉亭粮食批发交易市场等粮食交易市场面临搬迁改造①。由于粮食行业企业基本属于微利企业，在搬迁改造的过程中，粮食企业无论大小，都需投入一定数额的资金，企业融资压力巨大。而目前昆明市主要粮食企业的融资渠道狭

---

① 资料来源：《昆明市人民政府关于印发主城区批发（专业及批零兼营）市场搬迁改造提升三年行动计划的通知》.

窄，除国家给予的补贴之外，其余大部分还是依赖于银行贷款。由于目前银行坏账率不断提高，银行对于贷款业务的审批越来越谨慎，使企业特别是粮食行业的企业融资难度大、融资成本较高，若能贷到款，贷款利率通常都是在贷款基准利率的基础上上浮 20%～30%。而对于昆明市众多的粮食批发商来说，由于多属于个体经营户，基本上从银行贷不到款，只能依靠民间借贷的方式获得高利率贷款。总的来说，昆明市粮食行业的融资难度大，融资成本高。

▶ 第四节　昆明市粮食供应链的整合优化建议

一、建立完善的粮食物流体系

在整条粮食供应链中，流通加工环节是最为重要的环节。在对昆明市粮食供应链管理的现状分析中，我们已经发现了现阶段流通加工环节中存在的一些问题和不足，即调运能力不足；粮食流通方式主要以包装为主，中间环节多，流通效率低；中转设施老旧，机械化程度低。针对这些问题，我们主要从以下三个方面提出了优化建议。

（一）整合上下游资源，降低流通加工环节成本

由市政府进行引导，将昆明市的各个中小规模的粮食交易专业市场进行集中整合。鼓励粮食交易专业市场联合商户建立统一交易平台进行集中采购，通过集中采购降低粮食采购价格；同时联合上游粮食生产企业，与铁路部门协商运价，从而降低运输成本；然后与下游经销商开展合作，共同优化粮食运输中转流程，降低中间环节成本。

（二）积极发展粮食集装箱运输

昆明市粮食企业可联合上游粮食加工企业，将集中采购的散装粮食直接装入集装箱封好，然后将集装箱运到火车站或集装箱码头，通过火车运输的方式直接运到昆明粮食中转场。在粮食中转场设立粮食流通加工厂，针对昆明地区客户，根据客户需求，分装成大小不同的包装配送给客户；

需中转到各州市的粮食，直接通过集装箱公铁联运模式运输至各州市再进行分装。

采用粮食集装箱运输，首先，可以大大提高机械化程度，从而使工人的劳动强度降低，减少了劳动力的使用，提高了效率；其次，可以简化手续，从而使运输环节中的理货交接程序减少；再次，采用集装箱多式联运的运输方式，可缩短粮食的在途时间，充分保障了市场供应；最后，可以节约包装材料，减少包装费用，降低运输过程中粮食损耗，有效保证运输的安全。

（三）加大基础设施投入

随着我国人口老龄化越来越严重，人工成本将不断上升，就粮食企业长期发展而言，机械化自动化将成为未来的主要发展趋势。发展粮食集装箱运输，需要投入相关的机械化设备，对中转库也有相关的要求。而这些基础设施的投入，将使粮食流通加工环节的效率不断提高，物流成本逐渐降低。

二、打造粮食供应链信息服务平台

建议由政府进行引导，以昆明市粮食行业有实力的国有企业整合市内现有粮食销售、仓储物流等资源打造一个昆明粮油供需一体化的公共服务平台，按照线上采购、公共仓储、共同配送规划，为各行业用户提供粮油产品的供需方式及与城市配送业务相关的货物存放、货物配送、配送点管理等服务，从而构建城市粮油配送网络体系，以及为政府主管部门提供配送过程监控服务。

（一）平台功能规划

昆明市粮食供应链信息服务平台规划由功能应用体系、平台技术支撑体系、平台运营管理体系、平台配送服务体系、平台市场监管体系、平台标准化体系共六个目标体系构成。因此，依据这六大目标体系和项目的发展目标，平台的功能规划为六个方面：信息功能、交易功能、配送功能、支付功能、管控功能、增值功能，如图9.1所示。

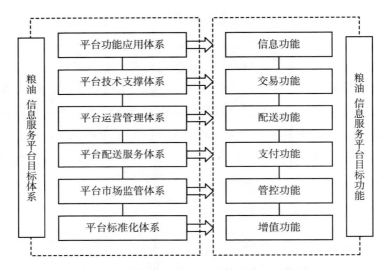

图 9.1　昆明市粮食供应链信息服务平台功能规划

（二）平台建设内容

1. 建立平台基础架构

昆明市配送末端用户信息数据库：将泛市场用户（指终端实际用户，如超市、学校、机关、粮油店）、园区客户、其他大中型采购用户及其他批发市场客户、主要业务供应商用户等分类建立用户企业数据库，为构建粮油配送、销售服务提供用户基础。

物流配送资源数据库：建立完整的昆明市内配送及仓储物流企业信息数据库，为物流企业提供业务信息接口平台。

会员 GIS 数据库：以地理信息技术为基础，建立会员企业的空间数据库，为货主提供基于 GIS 的物流企业位置信息服务，为生产企业选择合适位置的物流供应商提供辅助分析。

2. 建立移动端及 PC 端粮油销售应用服务功能

建立移动端用户销售平台：用户可以直接通过手机和其他移动终端查询实时库存，并进行采购和下订单业务，订单直接对接粮油共同配送平台，实现送达；

建立 PC 端用户销售平台：用户可直接通过网上粮油电商平台，进行商品采购和下单操作，并与配送平台对接。

3. 建立粮油共同配送信息服务平台应用服务功能

建立运力调度公共服务：以信息数据库和 GIS 数据库为基础，建立运力调度公共服务平台，为会员单位提供公共服务。

建立仓储配送公共服务：以信息数据库和 GIS 数据库为基础，建立仓储配送公共服务平台，为会员单位提供公共服务。

建立物流分析服务：以物流信息数据库和空间数据库为基础，建立物流分析平台，为物流企业、生产企业、电子商务、政府职能部门提供空间分析数据。

4. 建立集中采购平台

通过对平台销售用户及产品主要品牌、型号等的数据分析，形成大订单与主要粮油产区或生产厂家进行集中采购，从而获得价格、供货等优势。

5. 建立园区管理平台

公共仓储管理：提供公共仓储入库、在库、出库等管理，并结合条码、RFID 等信息化手段，运用扫描、Wi－Fi 等传感、传输模式，叉车、托盘、传送带、堆垛机等自动化、机械化设备，实现多储户、多品种、多周期、多库位的现代化仓储管理。从公仓服务中体现服务效益和价值。

车皮对接功能：与铁路车皮调度系统进行系统实时对接，提前安排装卸设备、人员、库位等，提高管理效率。

市场租户管理功能：利用移动终端为市场租户提供产品预达、到货、提货、配送、结算等整套的服务，通过信息化手段提升客户满意度。

检验检疫功能：为用户到库产品提供线上检验检疫预约、结果查询功能，为粮油产品安全及建立溯源体系提供数据支持。

二次加工功能：提供粮油产品分包装、精加工等二次加工功能，提高产品附加值，增加收入。

费用结算功能：利用平台数据，形成费用一站式结算功能，为平台租户提供清晰、及时的费用清单，并提供便捷的支付方式。

电子单据管理功能：利用 OA 平台，将平台单据电子化，减少人工处理所产生的重复劳动和出错概率，并通过云存储提高数据安全性。

6. 建立交易结算金融平台

增值服务平台：提供金融服务、支付结算、资金垫付、融资、保险等服务。

（三）组建城市共同配送车队

解决目前粮食城市配送困难问题，可以借鉴贵阳、成都等地做法，倡导使用新能源汽车，组建城市共同配送车队，对城市居民生活所需商品进行统一配送。这样做既能节约资源、降低配送成本，又能缓解城市拥堵、改善环境、提高配送效率。具体规划如下。

车队可由政府授权有实力的国有企业组建并全面纳入平台监督、管理，采取车辆所有权和经营权分离、保本微利租赁的方式，建立对车辆加以统计、考核的机制，并设立信用评价、退出机制，以提升城市配送服务水平，真正达到示范推广的效果。授权企业负责配送车辆的购买、运营、维修、保养等（优先购买新能源汽车），车辆所有权归授权企业所有，同时具有参加制定配送市场相关规则的权利，参与城市配送车辆标准制定，有车身广告的特许经营权。具体的配送总量可根据城市的配送需求来进行预测，配送车辆的总量和车辆结构的配置需结合现有配送能力来考虑。最后，由政府相关部门根据实际情况进行定期投放。

建议城市配送车辆的经营管理模式采取公司经营权管理与车辆经营权管理相结合的管理模式。公司化经营权的管理采用由企业申请，在提交工商、税务等企业登记资料基础上，由运管部门根据专业配送、自营配送的分类，对符合配送企业登记门槛的企业进行许可登记、备案；城市物流配送车辆由运管部门、交警部门、政府授权车辆所有公司联合定期投放，配送企业通过招投标获得配送车辆的经营许可权（注：配送企业不得转让经营权），配送车辆的经营权到期后，将经营权从配送企业收回，重新进行招投标；对配送经营权运营实行企业监督管理制与车辆监督管理制，若获得车辆经营权的企业所提供车辆的性能、服务不能满足配送需要，可收回配送车辆经营权，若配送企业的配送服务不达标比率较高，可收回配送企业经营权；开展对配送经营企业的年度审核，并严肃处理重点违章事件。

（四）引入供应链金融融资模式

供应链金融（supply chain finance），是指银行向客户（核心企业）提供融资和其他结算、理财服务，同时向这些客户的供应商提供贷款及时收达的便利，或者向其分销商提供预付款代付及存货融资服务。在我国，2006 年深圳发展银行首次在银行业中提出"供应链金融"业务模式，将供应链融资模式总结为"1＋N"的贸易融资方式（如图9.2所示），即围绕某"1"家核心企业，将供应商、制造商、分销商、零售商直到最终用户连成一个整体，全方位地为链条上的"N"个企业提供融资服务。

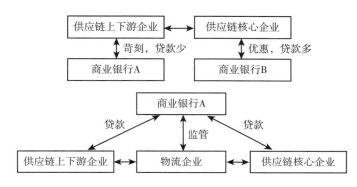

图9.2　供应链金融业务模式

根据昆明市粮食企业的实际情况，解决目前粮食企业的融资问题可采用应收账款融资模式和融通仓融资模式，通过供应链金融运作模式来解决企业资金难题，切实降低企业的融资成本。具体供应链融资模式如下。

1. 应收账款融资模式

应收账款融资是指在供应链核心企业承诺支付的前提下，供应链上下游的中小型企业可用未到期的应收账款向金融机构进行贷款的一种融资模式。假设昆明市已建成统一的昆明市粮食交易平台，由粮食交易平台公司作为担保，并与相应的金融机构开展合作，平台内商户提供未到期的应收账款单据作为质押物，向金融机构申请贷款。在这种模式下，有了平台公司的担保，金融机构的贷款审批通过概率较高，平台内商户可获得利息相对较低的贷款，平台公司也可收取一定的手续费作为收入。

2. 融通仓融资模式

在生产经营的过程中，有很多时候，粮食经营商户需要一笔资金，而往往商户除了粮食之外，并没有其他应收账款和其他企业的信用担保。此时，可以采用供应链金融模式中的融通仓融资模式。融通仓融资模式是企业以存货作为质押，经过专业的第三方物流企业的评估和证明后，金融机构向其进行授信的一种融资模式。

昆明市粮食交易平台建立后，平台内商户可将其在库粮食作为抵押，由平台内指定仓储物流公司对粮食价值进行评估并出具相关证明，粮食存在仓储物流公司仓库委托其进行保存；再由平台公司根据仓储物流公司所提供证明为商户提供担保向合作金融机构申请贷款。在这种模式下，由平台内指定仓储物流公司对质押物进行评估和证明，降低了金融机构的贷款风险；并且第三方物流公司也可通过此项业务获得仓储业务收入及评估业务收入，而平台公司也可收取一定的手续费作为收入。

物流技术应用篇

第十章 基于 SOA 架构的云南农产品信息平台设计

近年来，云南各地政府以及各地农产品企业越来越注重农产品信息化的发展，随着云南省的基本建设不断完善，尤其是与农业相关的建设（信息化）不断取得大的突破，全省有多个农产品信息化网站相继完成搭建工作，如云南蔬菜网、云南花卉网、云南农业信息网等省级、地州级农业信息平台。省内企业以及消费者都可以通过这些信息化平台来更好地了解农产品供销信息，使得农产品信息能够充分的流通，迈出了农产品信息的第一步。但是，在农产品以及农产品物流领域，相关的信息流通存在严重的闭塞，缺乏最基本的信息之间的沟通，从而导致云南农产品及其物流信息化不足。与此同时，云南农产品及其物流人才相对缺乏，并且整体素质也较低，缺乏最基本的计算机网络等信息技术方面的技能。

➡ 第一节 农产品流通现状及农产品 O2O 模式

由于云南自身地形、信息、技术等方面限制，云南现行流通体系处在起步阶段，农产品综合物流配送体系尚未成型，网络分布不够均衡，农产品多品种大批量物流与连锁超市、生鲜超市之间衔接有效性有待提高，这些造成了现行农产品流通过程中出现产品滞销、农民薄利等问题，严重损害了农民利益，同时也造成社会资源配置的不均衡，也不利于云南经济的发展。此外，传统农贸市场条件落后，组织化、信息化程度较低，导致流通环节多成本叠加，其最终结果就是终端消费者只能接受高价，而流通环节仍处在微利状态。因此，要解决此问题，关键还应从渠道着手。如何实现快速的农产品流动是核心，而其本质是农产品物流信息化建设。现代化的物流信息平台是解决农产品信息传递和共享的最佳方案，不仅能实现信息的实时采集、传递与共享，还能极大地降低物流成本，提高效率。

O2O 模式是指用线上营销和线上购买带动线下经营和线下消费。Online 是指以互联网为平台，通过打折、提供信息、服务等方式，把线下商品的消息推送给互联网用户，从而将他们转换为自己的潜在的线下客户，线下客户可以通过网络挑选适合自己的商品或服务并进行购买支付。Online 阶段包括线上撮合、线上支付两个流程，这是 O2O 模式中信息流、资金流的走向。Offline 是指消费者在线下实体店获取线上消费的商品或享受线上消费的服务。该阶段是物流与信息流的结合过程，包括线下消费和消费反馈两个流程。O2O 模式可将商业模式融入传统的农业，将电子商务与传统的农业有效地结合起来，充分发挥互联网信息量大、信息传递快的优势，实现农产品的信息化运作，如图 10.1 所示。

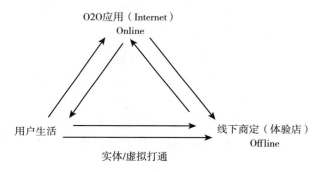

图 10.1　农产品 O2O 模式

ⅲ➡第二节　SOA 相关理论与技术

面向服务体系结构（service oriented architecture，SOA）即一种架构模式，该模式将应用程序的不同功能单元（称为服务）进行拆分，并将实现服务的硬件平台、操作系统和编程语言接口联系起来。这样可以让企业将更多的注意力放在服务上，可以节省大量的人力、财力、物力去研究使用何种开发语言或组件及如何实现等技术问题，从而更加灵活地响应企业业务流程的不断变化和发展。

一、SOA 架构原理

SOA 的实质就是在传统的技术层与应用层之间增加一个服务层，增加的服务层可以通过一系列协议或者原理从应用层中调出应用程序，组成粗细粒度的组件，再根据业务流程层的需要灵活地组合。通过增加服务层这个封装平台，实现在技术层与应用层之间进行沟通、组合，使新建立的应用系统变成"松耦合结构"，最终展现信息平台柔性的特点。并且这些被构建在各种各样系统中的"服务"可以以一种统一和通用的方式进行交互。SOA 以其"松散耦合"的应用程序组件为开发带来了方便：将服务组合为各种需要的应用程序，通过约定好的"服务契约"来进行服务调用而且保证灵活性以及"服务"的可重复利用性。

二、SOA 实现方式

（一）SOA 的技术条件

目前，实现 SOA 的技术很多。例如，Web Services，作为 SOA 的一种实现手段提供了基于可扩展标记语言（XML）的标准接口，具有完好的封装性、松散的耦合性、协议规范的标准性以及高度的可集成性等特点，能够良好地满足 SOA 应用模式的需求。

（二）SOA 的模型结构

SOA 的实现是建立在模型中特有的三种角色的交互作用的，这三种角色分别是：服务提供者（service provider）、服务代理处（service broker）、服务请求者（service requester）。交互内容主要包括查找、发布以及绑定，如图 10.2 所示。

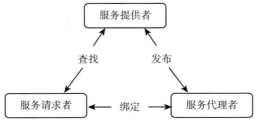

图 10.2 SOA 的模型结构特征

在模型中，服务提供者创建服务并且使用 WSDL 语言来描述，服务提供者再将这个服务发布给服务代理者即服务注册中心。服务请求者根据自己实际的需求在服务代理者已经发布的服务中寻求并且发送相应的服务请求，当服务提供者接受此请求后，双方就开始交互。绑定主要是指服务提供者与服务请求者之间的 Client‐Server 关系。发布是服务代理者与提供者两者之间的一种契约关系。请求者提供查找条件后，其查找的操作结果就是一个服务描述列表，列表主要功能就是列出所有符合查找条件的服务。

（三）实现技术——Web Services

Web Services 是实现 SOA 的一种技术，通过标准的 Web 协议（如 XML）来提供服务，以此来保证不同平台的应用服务能够交互操作。一个 Web 服务配置好以后，Web Services 就可以和其他应用程序直接发现和调用该服务。当然，Web Services 也可以作为创建 SOA 的一套标准，当前，SOA 架构与外部软件交互的最佳方法也是基于 Web 的服务，其是 SOA 的技术基础，也是 SOA 的实现方式。

（四）数据传输

基于 SOA 架构的农产品信息平台在架构过程中，存在以下两个问题：第一，商品及其服务的需求方总是多于服务的提供方；第二，线下与线上的信息很难共享，一定程度上会影响其服务水平。因此，为了应对此问题，我们可以考虑用容许服务暂时短缺或迟滞而更为稳健异步应用，采用队列请求设计，提出了一种基于 SOA 的多层信息系统应用框架，具体如图 10.3 所示。

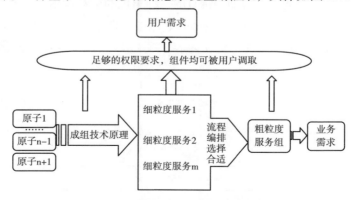

图 10.3　基于异步应用的粗细粒度服务的数据传输流程

在对粒度划分以及服务进行归类的基础上，要强调农产品信息服务平台的开发部署与管理控制，并且要能够及时有效地支撑农产品信息平台服务业务的快速重构，同时也要考虑和其他系统集成的问题。

当我们在设计 SOA 架构的时候，要采用不同的粗细粒度等级来创建服务。

这种服务分级可以包含重用性较高、粒度较细的服务；当然也可以包含重用性较差、粒度较粗的服务。原子，即核心服务层为平台提供服务，从服务的层次角度看，其就是一个基本的功能实体，不能向下分割。细粒度服务（fine－grained）能够提供相对较小的功能单元，或交换少量的数据；根据成组技术原理将功能相近或相同的服务聚集形成服务簇——细粒度服务，以此来简化复杂以及庞大的服务视图，方便服务的分类管理和组织。粗粒度服务是一个抽象的封装大块的业务技术能力，通过对其组件进行流程的编排，产生粗粒度服务组件，减少服务请求交互的次数，实现复杂性服务。

根据 SOA 机制原则，只要满足其权限，无论是原子服务、集成服务还是业务服务均可以被用户直接调用。应用层为用户实现简洁的应用服务和友好的图形界面提供了访问接口，满足其松散耦合的需要，以此来使 SOA 架构与其他大多数组建架构区分开来，也将服务使用者和提供者在使用服务和提供服务上实现了完全的透明。

（五）安全问题

任何一个信息系统中，安全问题都是至关重要的，如果没有解决安全问题，这个系统也就形同虚设，没有真正价值。为此，针对 SOA 架构，我们对原始的 XML 数据进行保护，通常，我们采用 XML 加密和 XML 签名来把安全加入基于 XML 的数据中去。XML 加密可以让数据能够在请求者和响应者之间以一种模糊的方式传输，这样，即使数据受到窃取，信息也很难读懂。而 XML 签名，则是用来进行 XML 文档的篡改检测的。它可以保证所传输的数据没有受到篡改或者状态没有发生改变。

➡第三节　基于 SOA 架构的云南省农产品 O2O 信息平台设计

一、云南省区域农产品信息平台主要功能

通过第一节的农产品流通现状分析，在需求明确的基础上，构建基于

SOA 云南省农产品信息平台的模块、功能设计及其主要定位，将物流业务纳入信息平台，如图 10.4 所示。

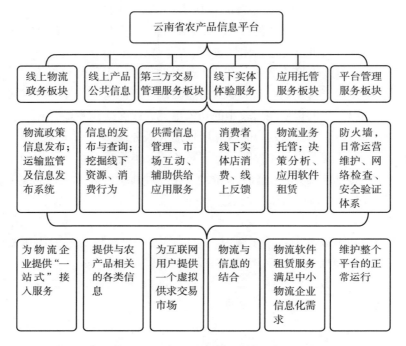

图 10.4　云南省农产品信息平台主要模块、功能及其定位

二、基于 SOA 的云南省农产品信息平台系统设计

基于 SOA 的云南省农产品信息平台不仅在架构上要适应用户业务的快速增长与急剧变化，而且还要在功能上满足各类用户的要求。云南省农产品公共信息平台基于 SOA 架构设计（如图 10.5 所示），分为五层，从平台内层核心到门户服务层依次为：资源层、应用层、UDDI 注册中心、网络层和门户服务层。

第一层为门户层：门户层为用户提供了一站式数据服务的工作平台。门户层主要用来实现与用户交互，接受用户的指令为用户提供调用、查询业务功能，为用户提供可视化的操作界面。门户层还包括身份认证、用户登录、权限控制等功能。用户通过门户层更容易进行相关业务操作。

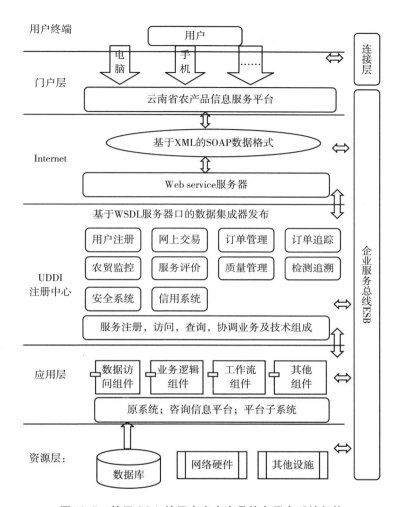

图 10.5　基于 SOA 的云南省农产品信息平台系统架构

　　第二层为网络层：网络层可以调用服务层提供的各种服务，并且将其整合成为处理业务逻辑的业务流程。由于业务流程建立在系统提供的服务的基础上，对每一个具体的业务流程，都可以根据需要灵活地进行定制。服务是相对固定的，流程是可组合的，因此，系统能够快速适应业务流程的新需要，满足流程的变化和再造。

　　第三层为 UDDI 注册中心：作为农产品信息平台的核心部分，农产品信息平台所设计的功能及原有系统功能，通过 Web Service 技术来实现服务的封装与调用，从而为服务提供者、服务请求者和服务注册中心三个实体提供发布、查找、绑定三个基本操作。

第四层为应用层：其位于平台（硬件和操作系统）和应用程序之间，其核心作用是管理计算资源和网络通信。应用层主要是为解决系统和网络协议的差异而设置的；例如不同系统之间传输安全稳定性、业务性能、数据和应用的整合等差异问题。应用层基于面向服务技术、通过各类适配器服务接口将农产品信息系统许多的小模块进行组件化，农产品信息系统将开发的各个组件进行模块化后，向"企业服务总线"提出请求，实现既可以访问内部应用系统，又可以访问外部应用系统，从而真正解决农产品信息对平台的柔性需求。

第五层为资源层：将数据库、主机、操作系统、服务器及其他硬件设施囊括进来，共同构成了云南省农产品信息平台的基础支撑环境。

此外，基于 SOA 的云南省农产品信息平台中还有一个重要的连接层：企业服务总线 ESB（Enterprise Service Bus）。企业服务总线即一种在应用之间标准和松耦合的服务集成方式，主要功能是实现不同层次间和内部消息的接收以及转发，来实现服务间智能化集成和管理的中介。农产品公共信息平台的众多用户使用不同的操作系统、网络系统、数据库系统、应用软件，这些差异存在于不同的系统应用层面，应用 ESB 可以实现从系统底层到顶层的消息传递，为不同服务之间的交互和不同业务的组合提供切实帮助。

➡第四节　小结

基于 SOA 架构的农产品信息平台不仅实现了普通信息平台的主要功能，而且还能够适应现代物流业务快速变化的灵活性和敏捷性要求，与此同时，又可以满足农产品企业原有的农产品信息系统平台的重用性要求。基于 SOA 架构的云南省农产品信息平台的设计可以为当前我国农产品信息平台的建设提供一定的理论参考价值和实际应用价值。基于 SOA 架构的云南农产品信息平台不仅可以发挥信息化、网络化的优势，同时还能够共享与交换整个物流环节全程的信息，实现线上线下、内外资源的整合，从而可以达到实现信息互通互联的产业价值链物流整体解决方案。建立信息共享驱动型的信息平台，可以有效地把电子商务与传统消费方式结合起来，充分利用互联网、现实中的体验店，缩短农产品供应链，实现信息流带动资金流、资金流带动商流，减少物流成本支出，增加农产品的附加值，最终实现物流、信息流、资金流协作一体化要求。

第十一章 基于 RFID 医药仓储管理信息系统设计

射频识别技术（Radio Frequency Identification，RFID）可以把精确化管理的理念延伸到仓储管理的每一个环节，甚至把生产、存储、运输、销售等各方面管理都综合起来，实施系统管理。RFID 技术将彻底抛弃条形码技术的局限性，实现高效、高精度的管理、识别和查询。同时为企业信息化建设及管理体制改革、创新，提供强大的技术支撑，为企业信息化建设进一步发展奠定坚实的基础，降低成本，优化流程，提高效率，切实提高企业的竞争力。

本章以某医药集团医药物流管理运行现状为例，进行研究并提出解决方案。

第一节 医药仓储管理业务流程分析

一、仓储管理工作业务流程分析

从仓储管理工作业务流程图中可以看出，该医药集团目前实施的仓储管理业务流程中，存在以下问题（如图 11.1 所示）。

第一，入库无验收，致使破损或不合格产品也混入其中，增加了检验程序的工作量，同时不能及时区分、确定外包破损的责任方，造成部门之间的权责无法有效区分，互相推诿，损耗承担责任方不明确，不利于部门之间的协作、配合。

第二，对生产车间送达交付的产成品，也缺乏完善的验收手续以及科

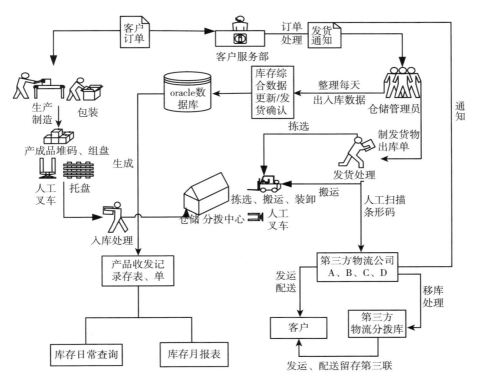

图 11.1 仓储管理工作业务流程

学、合理的分类、分区堆放。

二、仓储管理信息集成和共享度分析

仓库管理中，信息流主要是产成品的库存数据和信息的采集、更新、传输、共享，以供生产计划和第三方物流公司等各部门决策参考。现行的业务流程中，信息管理存在以下问题。

第一，对库存量和在库情况缺乏实时、有效的监控。由于部门间信息共享度不高，造成沟通不畅，致使不能有效区分分拨移库的产品和销售出库的产品，增加拣选、发运成本。

第二，依靠人工拣选，现有的库存管理系统仅仅是一个数据库，没能充分发挥信息技术的优势，仅仅局限于销售订单、发货通知单的电子传输，而移库、分拨的决策完全依靠管理者的经验，缺乏科学性。

第三，除了仓储库存管理数据、信息的采集、整理和共享度不高之外，在仓储管理中，也因为信息集成度不高、信息采集困难等因素，导致管理难度大、成本高、管理水平低等情况存在。

第四，出入库的库存数据采集和更新，是依靠手持条码扫描仪来对每一件药品的监管码进行识别、采集、整理。此环节工作量大，出错率极高，严重影响工作效率的提高。发货和数据更新不能同步传输，造成账物不相符，信息反馈和共享不及时。

同时，信息系统的集成度和信息共享度不高，导致无法掌握或了解第三方库存、库容量，导致无法正确决策移库、分拨的时间和数量。

第二节　医药仓储管理信息系统的构建

仓储管理信息系统建设包括两个部分：硬件设施有效利用——仓储布局的调整、优化；软件系统的提升——构建基于 RFID 的数字化仓储管理系统。利用结构化系统分析、设计的思想和方法来展开系统建设和实施。

仓储管理信息系统包括两个部分：硬件设施的整合与配置，提高有效利用率，仓储内部布局和分区的调整，充分利用现有的设施；软件系统的提升，构建基于 RFID 的数字化仓储管理信息系统。其中构建基于 RFID 的数字化仓储管理信息系统是核心。而硬件设施的合理、有效利用，资源优化配置，是实施 RFID 数字化仓储管理信息系统的基础。在构建系统之前，先要对仓储布局和分区进行调整，提高硬件利用率。仓储内部布局和分区的调整是指对在库产成品进行分类，对库内布局的分区进行调整。其中对库存产成品进行分类是仓储布局、分区调整的基础和前提。

仓储合理化的基本途径主要有：实行 ABC 分类管理法，适度集中库存，加速总周转，采用有效的"先进先出"方式，提高仓容利用率、采用有效的储存货位指派和拣选系统，对库存进行有效的监控和盘点。为使仓储分拨中心仓库布局与管理更加合理，从公司的实际情况出发，在平库的基础上，利用立体仓库的管理理念，采用 ABC 分类法，对现有产品进行分类。依据产品分类结果，结合库容量和库存周转率，对仓库内部的分区布局进行规划，在此基础上，进行 RFID 数字化仓储管理系统设计。

一、采用 ABC 分类法对库存产品实施分类

搜集各个品类药品的年销售量、药品单价等数据。对原始数据进行整理，计算销售额、品类数、合计品类数、百分数、累计销售额及百分数、出入库周转量、日周转率。然后做出 ABC 分类表，将所有药品分为三大类。根据分析结果，对三类药品采取不同的管理策略。如表 11.1 所示。

表 11.1　　　　　　　　　ABC 库存分类管理策略

项目	A 类库存	B 类库存	C 类库存
监控程度	严密监控	一般监控	简单监控
库存量计算	依据库存模型详细计算	一般计算	简单计算或者随机指派储位
进出记录	详细记录	一般记录	简单记录
存货检查频率	高	中	低
安全库存量	依订单的 5%	较大	适量

二、仓库内部布局调整及优化

（一）提高库容利用率

在对库存产品进行 ABC 分类的基础上，由于仓库内部的拣选、堆码作业是以人工作业为主，仓库本身宽度为 20 米，跨度为 73.78 米，高度为 6 米。根据该车库情况，利用立体仓库的管理理念，采用两层货架，利用托盘将货物分类堆码在货架上，提高仓库容量的利用率。

（二）调整仓库内部布局和分区

依据库存周转率和仓库本身的容量，计算出仓库各区块的面积，对仓库布局进行调整、优化。仓储内部布局和分区的调整依据：该医药集团仓储、分拨中心的仓库，是以收发作业为主的流通、中转型仓库。其各组成部分的合理构成比例通常为：合格品储存区面积占总面积的 40% ~ 50%；

通道占总面积的 8% ~ 12%；待检区及出入库收发作业区占总面积的 20% ~ 30%；集结区占总面积的 10% ~ 15%；待处理区和不合格品隔离区占总面积的 5% ~ 10%。依照这种理论指导，结合集团仓储、分拨中心仓库的实际情况，对仓库内部布局进行调整、完善。

➡ 第三节 RFID 数字化仓储管理信息系统设计

一、RFID 数字化仓储管理信息系统设计原理

该医药集团 RFID 数字化仓储管理系统是根据仓储分拨中心的业务及管理需要，结合现代仓储规划原则的指导设计的。这个系统是使用结构化开发方法建立起来的。在系统分析的基础上，按照一定的原则，进行系统设计和实施。

系统由硬件设备及软件功能模块两方面组成，主要思想是在仓库管理信息系统中实现一维条码和 RFID 相结合。托盘贴 RFID 电子标签，利用 RFID 电子标签可重复使用、数据容量大、无须人工介入等优点，以提高仓库管理水平和实现基于托盘的整存整取。RFID 数字化仓储管理系统的基本构成及基本工作原理如图 11.2 所示。

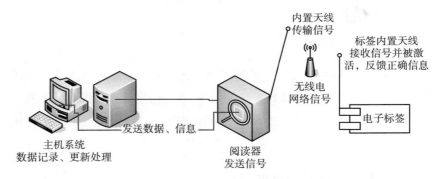

图 11.2 RFID 数字化仓储管理信息系统基本构成及工作原理

药品贴一维条码（有药品电子监管码的就不再贴），利用一维条码成本明显低于 RFID 电子标签的优点以降低成本，实现对货物的零存零取和货物追踪。一维条码和 RFID 相结合，不仅可以取得对仓库数据信息的精

确掌控，也可以降低系统实现的成本。

　　按照电子标签获取电能的方式不同，把标签分为主动式和被动式标签。主动式标签需要自带专用电池支持其工作，它电能充足，工作可靠度高，信号传输距离相对较远，功耗较大，寿命与电池寿命相关，价格较昂贵。无源的被动式标签自身不带电池，要靠外界提供电能才能正常工作。被动式标签依靠天线和线圈接收信号、激活并产生电能，接收从读写器或传输机传来的信号，通过解码转换信息，然后再反射到射频信号中。常常用在标签信息需要每天读写或频繁读写的地方，而且支持长时间数据传输和永久性数据存储，数据存储量大。被动式标签缺点是，数据传输的距离较主动式短，传输距离因为电能不同，在距离和信号强度方面受到限制。在实际应用中，被动式标签更能适应医药、药品的仓储、分拨、拣选工作需求。

　　RFID 数字化仓储管理信息系统拓扑结构体现了服务器、管理系统机器与各种功能的通信机的连接形式，如图 11.3 所示。

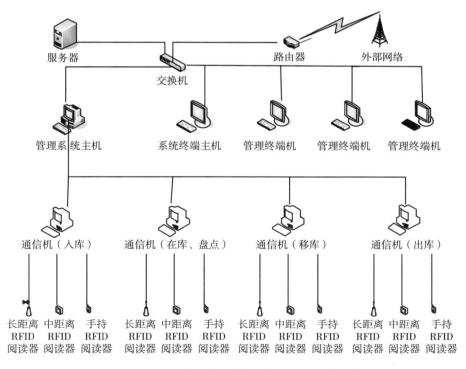

图 11.3　RFID 数字化仓储管理信息系统拓扑结构

二、RFID数字化仓储管理信息系统功能模块设计

基于 RFID 的仓库管理系统，是对传统仓库管理系统的功能实现和扩展，包括以下功能：入库管理、出库管理、移库管理、调库操作、电子货位图管理、查询及报表、基础数据维护、货物组盘等。基于 RFID 数字化仓储管理系统的功能模块如图 11.4 所示。该系统能很好地解决管理工作中对库存的控制、货位指派等问题。

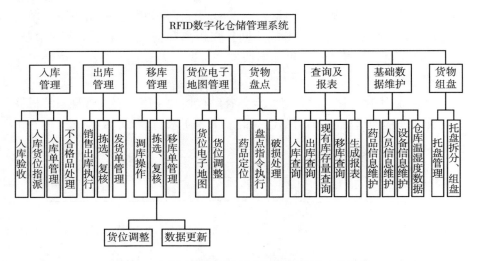

图 11.4 RFID 数字化仓储管理信息系统功能模块

入库管理。实现货物入库操作，可完成入库单据的录入、修改、删除，入库货位自动分配，并对已分配货位单据指令进行传输、更新等作业。

出库管理和入库管理类似。实现货物出库操作，可完成出库单据的录入、修改、删除，出库货位自动分配，对已分配货位单据指令进行传输、更新等作业。

移库管理。将一个库位的物品移动到另一个库位。拣选员手持 RFID 阅读器，依据移库通知单，找到对应的药品和货位，扫描信息后，仓储管理系统实时更新入 RFID 电子标签中，并更改数据库中对应的数据。

通过在仓储管理系统中应用 RFID 技术，仓储作业（出入库、盘点等）自动化程度大大提高，提高了仓储管理水平，减少了数据录入、更新等作

业工作量，方便信息交流，能够优化仓储药品的存储与调配。

电子货位图管理。主要用来查询和显示仓库货位存储状况，甚至可以进行可视化的货位调整操作，包括库区适时库存货位信息显示、货物（托盘）的库存地址查询、调整等操作。

查询及报表。仓库管理员通过查询及报表对系统数据库中库存盘存状态、单据以及货物、货位状态进行管理。其中包括：货位调整单查询、出库单查询、入库单查询等。

货物盘点。仓库中的货物，要定期和不定期的盘点；在本系统中，仓管员可以准确地读取数据库中信息，避免遗漏和错误产生。通过 RFID 电子数据传输，实时完成出库单据的录入、修改、删除，出库货位自动分配、手动分配，已分配货位单据指令发送等作业。

基础数据维护。对本系统中货物、人员、叉车等信息进行查看、添加、删除和修改等操作，方便在其他功能中对数据的使用。

货物组盘。实现货位入/出库托盘组盘操作。本仓库管理信息系统支持非整托盘入、出库，所以入/出库作业需要组盘功能模块以实现入库组盘、出库拆盘的操作。组盘功能模块主要实现了读写托盘 RFID 标签信息（主要是一维条码信息）、托盘货物调增/减、组盘撤销等功能。

三、RFID 数字化仓储管理信息系统的信息集成和共享

实施后，数据、信息传输得到了优化，实现了库存信息高度集成和共享。实现了实时更新库存信息，传输到主机，实现了对库存量的实时监控，方便查询，有利于信息集成和共享，为仓储计划提供决策支持，降低部门之间和第三方物流的沟通成本。

RFID 数字化仓储管理系统数据、信息处理、传输流程如图 11.5 所示。在实际应用中，通过编码，整合药品监管码的信息，加入仓库号、货位区和货位号等信息，可以对药品进行批量识别、扫描，实现高效管理。改善现在的药品入库、堆放监管混乱、拣选困难，出库扫描监管码易出错、低效率等问题。提高库存管理水平，降低成本，降低扫码错误率，减少单据处理劳动量。同时，基于 RFID 的解决方案包括 RFID 标签打印、标签识别、数据管理，以及后台应用系统集成等功能，配置简单，部署灵活，可以全面满足医药集团目前的应用需求。

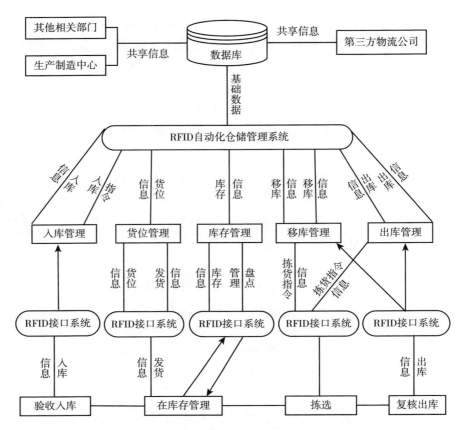

图11.5　RFID数字化仓储管理系统的数据、信息处理、传输流程

第四节　小结

在信息化时代，企业信息化对企业的发展有着举足轻重的影响。本书利用结构化系统分析方法，在对医药仓储分拨中心现状进行系统分析的基础上，针对存在的问题，利用现代物流管理理念和现代物流信息技术，提出解决策略，构建基于RFID的数字化仓储管理信息系统。通过对仓库布局进行调整，整合现有的软硬件设施，综合运用先进的物流仓储管理理论和物流信息技术——RFID技术，构建仓储管理信息系统，实现仓储管理的自动化，实现业务流程的简化，在降低管理、沟通成本的同时，提高仓储管理水平。

第十二章

基于 GIS 区域物流公共配送信息平台的系统设计

20 世纪 60 年代，全球开始发展地理信息系统（GIS），当时国外学者从地理空间数据处理入手，开始了对 GIS 技术与方法的研究。最早的 GIS 技术用于自然资源的管理和规划，而后又从基础信息管理扩大到对跨行业、跨地区的综合问题进行管理决策与分析。特别是当 GIS 与遥感技术（remote sense）、全球定位系统（GPS）等结合起来之后，GIS 的应用领域迅速扩大，大量运用于各种相关领域。

国内对于 GIS 的研究起始于 20 世纪 80 年代，随着 GIS 的基础研究与应用领域的不断扩大，其在国内相关应用领域的市场需求和发展前景也在不断扩大，因此，国内也开始研发符合实际运用的一些 GIS 软件产品。如 CITYSTAR，VIEWGIS，GEOSTAR，SUPERMAP，MAPGIS 等，都是国内使用较多的一些软件产品。尤其是当前，GIS 与空间可视化技术、人工智能技术、组建技术以及分布式对象模型等结合的研究，大大地促进了 GIS 的理论和实际运用的发展。

第一节 GIS 在物流业中的运用

在物流领域，我们可以利用 GIS 优良的地理数据功能来辅助物流分析与物流活动。GPS 可以实时监控车辆或物品的位置、移动状态、移动路线，记录监控目标的行车轨迹等，由此对物流业务和物流运输路线进行优化和完善。我们将 GIS、GPS、无线通信技术及 Internet 或 Intranet 网络技术整合在一起，再结合网络物流模型、最短路径模型、分配集合模型、车辆路线模型和设施定位模型等，就能够建立功能强大的物流配送信息系统，从而优化物流配送活动，提高产品在途运输的可控能力，加大物流活动的效率，节约运输成本，提升企业信息化的程度。

GIS 的基本原理并不复杂，其主要流程如下。

第一，我们必须设计一个 Web 页，而且其必须是可以交互的。客户端通过此 Web 页，向 Web 服务器提交有关 GIS 服务的请求。

第二，当出现 GIS 服务请求的时候，我们需要向 Web 服务器提交该请求，这些请求包括查询或者地理数据收集等，这些请求最终会被提交给 GIS 应用服务器进行处理。

第三，GIS 应用服务器运用相关的组件来包装 GIS 软件，通过相关技术的整合从而接受来自 Web 服务器的请求，然后将这些来自 Web 服务器的请求转化为具体的查询或者信息的收集，最后将这些数据或信息返回 Web 服务器（上面讲的技术包括：JAVA 技术、Web Service 技术等）。

第四，当 GIS 应用服务器返回相关的数据、信息或图片的时候，Web 服务器将进行获取工作，然后通过 Web 页面将所有数据、信息或图片发送给客户。

GIS 的基本原理图如图 12.1 所示。

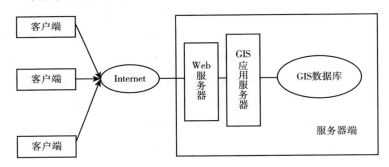

图 12.1　GIS 基本原理

➡ 第二节　基于 GIS 的区域物流公共配送信息平台的分析

一、信息平台的用户分析

基于前面我们可以了解到运用基于 GIS 的区域物流公共配送信息平台，

可以实现车辆定位、实时监控，预定共同配送策略，实现合并运送，合理配置物流资源，实现物流企业同用户之间的密切联系，为合作企业提供直观的及时的配送服务等，共同优化物流配送活动，提高产品在途运输的可控能力，加大物流活动的效率。所以和信息平台有联系的用户大致有以下几个方面，具体如表 12.1 所示。

表 12.1　　　　　　　　　信息平台的参与用户及其具体内容

参与用户	具体内容
个人	参与个人可以通过区域物流公共配送信息平台了解物流信息，掌握物流配送的相关内容，寻找合作企业
第三方物流企业	区域物流公共配送信息平台的主体用户是参与的第三方物流企业，通过信息平台，我们可以提高对物流活动的监控能力，管理车辆和司机，跟踪货物，而且还可以结合相关信息提出配送的优化策略，为企业的合作联系提供平台
需求企业	对于需求企业，我们把它定义为不具备自己的配送中心、配送车辆，但是有物流配送需求的企业，例如：零售商。需求企业可以依托区域物流公共配送信息平台去联系合适的物流服务企业，同时也可以寻找能够实现共同配送的企业。从而提高物流活动效率，降低物流成本
物流配送中心	对于不具备自己的信息管理系统的物流配送中心，它可以依托区域物流公共配送信息平台开展自己的物流活动，而且统一的区域物流管理信息平台有助于区域内的物流标准化和企业之间的联系
配送车辆司机	对于配送车辆司机，可以依托区域物流公共配送信息平台对配送路径进行优化，更好地完成运输工作，节约运输成本，同时还可以保证运输货物的准时性、准确性、高效性
其他组织	其他组织包括社会相关组织、政府相关部门、城市交通管理单位等，它们可以依托区域物流公共配送信息平台对物流业进行宏观调控，获取相关物流信息等

二、信息平台用户的业务分析

对于信息平台，不同的用户具有不同的业务需求，然而在有些情况下又会出现相同的业务需求。为了使信息平台具有高度的可操作性，我们必须事先细致分析参与用户的业务活动，然后将相关的业务活动进行整合，形成功能模块，最后对功能模块进行系统设计。

经过大致分析，我们可以将参与用户的业务用如图 12.2 所示。

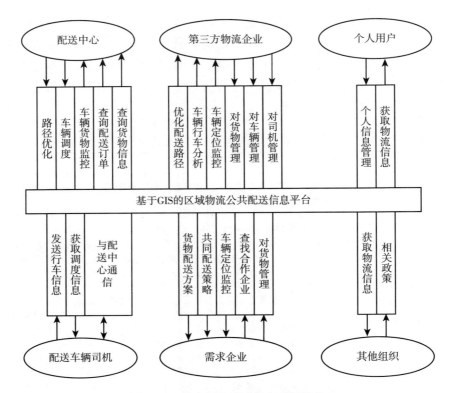

图 12.2 信息平台用户业务分析结构

➡ 第三节 信息平台的总体设计

一、信息平台设计的总体目标

　　基于 GIS 的区域物流公共配送信息平台的主要任务是使物流配送过程透明化,实时监控运输车辆或运输工具,对司机、交通工具、货物进行智能管理,从而有效降低物流成本,减少物流资源的浪费,为企业间的业务合作和信息共享提供一个有效平台。所以我们设计基于 GIS 的区域物流公共配送信息平台必须依据当前区域内物流发展的特点,切合实际运用,开发出实用、高效、科学的大众化信息平台。信息平台设计的总体目标具体如下。

　　第一,对相关信息进行合理的搜集、组织和集成,极力满足参与用户对信息服务的需求。

　　第二，利用有效技术手段和通信手段，实时监控物流配送，用户可通过信息平台获取实时的监控图像，从而帮助用户提高可控能力，增强物流活动的效率。

　　第三，对系统内相关信息及数据进行收集、分析，然后形成图表，以图表的直观形式把相关信息与数据反馈给参与客户，为参与用户做出科学合理的决策提供帮助。

　　第四，为了帮助参与用户节省物流资源，提高运输工具的利用效率，提高利润，我们还需要提供配送路径优化及合并配送的支持。

二、信息平台的技术架构

　　信息平台的设计需要有软硬件设施的支持，其主要软件设备如表 12.2 所示。

表 12.2　　　　　　　　　　　　信息平台主要软件及技术

品名	作用
Google Map	提供丰富的空间查询、空间分析及属性管理功能
Java Script	用这种方式调用 API 接口，从而在页面上展示 Google 地图
Tomcat	Web 服务器
My SQL	数据库服务器
HTML、Java Script、Java	这些都是主要的一些开发工具
B/S 结构	通过运用 B/S 结构，参与用户可以通过浏览器直接链接到因特网，从而很方便地访问信息平台
GPS 车载设备	通过其可以对车辆进行实时监控，并且获得相关数据与信息，将信息和数据提交到数据库中

信息平台的基本架构如图 12.3 所示。

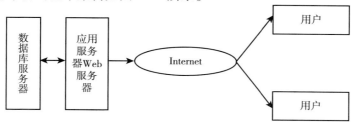

图 12.3　信息平台基本架构

三、信息平台的系统集成

基于 GIS 的区域物流公共配送信息平台的系统集成主要有三个方面的集成，即：GIS 与信息管理系统（MIS）的集成、GIS 与 GPS 定位技术的集成、配送优化模型与 GIS 空间分析的集成，其具体内容如表 12.3 所示。

表 12.3 信息平台系统集成的主要集成方式及内容

集成方式	集成内容
GIS（地理信息系统）与 MIS（信息管理系统）的集成	以前依托信息管理系统的传统物流配送已经不能满足现代发展的需要，它只能单纯地进行数据管理，如货物的数据、车辆的数据、人员的数据等，不能实现空间的管理和实现实时监控等。而 GIS（地理信息系统）可以对监控对象实现空间管理，掌握动态信息。所以，通过将两者集成可以实现对物流活动的实时监控与管理，对空间位移状态进行掌控，而且可以用于决策分析、路径优化等方面
GIS（地理信息系统）与 GPS 定位技术的集成	依托 GPS 与 GIS 的集成，我们可以将车辆的监控状态展现于电子地图上，从而更加直观地对车辆进行实时监控和调度，还可以随时向监控车辆发出管控指令。这样可以提高物流服务水平，加强物流运输安全
配送优化模型与 GIS 空间分析的集成	为了实现对参与用户的车辆配送路径优化、寻找合作伙伴共同配送等延伸业务需求，我们必须将配送优化模型与地理信息系统的空间分析进行集成，从而满足客户科学管理的需要

通过上述分析，我们可以得出如下系统集成逻辑结构，如图 12.4 所示。

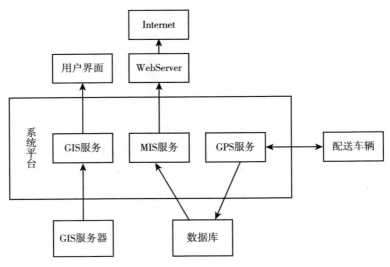

图 12.4 信息平台系统集成逻辑结构

四、信息平台的功能模块设计

结合前面的信息平台总体目标，我们将主要从企业间或参与用户间的合作及对配送车辆监控的角度出发，设计信息平台的五大功能模块，即信息管理中心模块、车辆跟踪定位模块、数据分析模块、配送优化方案模块、企业间合作模块。对于这五大模块下面又分有小模块，基于 GIS 的区域物流公共配送信息平台的基本功能结构图如图 12.5 所示。

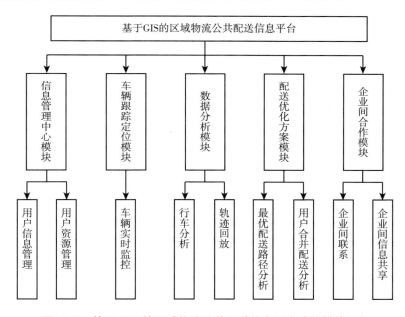

图 12.5　基于 GIS 的区域物流公共配送信息平台功能模块结构

对于该信息平台的相关模块及其分支，都有其自身的功能和作用以及服务范围。在信息管理模块中，该部分设置了两个小模块，即用户信息管理与用户资源管理；在车辆跟踪定位模块中，该部分主要是对车辆进行实时监控；在数据分析模块中，该部分分为行车分析和轨迹回放两个分支；在配送优化方案模块中，分为最优配送路径分析和用户合并配送分析两个小模块；在企业间合作模块中，分为企业间的联系和企业间信息共享。以上这些模块的具体功能及运作范围如表 12.4 所示。

表 12.4　　　　　基于 GIS 的区域物流公共配送信息平台模块功能设计

模块	分支	主要内容
信息管理模块	用户信息管理	用于参与用户的注册，以及对参与用户的基本信息、账号信息等方面的管理
	用户资源管理	主要是对用户的车辆信息、货物的信息、司机的信息进行管理
车辆跟踪定位模块	车辆实时监控	通过车载 GPS 设备，将监控车辆的位置信息发送到服务器中，系统从中读取数据。结合 GIS 系统，将所监控的车辆的位置与状态显示在电子地图上。通过连续监控，我们可以做出被监控车辆的行车轨迹，将其信息直观地展现在用户面前
数据分析模块	行车分析	可以结合需要，查询数据库中的历史数据，提供行车路线状况分析、车辆使用状况分析、车辆载货分析、车辆停车分析等数据分析结果
	轨迹回放	依据数据库中的数据，在电子地图上查看被监控车辆的行车轨迹，帮助参与用户对车辆进行有效管理
配送优化方案模块	最优配送路径分析	系统结合用户提出的相关限制条件，如货物运输的时间、达到的地点、途经的站点等，依托合适的算法给出最优配送路径
	用户合并配送分析	如有相关用户需要实现合并配送，他们可以依托信息平台去寻找其他与之匹配的配送活动，实施合并配送。系统也可以结合实际情况，为用户推荐合适的合作伙伴及科学的配送策略
企业间合作模块	企业间联系	区域内的物流合作必须要加强企业间的联系，区域物流配送信息平台为企业间的联系提供了一座桥梁，企业间可以通过电子邮件、电话、在线联系等方式实现沟通和联络
	企业间信息共享	区域物流配送信息平台给所有参与企业提供了发布其信息的渠道，他们可以将企业或个人的相关信息发布到平台上，使参与各方实现企业间的信息共享

➡ 第四节　小结

目前，对于许多物流运输企业来说，都存在监管不到位的问题，如对车辆的实时监控不到位、对人员的监控不到位，结果导致物流运输活动效率低下，形成资源浪费、利润减少的局面。为了改善上述问题，我们对区域内中小企业的公共配送信息平台进行了研究，以期实现对物流运输活动的监控和管理，进而促进区域内物流行业的发展，也有助于相关物流企业的发展。

结论篇

第十三章 结论与政策建议

➡ **第一节 研究结论**

　　针对云南物流业面临的发展机遇和艰难挑战，本书从云南省区域物流入手，在梳理云南省现代物流发展现实状况的基础上，采用定性研究和定量研究相结合、文献研究、统计分析和模拟仿真等方法，探讨云南省在"十三五"期间，特别是云南建设面向东南亚、南亚的"桥头堡"和"一带一路"倡议的背景下，从物流基础设施、物流企业运作及物流产业发展三个层面探讨云南区域物流的发展条件、发展路径与发展的框架体系及保障措施和政策建议。本研究对新时期下云南物流研究的薄弱环节，具有重要的理论和学术价值，并为中国打造"一带一路"倡议中面向东南亚、南亚的桥梁纽带提供理论依据。本书得出的结论主要有以下十点。

　　（1）针对云南物流产业发展现状，本书从云南省物流发展需求、物流发展环境、物流信息化等方面的分析入手，采用"压力—状态—响应"模型建立物流产业发展评价指标体系，通过对物流产业面临的内外部环境压力、产业当前状态和产业在压力下的反应趋势进行辨识，对物流产业发展做出了评价。然后对云南物流产业发展优势和劣势进行分析，得出云南物流产业存在问题的根源是政府没有将物流产业真正看作支撑和带动本地政治、经济、文化、生活发展，并承担区域物质资源配置的基础性产业，对现代物流业的地位认识不够清晰与准确，并缺乏相应的政策支持。同时，云南物流产业还存在着不能满足市民生活多样化需求、物流企业成本高、物流信息系统"孤岛"现象，物流管理体制的"多头与真空"，行业配套法规缺失，物流调查统计和基础研究薄弱等问题。

（2）针对云南省物流产业发展机制问题，本书首先利用系统动力学方法对云南省物流业发展进行仿真模拟研究，分析系统内部要素之间的作用机理，构建了云南省区域物流产业系统动力学模型及其子模型——区域经济发展、物流积压以及区域物流产业资本三个子模型；其次利用VENSIM 软件对模型的有效性与实用性进行检验；最后借助 VENSIM 软件对云南省 2010～2025 年区域物流产业进行实证分析。根据模拟结果，有针对性地提出云南省物流业发展的对策建议，增强云南省区域竞争力，优化资源配置，为打造云南省面向东南亚、南亚"一带一路"的桥梁枢纽提供理论支撑和政策指导。另外，对云南产品物流贡献系数与地方经济的关联进行分析及预测；而后用定量分析的方法，在科学的选取指标以及搜集数据的基础上，运用因子分析法来研究面向东盟的云南区域物流系统空间结构优化。进而从现代物流体系建设、基础设施体系建设、物流产业振兴规划以及物流技术与人才培养四个方面提出了实质性的意见和建议。

（3）针对云南物流产业协同联动问题，本书立足云南省，研究资源型产业与物流业的发展现状以及两者在协同联动发展方面存在的问题；然后分别运用协同度模型和 DEA 模型从协同程度和协同效率的角度对云南省两业协同发展进行实证分析，发现云南省两业发展协同程度极低，物流业与资源型产业单独发展并不能提高复合系统的协同度，两业必须彼此作用，自发地动态调整、反馈才能逐渐趋向协同状态。在问题的解决部分，本书研究、比较了各种联动模式的优缺点，明确其适用条件，并为企业进行模式选择构建了定性的决策模型，最后提出了切实可行的发展建议。

（4）针对云南物流产业碳排放绩效问题，首先，在已有研究方法的基础上，通过收集各年份云南省统计年鉴、能源统计年鉴、能源平衡表以及各种能源的碳排放系数，估算了云南省各州市 2012～2015 年物流业的二氧化碳排放量。其次，以物流业的劳动力投入、资本存量以及能源消耗作为投入变量，以物流业的产值和二氧化碳排放量为产出变量，用基于可变规模报酬（VRS）的 BC2－DEA 模型，以碳排放效率（CE）为衡量指标，从静态角度测量了云南省 16 个州市 2012～2015 年的物流业碳排放绩效。

随后运用 Malmquist 碳排放绩效指数（MCPI）衡量了云南省各州市物流业的动态碳排放绩效。最后，从经济水平、能源结构、基础设施、技术水平和要素禀赋五个维度出发，运用受限因变量的 Tobit 回归模型来检验云南省物流业静态和动态的碳排放绩效。

（5）针对云南医药药品供应链管理问题，本书以云南省医药有限公司为例，分析了该公司的 VMI 现状和问题。针对问题，研究分析了基于云南省医药有限公司的 VMI 供应链系统，并分析与验证了云南省医药有限公司基于 VMI 的收益模型。根据研究分析，设计出基于云南省医药有限公司的 VMI 供应链系统的运作模式与组织结构，以解决云南省医药有限公司因库存量过高而导致的企业资本运作能力弱、供应链运作效率低的问题。此外，通过分析与验证基于云南省医药有限公司的 VMI 的收益模型，为云南省医药有限公司有效实施基于 VMI 的医药药品供应链管理提供了理论依据。

（6）针对边疆民族地区生鲜农产品供应链管理问题，本书利用结构化系统分析方法，在对我国边疆民族地区生鲜农产品流通现状进行分析的基础上，针对存在的问题，从消费者的需求出发，提出缩短农产品的流通环节，建设自供自配的配送中心，构建完善的电子商务平台，更有效地解决生鲜农产品配送最后一公里的问题，形成了一条物流、信息、资金流通最优状态的生鲜农产品供应链。

（7）针对昆明市粮食供应链整合优化问题，通过对国内外粮食供应链相关文献的查阅，采用了文献研究法和理论分析与案例研究结合的研究方法。在充分调研分析全国、云南省以及昆明市粮食市场现状的基础上，以昆明良田粮食转运有限公司等昆明市的主要粮食经营企业作为研究对象，深入探讨了目前昆明市粮食经营企业在供应链管理工作中遇到的困难和不足。并在供应链管理相关理论的指引下，有针对性地提出了昆明市粮食行业供应链管理的优化整合方案，希望能为企业的经营发展提供理论依据，并为昆明市粮食供应链的长远发展建言献策。

（8）针对云南农产品信息平台设计问题，本书着重研究在 SOA 架构（面向服务架构）下，整合现有相关信息平台资源，并运用具体 Web Services 技术手段，来构建云南省农产品 O2O 信息平台。此外，针对云南省农产品 O2O 信息平台中出现的安全以及数据传输问题，提出简单的建议和措施。

（9）针对医药仓储管理信息系统设计问题，本书利用结构化系统分析方法，在对医药仓储分拨中心现状进行系统分析的基础上，针对存在的问题，利用现代物流管理理念和现代物流信息技术，提出解决策略，构建基于 RFID 的数字化仓储管理信息系统。通过对仓库布局进行调整，整合现有的软硬件设施，综合运用先进的物流仓储管理理论和物流信息技术——RFID 技术，构建仓储管理信息系统，实现仓储管理的自动化，实现业务流程的简化，在降低管理、沟通成本的同时，提高仓储管理水平。

（10）针对区域物流公共配送信息平台系统设计问题，本书主要是结合信息服务业务驱动下的区域物流资源整合模式，针对当前的物流运作实际，对一个基于 GIS 的区域物流公共配送信息平台进行系统设计与研究。

第二节　政策建议

一、转变政府职能，促进监管体制机制创新

一是进一步推进政府职能转变，最大限度地减少行政性审批，对确实需要审批的事项，建立透明公开的审批标准和程序。

二是强化政府公共服务，加强物流管理部门电子政务建设和推进网上办公，加大政府信息公开力度，加强对物流业发展状况的经常性调查，建立健全物流业发展的监测体系，为物流业及相关市场主体提供高效的政府管理和及时的信息发布。

三是加强事中事后监管。建立全省统一的物流领域监管信息记录制度和违法违规企业黑名单制度，对守法合规企业减少年检，对进入黑名单企业则实施重点监管和常态监督，并通过取消资质、经营者禁入等措施，加大对违法违规企业的处罚力度。

四是加快形成合理有效的社会化管理机制。在转变政府监管部门改革的同时，加快推进行业协会商会转型发展，在专业资质认定、经营资格认可、服务标准的制定、服务行为管理与监督、信用信息收集与评估等方面，注重发挥相关物流行业协会等中介组织的行业管理作用；利用保险费率、贷款利率、对标评估、信用评价等经济杠杆和行业自律手段，促进企业自觉规范经营行为，加快形成规范有序的物流市场竞争格局。

五是加强物流业监管立法，为物流业监管体制改革和监管方式改变提供强有力的法律保障。

六是协调各物流监管部门政策，实现信息共享和联合执法，避免重复监管、体制条块分割问题。

二、整合市场资源，促进有效竞争

（一）加快信息技术在物流领域中的应用和推广

鼓励和扶持企业运用信息技术改进物流管理和运营手段，利用国家技改资金鼓励流通企业和制造企业进行物流信息系统建设，扶持上下游企业之间信息交流和信息共享的网络建设和管理创新，消除"信息孤岛""信息不对称现象"。探索在重点企业中建立物流信息技术的应用和推广的示范工程或基地，建立重点企业之间物流信息共享机制的途径和手段。

（二）整合制造业集聚区的物流服务功能

加强制造业集聚区物流功能整合，提升服务能力，积极引导工业园区、经济开发区、高新技术产业园区等制造业集聚区释放和集聚物流需求。统筹规划制造业集聚区的物流服务体系，鼓励集聚区内物流基础设施、物流信息平台共享共用，为制造业物流需求释放提供良好的服务条件。严格控制集聚区内制造企业自营物流用地，凡能够委托外包的物流资产和业务，都要实行社会化运作。鼓励区内制造企业与专业物流企业建立物流业务托管机制，形成制造企业集约生产，物流企业提供专业化服务的格局。生产服务型物流园区要面向周边制造企业充分发挥园区布局集中、用地节约、功能集成、经营集约等优势，整合物流资源，增强吸引力和辐射力，提高为制造业服务的能力和水平。

（三）引导制造业物流供应链一体化发展

鼓励制造企业引进专业第三方物流企业，开展物流规划，再造物流流程，实施一体化物流管理，保障物流活动在供应链体系内的有效运作。鼓励物流企业深度融入制造企业，提供定制化服务和规范化运作，引导物流企业按照集成整合、便捷高效、服务增值、绿色环保的原则，加强与制造企业的融合互动，加快向制造业物流服务商和供应链集成商转变。

（四） 鼓励物流企业托管置换制造企业的物流要素

鼓励物流企业托管置换制造企业物流要素，对制造企业闲置物流设施出租、物流企业承租、租赁制造企业的仓储、设备等闲置物流设施等方面给予一定的土地置换的优惠政策。改变企业落后的物流理念，鼓励规模以上制造企业将其物流业务社会化，促进物流外包业务的发展迫在眉睫。要引导中小制造业企业改变"大而全"的发展模式，逐步将非核心的运输、仓储、配送、流通加工等物流业务从主业中分离，外包给专业物流企业；鼓励制造企业整合现有车辆、仓库、场站等物流资源，委托专业物流企业运作和管理，利用物流企业的集约化、网络化和规模化经营优势，提高物流运作效率；鼓励制造企业与物流企业深化合作，通过多种形式进行资产重组，联合组建第三方物流企业；支持有条件的制造企业分立物流服务企业，全面整合物流资源，组建专业物流配套企业，做强做大物流服务产业。

三、扩大国际物流对外开放

（一） 探索开展多式联运对外开放试点

选择部分物流枢纽，引入国际先进多式联运服务企业，加快提升云南省多式联运的发展。

（二） 支持物流企业"走出去"

依托云南省内铁路枢纽建立新型国际路港，加快发展多式联运国际联运体系和开通中欧、中亚国际班列，构建对外经济新通道，提升对接南亚、东南亚国际市场的物流能力。

（三） 促进国际物流交流合作

加强物流教育与研究机构的对外开放。引入更多国际先进的高等教育、中高层人才培养、物流咨询、技术研发等方面的资源，建设一批具有国际水准的物流知识创新中心，为物流产业发展提供创新要素支撑。

四、改革物流标准体系制度

（一）建立更为完善的准入标准体系

建立更为完善的准入标准体系，特别是要强化技术、运输安全、环境保护等方面的准入标准，改变准入门槛过低、标准混乱的局面。加快形成以行业协会为主导、物流企业为主体、相关研究机构共同参与的创新标准形成机制。

（二）强化标准监督和实施

发挥行业协会在标准实施过程中的监督作用和大型物流企业的龙头带动作用，通过宣传引导、对标评估、最佳实践示范等途径，促进企业运用各类标准，提高物流产业标准化水平。

五、完善金融扶持政策

（一）推动金融机构深入拓展物流金融业务

设立生产性物流融资管理机构。由生产性物流管理机构协调相关银行等金融机构，设立物流金融服务中心，促进物流市场主体与金融机构开展广泛合作，鼓励其根据物流行业特点，研发和推广物流金融新产品；引导银行业完善物流信贷管理政策。加快推动适合物流企业特点的金融产品和服务方式创新，积极推进出口退税质押、股权质押、保单质押、债券质押、仓单质押、保兑仓、应收账款回收、保理等新型融资方式，探索以物流企业为核心、多方联保的供应链融资服务，提高物流行业风险承受力。鼓励和引导保险公司加大产品及服务创新力度。大力发展货物运输保险、承运人责任保险等各类保险业务，积极发展贷款保证保险，为物流业健康发展提供有效的保险保障服务。支持物流企业直接融资。支持优秀物流企业在公开市场上市或债券融资；引导符合条件的物流企业有效利用银行间债券市场融资工具，发行短期融资券、中期票价、中小企业集合票据、中小企业融资债券等融资工具，不断推动融资机制创新，拓宽融资渠道。探索、推动发行生产性物流地产信托投资基金和项目集合理财计划。支持重点物流基地（物流园区、物流中心）开展"资产证券化"项目融资试点，采取定向募集和公募方式，探索开展物流地产投资基金（REITs）和项目集合理财计划，多方筹集建设资金。

（二）鼓励民间资本进入物流领域

引导民间资本投资第三方物流服务领域，支持民间资本参与物流固定资产项目建设，投资第三方物流项目，加快形成支持民间资本进入物流领域的管理体制。鼓励民营物流企业开展并购重组和联合经营。鼓励民营物流企业通过与国内外知名物流企业合资、合营、合作或建立战略联盟等形式做大做强，为民营物流企业创造公平规范的市场竞争环境。鼓励有条件的民营物流企业开展加盟管理和联合经营，提升中小物流企业管理和服务水平。

（三）鼓励重点物流企业开展物流金融服务

完善物流企业融资机制。对物流龙头企业、公共型物流园区开展资信担保、集合授信、仓单质押、融资租赁等物流金融业务给予全方位支持。推动融资机制创新，引导更多符合条件的物流企业发行短期融资券、中期票据、中小企业集合票据等融资工具，合理利用银行间债券市场拓宽融资渠道，优化融资结构，降低融资成本，积极为符合条件的物流企业提供安全、便捷的支付服务。鼓励物流与金融业合作拓展物流金融服务。支持银行、担保、小额贷款公司与公共型物流基地（物流园区、物流中心）、重点物流企业开展广泛合作，探索建立风险补偿机制和"债转股"合作机制，为入园的中小物流企业开展资信担保、短期融资、集合授信、仓单质押、融资租赁等物流金融业务，切实解决中小物流企业融资难的困境。

六、加大财政政策支持力度

（一）设立生产性物流产业发展专项资金

由云南省政府设立专项资金，委托生产性物流管理机构通过项目补贴、贷款贴息、担保、资本金注入、直接奖励等形式支持生产性物流发展，资金规模应以不低于同期经济增长的幅度逐年增加。各州市也要根据本地区实际，配套设立物流业发展专项资金，加大扶持力度。研究制定生产性物流专项资金管理办法，对纳入生产性物流规划的重点基地（园区、中心）、重点项目和重点企业予以支持。特别是对物流节点建设项目、公共信息平台建设项目、第三方物流企业与工业企业联动发展示范性项目、重点物流企业供应链管理项目、经物流主管部门确认的知名物流企业招商项目、物流企业品牌创建项目等应给予倾斜扶持。争取省级专项资金支持。积极争取省发改委、工信、商务、交通、农业、通信等方面的专项资金扶持，促进生产性物流业发展。

（二）切实降低企业税费

严格落实差额征税政策。在未进行营业税改征增值税试点前，认真执行《国家税务总局关于试点物流企业有关税收政策问题的通知》，对符合条件的、具有一定经营规模、管理集约化并依法纳税的现代物流企业，积极向国家发展改革委、国家税务总局推荐，纳入试点物流企业名单。对经生产性物流管理机构认定的重点企业，应参照国家文件精神，在税收权限范围内，抓紧研究制定同城物流营业税差额纳税政策。研究并积极推动物流园区、物流企业代扣代缴业务差额的纳税政策。

（三）贯彻落实大宗商品仓储设施用地城镇土地使用税减征政策

严格贯彻落实《财政部、国家税务总局〈关于物流企业大宗商品仓储设施用地城镇土地使用税政策〉的通知》，对符合条件的物流企业自有的（包括自用和出租）大宗商品仓储设施用地，减按所属土地等级适用税额标准的50%计征城镇土地使用税。

（四）贯彻落实西部大开发鼓励类物流企业所得税优惠政策

落实《财政部、海关总署、国家税务总局关于深入实施西部大开发战略有关税收政策问题的通知》的规定，对符合《西部地区鼓励类产业目录》规定且其主营业务收入占企业收入总额70%以上的物流企业，至2020年12月31日，可享受减按15%征收企业所得税的税收优惠政策。

（五）积极筹划现代物流业营业税改征增值税试点

全面调研生产性物流企业税收现状，充分考虑生产性物流业发展状况及市场环境，结合试点省份"营改增"工作成果，制定既切实可行又有明显效果的"营改增"方案，避免增加税负，切实减轻企业税收负担。

（六）免收物流信息相关项目经营场所房地产税

对物流软件开发、信息平台建设、电子商务等高新技术项目，在同城物流枢纽内新建或购置生产经营场所，自建成或购置之日起，3 年内免征房地产税。

（七）开展农产品增值税进项税额核定扣除试点

完善农产品增值税政策，继续对鲜活农产品实施从生产到消费的全环节低税收政策，将免征蔬菜流通环节增值税政策扩大到部分鲜活肉蛋产品，免征农产品批发市场、农贸市场等农产品物流项目的城镇土地使用税和房产税。

（八）研究、制定生产性重点物流项目税费扶持政策

对纳入政府鼓励的重点物流基础设施建设目录的项目，在土地出让金、入园企业税收减免、能源价格等方面给予扶持。

七、健全协调机制

（一）建立生产性物流产业联席会议制度

组成由相关政府部门为成员的部门联席会议或部门间的促进物流发展政策委员会，专门负责研究、制定和协调物流发展的相关政策。由生产性物流产业联席会议制度管理机构具体落实物流业发展政策，统筹生产性物流发展，统一履行管理职能，牵头制定并落实生产性物流业发展规划；贯彻执行国家有关物流发展的法律、法规、政策和技术标准，加强生产性物流政策及法规体系建设；负责生产性物流专项资金管理使用和项目审批或备案，构建高效便捷、科学规范的生产性物流管理机制；行使对生产性物流行业协会的监督管理职能。

（二）加快信息化发展步伐

加快调整升级支持制造企业与物流企业间的建立面向上下游企业的物

流公共信息服务平台，通过数据实时采集，促进物流信息系统对接和物流信息共享机制建立。

（三）行业协会中介组织作用

逐步促进物流行业协会的联合和协调发展，进一步发挥行业协会和中介组织作用，充分发挥行业协会等社会组织在政策和标准实施、行业协调与监督、诉求反馈和处理、政策评估和改进等方面的积极作用。

八、完善多层次人才培养体系

通过多种形式积极为制造企业和物流企业搭建沟通对接平台，有计划地组织制造业物流管理人员进行供应链管理培训，积极发挥物流研究院作用，采取走出去、请进来等多种方式，加强物流人才引进、培养工作，做好智力支持。

（一）建立多层次物流人才培养体系

依托多层次物流教育体系，将物流人才培养纳入常态化轨道，促进物流教学与市场需求相衔接。扶持1~2所高校发展物流管理与物流工程学科，建设区域特色高水平重点学科，鼓励高等院校设立物流研究所。支持省级物流科教协同创新中心、物流工程技术中心和物流重点实验室的建设。鼓励云南各级教育机构、科研院所与物流企业、工商业龙头企业开展广泛合作，设立物流产学研基地和校企联合培训基地，重点培养供应链管理、物流运营管理、物流信息系统管理、国际物流等专业型物流管理人才，推进校企合作。加强从业人员在职培训，提升在职人员技能和理论水平，着力培养职业技能型人才。加强与日、德、欧美等国家的物流人才培训交流。

（二）建设物流人才储备机制

建立物流人才储备库，开发同城物流人才信息管理系统，记录从业人员职业发展轨迹，促进人才合理流动。启动物流人才职业资格管理和认证工作，建立物流从业人员定期培训机制，提升从业人员职业发展空间。

（三） 加强国内外高端物流人才引进

尽快制定、出台物流人才引进激励政策，引进国内外优秀专业人才，尤其是物流运营管理、供应链管理、物流工程技术、国际物流等方面的中高级管理人才。鼓励和支持物流企业通过人才市场参与全球人才竞争，不断提升人才资源跨国界、跨地区利用水平。

（四） 建立物流高端专家智库

定期组织行业专家、高校、物流科研院所、物流企业开展物流行业高层发展研讨会，为生产性物流发展提供政策建议。

参 考 文 献

一、中文部分

[1] 安虎森. 增长极理论评述 [J]. 南开经济研究，1997 (1)：31 –37.

[2] 保建云. 区域发展差距、地方保护主义与市场一体化发展——基于区域非均衡发展转型大国的理论模型与实证分析 [J]. 财贸经济，2008 (8)：106 –112.

[3] 陈雅兰，李必强，胡继灵. 原始性创新的协同理论观 [J]. 科学学与科学技术管理，2005，26 (1)：59 –62.

[4] 蒋有凌，陈盈，杨家其. 交易成本视角下的物流运作模式 [J]. 经济管理，2006 (13).

[5] 李进，朱道立. 基于 Multi – agent 的大型人群活动多阶段动态协调控制模型 [J]. 中国管理科学，2009，17 (5)：113 –119.

[6] 林荣清. 基于非均衡发展理论的区域物流系统规划模型研究 [J]. 中国西部科技，2004 (12)：16 –18.

[7] 舒辉. 集成化物流的运作模式探讨 [J]. 经济管理，2005 (8)：50 –56.

[8] 王国才. 基于多式联运的国际物流运作模式研究 [J]. 中国流通经济，2003 (5)：18 –20.

[9] 王健，周万森. 供应链物流系统运作模式分析 [J]. 厦门大学学报 (哲学社会科学版)，2005 (3).

[10] 魏际刚. 物流技术的创新、选择和演进 [J]. 中国流通经济，2006，20 (3).

[11] 于成学，武春友，樊宇. 基于环境的企业物流一体化运作模式研究 [J]. 科技进步与对策，2007，24 (4).

[12] 赵书良，蒋国瑞，黄梯云. 一种 Multi – agent System 的信任模型 [J]. 管理科学学报，2006，9 (5)：36 –43.

[13] 孙淑生，张丽立，海峰. 现代区域物流业体系结构研究 [J].

物流技术，2005，（7）：9－12.

[14] 董秀月．基于复杂系统理论的区域物流系统协调发展研究［D］．北京：北京交通大学，2011.

[15] 贾仁安，丁荣华．系统动力学－反馈动态性复杂分析［M］．北京：高等教育出版社，2002.

[16] 严武元．基于系统动力学的工业企业物流研究［D］．武汉理工大学，2003.

[17] 于洋．基于系统动力学的物流产业发展对策研究［D］．武汉理工大学，2008.

[18] 陈良超，林桦．现代物流业形成机理与 SD 模型研究［J］．山东交通学院学报，2008（2）：42－44.

[19] 谢文浩．基于系统动力学的区域物流产业发展战略研究［D］．武汉科技大学，2011.

[20] 贺婧．北京市粮食供应链整合优化研究［D］．北京交通大学，2011.

[21] 肖卓．云南面向东南亚－南亚区域物流系统优化研究［D］．湖南大学，2007.

[22] 孙志伟，王淑婧．面向日本、韩国的山东半岛区域物流系统空间结构优化［J］．经济与管理研究．2014（12）

[23] 王健，刘丹，魏重德．制造业与物流业联动发展理论和实践［M］．上海：同济大学出版社，2010.

[24] 袁旻．产业集群与区域物流协同度研究［D］．南昌大学，2014.

[25] 赵雅．制造业与第三方物流业联动的协同发展研究［D］．中南大学，2012.

[26] 朱琳．物流业与制造业的协同发展研究［D］．大连海事大学，2010.

[27] 宋杨．第三方物流模式与运作［M］．北京：中国物资出版社，2006：15－17.

[28] 崔忠付，刘伟华等．促进我国制造业与物流业联动发展的有关问题研究［R］．北京：中国物资出版社，2009.

[29] 邹辉霞．供应链协同管理：理论与方法［M］．北京：北京大学出版社，2007：31－33.

［30］昆明理工大学交通工程学院，云南省物流与采购联合会等．2012 年云南省物流市场发展报告［M］．中国财富出版社，2012：47 – 48.

［31］薛辉．产业集群与区域物流协作模式研究［D］．北京交通大学，2009.

［32］中国物流与采购联合会，中国物流学会．中国物流重点课题报告［R］．北京：中国物资出版社，2009.

［33］魏权龄．评价相对有效性的数据包络分析模型——DEA 和网络DEA［M］．北京：中国人民大学出版社，2012：79 – 112.

［34］李志威，张旭梅．基于动态扫描和蚂蚁算法的物流配送网络优化研究［J］．管理工程学报．2006（4）：9 – 12.

［35］叶彩鸿，董新平，李丽．一类基于 SPE 的物流配送量优化模型［J］．管理学报．2007（3）：284 – 287.

［36］王雪峰，陆志强，杨芳．多级库存控制的连锁经营企业配送网络设计［J］．工业工程与管理．2008（5）：40 – 47.

［37］张岐山，陈华，刘虹．灰需求下供应链配送网络优化研究［J］．中国管理科学．2013（S1）：26 – 30.

［38］王可山．中国花卉冷链物流的现状、问题与建议［J］．中国流通经济，2010（7）：35 – 38.

［39］朱雷．北方国际粮食物流公司供应链管理研究［D］．大连理工大学，2013.

二、英文部分

［1］Yurimoto S A, Katayama N B. A model for the optimal number and locations of public distribution centers and its application to the Tokyo metropolitan area［J］. *International Journal of Industrial Engineering Theory Applications & Practice*, 2002, 9（4）: 363 – 371.

［2］Taniguchi E, Thompson R G. Logistics Systems for Sustainable Cities［M］. *ELSEVIER*, 2003.

［3］Stephen Anderson, Julian Allen, Michael Browne. Urban logistics how can it meet policy makers' sustainability objectives［J］. *Journal of Transport Geography*, 2005（13）: 71 – 81.

［4］Jorge Ackermann, Egon Muller. Modeling, planning and designing of logistics structures of regional competence – cell – based networks with structure types [J]. *Robotics and Computer - Integrated Manufacturing*, 2007 (23): 601 - 607.

[5] P H Ketikidis. The use of information systems for logistics and supply chain management in South East Europe: Current status and future direction [J]. *Omega*, 2008, 36 (4): 592 - 599.

[6] Eseobedo. Value Chain on the Regional Logistics Planning System [M]. London: *Pitman Publishing*, 2001.

[7] Melendez O Maria Fernando. The logistics and transportation problems of Latin American integration efforts: The Andean Pact, a case of study [D]. *The University of Tennessee*, 2002.

[8] Skjott - Larsen T, Paulsson U, Wandel S. Logistics in the Oresund region after the bridge [J]. *European Journal of Operational Research*, 2003, 144 (2): 247 - 256.

[9] Massine Florio Sara Colautti. A Logistic growth theory of public expenditures: A study of five countries over 100 years [J]. *Public Choice*, 2005, (122): 355 - 393.

[10] Bookbinder J H, Tan C S. Comparison of Asian and European logistics systems [J]. *International Journal of Physical Distribution & Logistics Management*, 2003, 33 (1): 36 - 58.

[11] G Kennan. Fuzzy approach for the selection of third party reverse logistics provider [J]. *Asia Pacific Journal of Marketing and Logistics*, 2009, 21 (3).

[12] Ales Popovich, Andrej Habana. Exploring Effects of Information Quality Change in Road Transport Operations [J]. *Industrial Management & Data Systems*, 2012, 112 (9).

[13] Angotti T. Ciudad Guayana: From Growth Pole to Metropolis, Central Planning to Participation [J]. *Jornal of Lannng Daon and Rarh*, 2001, (3): 329 - 338.

[14] Chandra S. Regional Economy Size and the Growth-Instability Frontier: Evidence From Europe [J]. *Jornal of Regional N*, 2003, (1): 95 - 122.

[15] Chen Y & Chen Y. Strategic Outsourcing Under Technology Spillovers [J]. *Naval Rarh Log*, 2014, 61 (7), pp. 501 - 514.

[16] Cowen, Deborah. A Geography of Logistics: Market Authority and

the Security of Supply Chains [J]. *Annals of the Association of American Geographers*, 2010, 100 (3): 600 – 620.

[17] Guiffrida A L, Dey A, Laguardia P, et al. , Building sustainability in logistics operations: a research agenda [J]. *Management Research Review*, 2011, 34 (11): 1237 – 1259.

[18] Fu H, Haken H, Wunderlin A. The convergence of the slaving principle in a simplified model [J]. *Zeitschrift fur Physik B*, 1989, 76 (1): 127 – 135.

[19] Gadde L E, Kajsa Hulthén. Improving logistics outsourcing through increasing buyer-provider interaction [J]. *Industrial Marketing Management*, 2009, 38 (6): 633 – 640.

[20] Green M R, Lide R. Auditing global logistics operations—A process safety focus [J]. *Process Safety Progress*, 2010, 29 (2): 1 – 10.

[21] John H Holland. Emergence From Chaos to Order [M]. London: Oxford University Press, 2001.

[22] Levi R, Magnanti T, Muckstadt J, Segev D, Zarybnisky E. Maintenance Scheduling for Modular Systems: Modeling and Algorithms [J]. *Naval Rarh Log*, 2014, 61 (6): 472 – 488.

[23] Miemczyk J, Holweg M. Building Cars to Customer Order-What does it mean for Inbound Logistics Operations? [J]. *Post-Print*, 2004, 25 (2): 171 – 197.

[24] Holweg M, Miemczyk J. Delivering the '3 – day car' —the strategic implications for automotive logistics operations [J]. *Journal of Purchasing and Supply Management*, 2003, 9 (2): 63 – 71.

[25] Munksgaard K B, Stentoft J, Paulraj A. Value – based supply chain innovation [J]. *Operations Management Research*, 2014, 7: 50 – 62.

[26] Ohmann C, Canham S, Cornu C, et al. , Revising the ECRIN standard requirements for information technology and data management in clinical trials [J]. *Trials*, 2013, 14 (1): 97.

[27] Pugh, Jonathan. Embryos, The Principle of Proportionality, and the Shaky Ground of Moral Respect [J]. *Bioethics*, 2014, 28 (8): 420 – 426.

[28] Hamdan A, Rogers K J. Evaluating the efficiency of 3PL logistics

operations [J]. *International Journal of Production Economics*, 2008, 113 (1): 235 – 244.

[29] Stotsky A. Blade root moment sensor failure detection based on multibeam LIDAR for fault-tolerant individual pitch control of wind turbines [J]. *Energy Science & Engineering*, 2014, 2 (3): 107 – 115.

[30] Wang W, Chen Y, Huang J. Heterogeneous preferences, decision-making capacity, and phase transitions in a complex adaptive system [J]. *Proceedings of the National Academy of Sciences*, 2009, 106 (21): 8423 – 8428.

[31] Wei Z Q, Li M F. Logistics Technology Implantation for Food Cold Chain Based on VPT and IDEF0 [J]. *Advanced Materials Research*, 2012, 562 – 564: 1878 – 1882.

图书在版编目（CIP）数据

云南现代物流产业发展研究／李严锋等著 . —北京：
经济科学出版社，2019.7
ISBN 978 - 7 - 5218 - 0607 - 6

Ⅰ. ①云… Ⅱ. ①李… Ⅲ. ①物流 – 产业发展 – 研
究 – 云南 Ⅳ. ①F259. 277. 4

中国版本图书馆 CIP 数据核字（2019）第 109748 号

责任编辑：刘 颖 杨 梅
责任校对：靳玉环
责任印制：李 鹏

云南现代物流产业发展研究

李严锋 刘玲 刘森 张焰 等著
经济科学出版社出版、发行 新华书店经销
社址：北京市海淀区阜成路甲 28 号 邮编：100142
总编部电话：010 – 88191217 发行部电话：010 – 88191540
网址：www. esp. com. cn
电子邮件：esp@ esp. com. cn
天猫网店：经济科学出版社旗舰店
网址：http://jjkxcbs. tmall. com
北京季蜂印刷有限公司印装
710 × 1000 16 开 18.5 印张 300000 字
2019 年 8 月第 1 版 2019 年 8 月第 1 次印刷
ISBN 978 – 7 – 5218 – 0607 – 6 定价：56.00 元
（图书出现印装问题，本社负责调换。电话：010 – 88191510）
（版权所有 侵权必究 打击盗版 举报热线：010 – 88191661
QQ：2242791300 营销中心电话：010 – 88191537
电子邮箱：dbts@ esp. com. cn）

诚信为本　操守为重

坚持准则　不做假账

——与学习会计的同学共勉